グローバル時代の教育文化

— 世界の中で考える日本の教育 —

グローバル時代の教育文化（'25）

©2025　恒吉僚子

装丁デザイン：牧野剛士
本文デザイン：畑中　猛

s-79

まえがき

　我々は「グローバル」時代を生きているといわれている。それが何を意味しているのか、おそらくより多くの人が年々、周囲で起きる出来事によって実感を深めていることであろう。

　人もモノもカネも情報も国境を越えて世界がつながる「グローバル化」。その中で、日本ではモノが海外から入ってくることに対する認識は以前から比較的高かった。国境を越えた多様なモノが、商品として海外から入ってくることは小学校の社会科の教科書においてでさえも強調されている。例えば、近所のスーパーマーケットに世界からの食品（例：バナナ）などが並べられていることを通して日本が海外と結び付いていることへの認識が促される。人々の生活に近い商品が実は国産ばかりではない、自分達が日常的に購入している品物が海外から来る場合が少なくない、とモノを通して日本と海外とがつながっていることを日本の子どもは幼少から学んでいる。日本が直面している課題（例：環境問題）がグローバルであることも、そして、その解決に向けて日本が国際的に貢献しなくてはいけないことも強調されている。

　では、モノを通してのグローバルなつながりではなく、人を通してはどうか。世界では移民・難民問題が重要な政治的・社会的争点の一つである国が少なくない。それに対して、日本ではインバウンドの観光客が増えてオーバーツーリズムが問題になるとか、どの国に日本人旅行者が一番行きたいかとかは話題になっても、世界で注目されている移民・難民は相対的に大きな話題になってこなかった。

　だが、その日本においても、グローバル時代の人の国際移動の影響を実感するような出来事が話題になることが多くなっている。例えば、2020年から数年、新型コロナウイルスによって、ヨーロッパ、中東からアジア諸国まで、世界各国が臨時休校に追い込まれた。国境を越えた人やモノの移動が盛んな今日、過去であったならば局地的な流行に終わったかもしれない感染症も、人の国境を越えた移動が盛んな中では世界各

地に広がった。日本でも諸外国に比べると短いものの、学校が早く休みに入り、その後も社会的距離をとった給食、運動会の中止や実施方法の変更、などのコロナ対応に追われた。また、国境を閉鎖した結果、海外からの外国人労働者が制限され、収穫をする人手が不足するなど、外国人労働者に頼っていた日本の雇用者の苦境がテレビでも報道された。

あるいは、国際的な麻薬やテロ組織だけでなく、「オレオレ詐欺」のような日本でよく知られた犯罪でさえも、本拠地が海外にあってそこから日本に電話しているグループが摘発されるなど、犯罪もまたグローバル化していることが意識されるようになった。

そして、情報はその真偽を別として、我々の周りに溢れている。かつては一部の人々しか得られなかった情報も、今では一瞬で世界中に拡散しうる。スマートフォンがさまざまな機能を獲得し、あちこちでかつては人目にふれなかった光景が撮影され、ソーシャル・メディアなどにあがっている。日本では有名人だけではなく、だれであっても、昔風にいえば、カメラを持っている人に囲まれている。

かつてはマスコミにも取り上げられず、一般の人々が読む機会もなかった「だれか」のつぶやきが、ソーシャル・メディアなどを通じて発信され、そのつぶやきを知ったマスコミが報道して大勢の人が知るようになる逆転現象も起きている。フェイクニュースも後をたたない。国境を越えたサイバー犯罪とのたたかいも世界的規模で行われている。

無論、グローバル時代は我々の世界を広げる役目も果たしている。インターネットはオンライン診療も、オンラインの買い物も可能にした。ネットにアクセスがあり、使いこなせれば海外にいる人と自分の部屋から話ができる。言語が分からなくても、機能が向上した自動翻訳機能などを使いながら内容を理解することが可能になっている。いずれも国境を越えた情報の共有を以前よりもたやすくする。これ以外にも便利になった事柄をあげることはいくらでもできる。

いずれにせよ、こうした国や地域同士がつながり、グローバルとローカルがつながり、世界的な問題が共有される中で、次世代の人間形成を期待される教育だけが一国の中で完結するわけがない。グローバル時代

というのは、たとえある一国の教育を語りたい場合でも、より広い文脈から語らなければその一国の話しさえもできない時代である。

　本書は、「グローバル時代」と呼ばれる我々の時代にあって、より広い文化的、社会的文脈の中に教育を位置付け、そうした広い文脈でこそみえてくることを各章が浮き彫りにすることを目指している。その際、分野の違う研究者が、それぞれの専門性をいかしている。

　本書は2025年から放送大学（ラジオ講座）に設置される「グローバル時代の教育文化―世界の中の日本の教育を考える」のテキストとなっている。変化するグローバル時代の日本の教育や世界のあり方について考えるきっかけになれば幸いである。

　本書を執筆・録音するにあたってお世話になった放送大学の関係者に執筆者を代表して感謝を申し上げたい。

2024年10月

恒吉僚子

目次

まえがき　恒吉僚子　3

1 教育と文化—転換期にあたっての考察

| 恒吉僚子　11

1. 「教育」はだれでも語れるのか？　11
2. 個人的経験を越えてみえてくるもの　20
3. グローバル時代の日本の教育　22

2 社会の内の「文化」多様性—日本社会の事例

| 恒吉僚子　27

1. 時代に取り残される「外国人」概念　27
2. 人種的マイノリティ、エスニック・マイノリティ　36
3. 目に見えるカリキュラムを越えて　39
4. おわりに　40

3 文化間移動する子どもの文化変容

| 額賀美紗子　45

1. 文化間移動する子どもの変化を捉える枠組み　45
2. 文化変容における学校の役割　49
3. 学校における母語・継承語の位置付けと文化変容　53
4. ニューカマー移民と文化変容のパターン　57
5. おわりに　61

4 | マイノリティの経験からみる日本の教育と学校文化　　額賀美紗子　65

1．マイノリティの子どもたちの学校経験　65

2．日本の学校文化の特徴—アメリカとの比較から　71

3．日本の教育におけるマイノリティ文化の捉え方　74

4．おわりに　78

5 | アメリカの教育と「文化」多様性—そこからみる日本への示唆　　恒吉僚子　83

1．教育における格差と社会　83

2．個人の経験、社会の経験　86

3．人種格差是正のためのバス移動（busing）をめぐって　92

4．隠れたカリキュラム　94

5．個人と社会の接点において　96

6．移民社会アメリカの社会ヴィジョン　98

6 | アメリカにおける移民の子どもの生活世界と教育　　徳永智子　103

1．アメリカ社会を生きる移民の子ども　103

2．移民の子ども・若者の生活世界　106

3．移民の子どもの生を尊重する教育　111

4．おわりに—日本への示唆　115

7 | 地域による移民の教育支援と協働　　徳永智子　119

1．移民の子ども・若者の多様な教育ニーズ　119

2．地域による移民の子ども・若者の支援　121

3．学校と地域の協働による支援　126

4．おわりに　131

8 │ 国境を越えた視点から教育を考える

│ 恒吉僚子　135

1．教育の国際比較　135
2．教育文化の社会学からみる制度　138
3．制度の内側に迫る　146
4．制度の中の人々―貧困地帯を訪れて　149

9 │ 「国民」意識の形成と文化― 東南アジアの事例から

│ 北村友人　154

1．はじめに―教育と文化　154
2．教育を通した「国民」意識の形成　156
3．東南アジア諸国における「国民」意識の形成　162
4．東南アジア諸国の歴史教育　165
5．おわりに　170

10 │ 高等教育の国際化を通した「知」の伝播 ―東アジアの文脈で考える文化としての 「知」

│ 北村友人　174

1．はじめに　174
2．文化としての「知」をめぐる国際的な階層構造　175
3．東アジアにおける高等教育の国際化と多国間ネットワーク の形成　178
4．「知識外交」という概念　186
5．国際社会における日本の学術　188
6．おわりに　190

11 | グローバル・ローカル視点から捉える生涯学習　　　｜ 丸山英樹　196

1．グローバル・ローカルな視点　　196

2．生涯学習　　201

3．おわりに　　210

12 | ポスト SDGs の教育―2050年に向けて　　｜ 丸山英樹　213

1．SDGs における教育　　213

2．持続可能な開発のための教育（ESD）　　218

3．ユネスコ報告書『教育の未来』の示唆　　223

4．おわりに　　228

13 | グローバル時代の国を越えた教育トランスファーを考える　　　｜ 恒吉僚子　231

1．「教育トランスファー」と文化的文脈　　231

2．世界に出てゆく日本の教育モデル　　236

3．エジプトの例―政府による「教育トランスファー」　　239

4．グローバルとローカルと　　243

14 | 教育文化の社会学と「個人」　｜ 恒吉僚子　247

1．アイデンティティ　　247

2．社会的スティグマの付与　　250

3．潜在的マイノリティ、顕在的マイノリティ　　252

4．未来を切り拓く　　258

15 | グローバル時代の教育文化の社会学の研究

| 恒吉僚子　263

1. 本書をふりかえって　263
2. 広い文脈の探究、狭めるテーマ　265
3. 日米学校の擬似「比較フィールドワーク」　271
4. おわりに　278

索引　281

1 | 教育と文化―転換期にあたっての考察

恒吉僚子

【学習ポイント】 本章では本書の全体にわたって関係してくるような、グローバル時代の教育や、本書でいうところの「教育文化」とはどのようなものなのかを社会学的な視点から考える。
【キーワード】 教育文化、社会化、社会規範、グローバル化、相互作用

1.「教育」はだれでも語れるのか？

（1）「個人の経験」としての教育、「集団の経験」としての教育

　「教育」は現在の日本ではほとんどの人が経験してきたことである。つまり、「個人の経験」としての教育は、実に多くの人が語れる、知っていると思っているものなのである。

　　小学生のころ、
　　＊勉強はできなくても「運動会」で活躍した経験。
　　＊学校で仲間外れになってしまった経験。

この種の経験は、多くの人がそれが良い思い出であれ、悪い思い出であれ、語れるのである。同窓会に出席すれば、出席者は自分達の先生や学校の話題で場が盛り上がる。

　しかしながらである。20人の日本と、20人のアメリカの小学生に「運動会」、つまり、"フィールド・デー"の経験について聞いたとする。ここではとりあえず、社会調査の方法では厳密に扱われるサンプリングは問題にしないこととする。どのような選び方をしたにせよ、日本とアメリカの小学生の答えは明らかに異なるに違いない。なぜなら、アメリカ

の小学校では日本でいうところの「運動会」はしないからである。むしろ、アメリカの小学生の多くは体を動かして楽しむようなカジュアルなスポーツ・イベントを思い浮かべてその思い出を語ることであろう。

　それに対して国際的にみて、日本は教科以外の学び（例えば特別活動や総合的な学習の時間）が**カリキュラム**の中に位置付けられていて、国語、社会科などの教科と結び付けられているという特徴がある（表1－1）。特別活動では小学校を例にすると「児童会活動」「学校行事」「学

表1－1　小学校の各教科などの授業時数

教科	第1学年	第2学年	第3学年	第4学年	第5学年	第6学年
国語	306	315	245	245	175	175
社会	---	---	70	90	100	105
算数	136	175	175	175	175	175
理科	---	---	90	105	105	105
生活	102	105	---	---	---	---
音楽	68	70	60	60	50	50
図画工作	68	70	60	60	50	50
家庭	---	---	---	---	60	55
体育	102	105	105	105	90	90
外国語	---	---	---	---	70	70

特別の教科である道徳	34	35	35	35	35	35
外国語活動	---	---	35	35	---	---
総合的な学習の時間	---	---	70	70	70	70
特別活動	34	35	35	35	35	35
総授業時数	850	910	980	1015	1015	1015

注1）この表の授業時数の一単位時間は、45分とする。
注2）特別活動の授業時数は、小学校学習指導要領で定める学級活動（学校給食に関わるものを除く）に充てるものとする。
出典）文部科学省（2017：167）より修正。

級活動」などがあり、運動会はこの「学校行事」の一つとして、日本の
カリキュラムの中に位置付けられているのである。

　特別活動では、下記にあるように、単に活動、例えば運動、をして楽
しめばよいわけではなく、**社会性の育成や対人関係スキル、基本的生活
習慣の獲得**などに関わる教育目標があり、おのずから日本の運動会では
集団での活動が多くなり、子ども同士が協力して何かを成し遂げるよう
な「成長」が求められることになる。単に体を動かして個々が運動を楽
しむことでは日本の小学校の教育目標を達成できないのである。以下に
特別活動の目標を引用する。

〈小学校の学習指導要領と特別活動の目標〉
集団や社会の形成者としての見方・考え方を働かせ、様々な集団活動
に自主的、実践的に取り組み、互いのよさや可能性を発揮しながら集
団や自己の生活上の課題を解決することを通して、次のとおり資質・
能力を育成することを目指す。
　（1）　多様な他者と協働する様々な集団活動の意義や活動を行う
　　　　上で必要となることについて理解し、行動の仕方を身に付
　　　　けるようにする。
　（2）　集団や自己の生活、人間関係の課題を見いだし、解決する
　　　　ために話し合い、合意形成を図ったり、意思決定したりす
　　　　ることができるようにする。
　（3）　自主的、実践的な集団活動を通して身に付けたことを生か
　　　　して、集団や社会における生活及び人間関係をよりよく形
　　　　成するとともに、自己の生き方についての考えを深め、自
　　　　己実現を図ろうとする態度を養う。（文部科学省 2017：11）

つまり、日米の学校での運動のイベント（例えば日本では運動会、アメ
リカではスポーツ・デー）の個人的経験の背後には、その経験を方向付
け、意味付けるものとしての集団レベルの仕組みの違いが存在するので
ある。

（2）UNDOKAI

　運動会において日本の小学生の多くが経験する協同的・集団的な活動とそれらに正当性を与える論理は、こうして「日本的」運動会を支えるカリキュラム（例えば特別活動）や、それを具現化したスローガンやシンボル、実践を支える道具（例：赤白帽子、玉入れのような集団競技用の道具）などによって成り立っている。

　こうして、個々人が集団・社会的存在として形作られてゆく過程としての「教育」は、単なる「個人の経験」を越えて、集団的なもの、文化・社会的なものなのである。それこそが本書の関心があるところである。

　国際教育協力の場でも、UNDOKAIは日本の特徴的な学校行事として紹介されている。例えば、独立行政法人国際協力機構（JICA）がアフリカにおいて運動会を紹介した例では、体を一緒に動かして楽しむ子どもたちの様子が描かれている。「途上国での体育の授業は知識を得、理論を学ぶ座学がほとんどで、実技は少ない」中、日本の運動会を切り口とした体を動かす機会が教育的な行事として紹介されている（JICA 2019）。

　体を動かすことは人間社会どこでもみられるかもしれないが、それが学校教育の中でどのように体育の中に組み込まれているのか、あるいはいないのか、どのような論理が用いられているのかは教育の文化・社会的文脈によって変わってくるのである。文化や国を越えて教育をみようとする場合はとりわけこうした教育が成立する文脈を知ることが必要に

コラム

海外における日本の UNDOKAI の例

イギリスのジャパン・ソサエティは日本の運動会の競技の実施方法を指導案と共に提供し、動画も活用して説明している。「日本のスポーツ・デー（日本語では undokai）はスクール・カレンダーにおいてとても人気のあるイベントです。それはチームワークとコラボレーションを強調した、楽しさが満載の一日です」と運動会が説明され、「スポーツにおけるチームワーク」など、いくつかの教育目標があげられている。

出典）Kerry & Yoshikawa（2020）

なってくる。そこで、本書では、「教育」の意味を広く解釈する。

（3） 教育文化

　「教育」を制度化された「**学校教育**」にとどまることなく、学校の外において人と人とのやりとり（**相互作用**）を通して人がある集団や社会の**社会規範**や行動様式、知識や価値などを学んでゆく過程、つまり「**社会化**」、と呼ばれる過程の総体として捉える。よって、その射程は学校の場を越えて、ノンフォーマル教育の場、例えば放課後の学習支援の場などにも応用できる。これは、開発途上国での学校外の教育実践（⇒第11章）やある社会内の社会的に不利な人々である「**マイノリティ**」の放課後学習支援（⇒第7章）などを取り上げて考えるときにも有効である。

　ここで使う社会化とは、ある人が相互作用を通して、自分の集団や社会の行動様式や社会規範などを身に付けて社会的存在になってゆく過程のことを指す。社会規範（social norm）とは、ある社会的状況において個人の行動を方向付ける当為命題であり、行動する際の羅針盤の役割を果たしている。社会規範に同調したり、逸脱したりするとサンクション（sanction：制裁）が加わる。学校はその機能からして社会規範とサンクションが意図的に溢れているところだ。

　例えば、児童の朝の登校場面で学校に到着したときに「挨拶をすべき」だという社会規範は、それを破ると「挨拶しようね」という先生の注意から、「○○さんはすべきことをしていない（＝挨拶をしてない）」という他の子どもの視線に至るまで、負のサンクションが生じる。逆に大きな声で挨拶をすると、先生にほめられたり、友達も一緒に大きな声を出して、雰囲気がよくなるなど、肯定的なサンクションがかかることが予想される。ここでサンクションとは日本語で普通連想しそうな罰だけでなく、ほめるような肯定的なサンクションも入る。肝心なことは、これらが社会規範への順守へと促す点である。こうして考えると社会規範が社会秩序や社会統制の問題と結び付いていることが分かる。そして、教育は集団的な社会化を使命としていることを考えると、それがいかに社会にとって大事かが分かる。

学校の場面を用いて社会規範について考えてみよう。学校成員が社会規範に沿った行動をしないとどうなるのか。例えば、「授業中に先生がしゃべっているときには生徒は座って話を聞くものである」。これは日本だけでなく、学校教育では多くの国で「社会規範」となっている。では、その社会規範に従わない、理解しない、内面化していない子どもたちが多い学級を考えてみよう。子どもたちは勝手にお互いにしゃべり、ある子どもは歩き回り、ある子どもは教室を飛び出す。教室でボールを持ち出して投げ合っている。この状態を何というのか。マスコミで以前よく騒がれていた「学級崩壊」である。

　つまり、社会化は、広義の「**教育**」（⇒コラム「教育・学習」）、個々人が集団的な、社会的な存在として形作られてゆく過程であり、学校教育はその中で意図的であり、制度化（例えば教員資格やカリキュラムなどがある）された公の意義付けが強い中核的な部分なのである。

　そして、本書で扱う「**教育文化**」の枠組みは、単に制度化された学校教育だけでなく、制度化されていない場合も、また、意図せずに学ぶ場合も含める。

コラム

教育・学習

フォーマル教育：制度化され、意図的で公的な組織や認可された民間組織による教育。国家を背景とした各国の教育制度（UNESCO 2012：11、80）。

ノンフォーマル教育：フォーマル教育の枠組みの外にある、制度化され、意図的で教育提供者によって構想されている教育活動。学校外の教育。学校教育（フォーマル教育）を補完するものであったり、代替する場合もある。識字教室、放課後学習支援、職業訓練に関連した研修、文化講座など（UNESCO 2012：11-12、81）。

インフォーマル学習：意図的であっても制度化されていない学び。フォーマル教育はもとより、ノンフォーマルな教育よりも組織化、構造化されていない。家庭の中や地域、職場などで展開しうる（UNESCO 2012：12、80）。

偶然の、規則性のない学び：意図的に教育的活動として組織化されていないもの。日々の活動などの副産物としての学びで、教育や学習活動として意図されていないが学びが生まれる場合。家庭での教育目的でないテレビ番組の視聴などを通して学ぶ、日常的な相互作用、会話を通しての学びなどはここに入る（UNESCO 2012：12、80）。

次に、「教育」と共に本書の題名にも入っている「文化」に目を向けてみよう。「文化」の定義は極めて多様であり、無形物だけでなく、物質的なものを入れるのか否か、何を強調するのかを含めて多義的である。本書では、「教育」と「文化」を統合的に「**教育文化**」として捉えることによって視野を広げることに意義を見いだすため、以下のように考える。「文化」とは、広義の「教育」（「社会化」とほぼ同意義）を通して、ある文化集団に共有されるような社会規範、価値や信条、観念、道徳、慣習、シンボル、「ものの見方や考え方、行動様式」（鈴木 2011：215）とそれを具現化した人工物を総称した概念である。

　教育と文化を統合して「教育文化」として理解してゆく枠組みは、こうして、個人の経験、個人レベルの現象が、実は個人を越えたものと不可分に結び付いていることを思い出させるのである。そして、本書が注目するのは、まさにこの点である。

（4）教育改革のサイクル

　人間は集団を形成し、社会を作る。学校は、特に日本の学校は、学級、班、部活動など、集団を伴う時間に溢れている。それらの集団の中で児童生徒は他の人々とのやりとり、「相互作用」を通して、その集団や社会の暗黙のルールを学び、何をしてよいのか、だめなのかを学ぶ。つまり集団や社会が人を形成するのである。

　しかし、こうして、人を形作る集団や社会は同時に、人によって作り変えられるのである。社会の様々な制度が時代に合わないと変革され、社会の変化によっても変容を迫られる。こうして、意図的に次の世代を社会化する教育は、世界中で絶えず「改革」をされているのである。教科書内容やカリキュラムは時代に沿うように改訂され、教師教育もしばしば改革の対象となってきた。最も大きな変化がみられるのが社会が目指すべき方向、社会のヴィジョンが変わったときであり、それは目指すべき人間像が劇的に変わることにつながり、抜本的教育改革が行われる。

　こうして、日本は第二次世界大戦後、軍国主義的な戦時教育と決別し、民主主義国家を築こうとしてきた。しかし、より細かい改革は学習指導

要領の改訂の度に繰り返されてきた。教育文化のレンズを通して、社会が人を作り、同時に人が社会を作り変え、次に変えられた社会の制度によって人がまた社会化されるサイクルがみえる。

（5）仲間外れになる経験

　話をもとに戻そう。（2）では、運動会での経験という個人の経験を「教育文化」の視点から考えることを通して、より大きな日本社会や国を越えた仕組みや考え方などがみえてくると考えた。日本の場合は運動会が特別活動の中の学校行事に含まれることによって公のカリキュラムの中に位置付けられ、学校教育の一環として特定のパターンが出来上がっていることに注目した。

　ここは、今度は冒頭であげたもう一つの例、「仲間外れになる経験」を切り口にして、同じように個人の経験とそれを越える文化・社会的文脈について考えてみよう。運動会の例と違うのは、「仲間外れになる経験」は、運動会のような日米の学校のカリキュラムや制度の違いに根付いているものばかりではない、ということであろう。

　仲間外れになった経験は多くの人が経験している。その中には、日本とアメリカの学校の制度的な違い、文化的文脈の違いによって生じるものもあれば、両国で似たような要因によって生じるものもある。

　例えば、学校での給食場面を考えてみる。日本では小学校の給食はしばしば学級の自分の席で班の子どもたちと共に食べる。班で食べる場合は、だれと食べるかは自分の班にだれがいるかに左右される。よって、班の子どもに無視されたりなどの行為によって自分が仲間外れになっていることが分かるかもしれないが、給食のときにどこに座れるかによって自分が仲間外れになっていることを実感することは仕組みとして難しい。座る席があらかじめ決まっているからである。

　一方、アメリカの場合は給食の時間は教師によっては「オフ」の時間である。給食の監督は例えば、給食助手（lunch aides）を活用し、多くの教師にとっては休憩時間となる。教科以外の時間も学びだと定義してカリキュラムがそのようになっている日本では、給食も対人関係や

「望ましい」人間関係を学ぶ教育の時間である。自分の学級の子どもたちと一緒にいて、彼らを観察することは教師に期待される行動であろう。

他方、アメリカの小学校ではカフェテリア形式で席の選択の自由度が高く、だれとだれとが一緒に座っているかによって、仲間集団を特定できることが多い。つまり、だれとだれとが仲良くて、だれが仲間外れになっているかがどこに座るかで分かるのである。

そして、移民社会アメリカの公立小学校で給食をみているとすぐに気付くことがある。それは、子どもたちが多くの場合、人種やエスニシティによって固まって食べていることである。特定の国からの新しい移民が多い場合には、その国からの児童が集まって母語でしゃべっている場合が少なくない。人種の違いが「顕在的」であり、見た目で「あの子はアフリカ系アメリカ人だ」、「あの子はアジア系だ」と見分けられる。席が自由であるために、同じ人種の子どもたちが集まっていることがみえやすいのである。しかも、まだ小学校の低学年や中学年においては、ジェンダーでも別々に着席し、固まっていることが多い。ジェンダーもまた、目にみえて仲間集団の形成に関わっているのである。

日本ではどうか。給食の場面は前述のように、露骨な仲間外れを実行するには給食中の行動の縛りが多すぎる。しかし、休み時間や放課後の遊びの時間など、子どもたちが自由な行為を行える場面では、その時々でだれとだれとが仲間であり、だれが外れて、それがどのように変遷しているのかがみえやすくなる。

いずれにせよ、仲間外れになる経験は社会を越えて、ジェンダーを越えて、色々な子どもが経験してきたことである。そして、それが仲間外れにされた子どもに与える負の影響は、国を越えて似ているものが多い。同時に、仲間外れになったという個人の経験は、ある子どもがいじめっこだったとか、特定の担任が無関心だったというような個人レベルの問題を越えて、制度によっても、その制度を支える考え方によっても方向付けられるのである。

2. 個人的経験を越えてみえてくるもの

（1）より民主的な社会と世界

　個人の経験だと思っていた教育経験が、実は個人を越えた文化、制度や社会規範などによって個人の経験を越えるものであるということは、個人の経験がどのようにより大きなものと結びついているかを知ることによって、自分が経験していることや、他の人々が経験している「個人的な」ことが、集団・社会的な視点から、よりよく理解できるということでもある。

　「教育文化」を統合的に捉える視点は、個人とそれを越えるもの、集団・社会の考え方、行動様式やそれらを具現した人工物（文化）が不可分に結びついていることを示している。だが、個人を、個人を越えたものとの関係で理解することが、単に自分の経験をよりよく理解することだけにとどまれば、それは自己理解の深化でしかない。

　「教育文化」の枠組みは、個人を越えた文化や社会、国際社会が単に自分の考え方や行動を方向付けていることだけを教えてくれるのではない。文化も、それを伝える役割が大きい教育も、いずれも人間が集合的に作り出しているものである。人間が集合的に作り出したものは人間の手によって集合的に変えられる。

　このことは歴史をさかのぼれば、あるいは、異なる社会や集団を比較すればいくらでも確認することができる。例えば、今では女性の社会進出が進んでいる国々として国際的に上位にランクインする西洋先進諸国でも、一時代前は性別役割分業が頑なに強調されていた。あるいは、今では多文化主義や多様性を肯定するオーストラリアにおいてもアメリカにおいても、かつては白人中心主義が当たり前だと思われていた。それが今日では挑戦され、後退し、先住民やマイノリティのエンパワーメントの必要性が唱えられている。

　どの社会においても、主流の人種やエスニシティなど（マジョリティと呼ぶ）に対して、被支配的な立場にある人々（マイノリティと呼ぶ）は貧困状態にある確率が相対的に高く、教育へのアクセスが難しい、進

学する経済的余裕がないなど、社会的に不利な状況に立たされている傾向がある。国際的にも先住民、女性、障がい者など、社会的に不利な状況に置かれた人々の社会的な平等が国連などを通して国際的にも唱えられてきた。個人を越えた視点は、社会的に不利な状況を共有する人々の存在を浮き彫りにし、社会や国際社会における「文化」全体をより公正なものにしようとする視点にもつながってきた。

（2）社会と世界のヴィジョン

「文化」は人が作り出したものであり、「教育」もまたそうである以上、「教育文化」はおのずから人の力で変えられる。そのことに気付いたとき、どのような社会、どのような世界に我々は向かってゆきたいのか、我々が目指す社会のヴィジョンを自問する意味がみえてくる。

今日の日本社会、そして、国際社会には、様々な社会や世界のヴィジョンやそこに向けて育てるべきだとされるスキル、コンピテンスのイメージが氾濫している。SDGs、グローバル・コンピテンス、インクルーシブ教育……。「教育文化」を一体としてみる視点は、まさにこうした国際的な広がり、学際的な広がりを持って日本の教育を理解しようとするときにその真価を発揮する。個人の経験から出発しながらも、一つの社会をも越えるような共通性が浮かび上がってくるからである。

例えば、先住民の置かれた状況や直面する課題（例えば貧困）は、国を越えてパターンがみられ、彼らの人生に影響する。より良い社会や世界を実現しようとする試みは、「社会的平等」「市民性」「人権」などの国際社会で使われるようになっている概念を用いながら、社会的に不利な立場にある人々が力を得る「エンパワーメント」の主張につながり、彼らを支援するときに従来のように彼らに欠けるとされるものを補おうとするのではなく、彼らの長所をいかすような支援を模索する（ストレングスを基盤とするアプローチ、⇒第7章）などの試みとなって実践されてきた。

社会学を一つの軸にしながらも、国際教育開発、異文化間教育学、比較教育学、異なる教育段階、日本だけでなくアジア、欧米他諸外国での

フィールドワークや教育研究を行ってきた本書の執筆者の各章は、総体としてこうした広がりと可能性を垣間みることを目指している。

3. グローバル時代の日本の教育

（1）つながる日本と世界

　本書の題名にある「グローバル時代」とは、様々な面で世界が一体化する時代である。我々の時代を特徴付けるものに、この**グローバル化**やそれに影響された社会や世界のあり方がある。グローバル化によって国際移動がたやすくなり、色々な理由で日本への移住者、移民労働者や留学生などが増え、外国人集住地域の形成などがみられるようになった（表1-2）。その変化の中で、文化的に異なる背景のある子どもたちの教育（フォーマルだけでなく、ノンフォーマルな教育などを含める）が課題となっている。

　こうして、グローバル時代の日本社会は、少なくとも二つの意味で世界とのつながりを強めている。一つは、多文化社会へ日本が進行してい

表1-2　在留カード及び特別永住者証明書上に表記された国籍・地域トップ10（2023年末現在）

順位	国籍	人数
1	中国	821,838人
2	ベトナム	565,026人
3	韓国	410,156人
4	フィリピン	322,046人
5	ブラジル	211,840人
6	ネパール	176,336人
7	インドネシア	149,101人
8	ミャンマー	86,546人
9	台湾	64,663人
10	米国	63,408人

出典）出入国在留管理庁（2024）より作成。

ること、一般に「多文化共生」と日本では呼ばれている現象の進展である。第2章（恒吉）、第3章・第4章（額賀）では、「多文化社会日本」の一つの軸となる文化的マイノリティを考えるにあたっての基本的な考え方や概念を提示している。特に第4章では「学校」と「教育」に焦点を当てて、海外帰国生やニューカマーなどの異文化的背景を持つ子どもを通して多文化社会日本の学校の基本的な特徴を浮き彫りにしている。そして、多文化社会を実現し、考えるにあたってのアメリカの経験からの示唆が述べられているのが第5章（恒吉）、第6章・第7章（徳永）である。ここでは日本社会の中の移住者、移民労働者や難民、国際結婚家庭の子どもなどのマジョリティとは異なる文化的背景の人々とそのコミュニティをどう考えるのか、どう支援するのかなどを考える基礎的枠組みが示されている。少子高齢化が進む日本において、「外国人」・移民を統合した多文化が共生する社会を築かなくてはいけないことは、もはや疑問の余地もない。しかし、それに向けた社会的な壁はまだ高い。これらの章は総体として、日本社会が経験している多様化、一般に「多文化共生」といわれる現象の進展について、様々な角度から考える素材を提供している。

　社会内部の社会の多様化、いわゆる「多文化共生」の進展に目を向ける各章に対して、もう一つの視点が今度は外へと、国際社会へと目を向ける各章である。つまり、日本社会が世界と問題を共有し、世界とつながっている、世界に貢献すべきものを持っていることを実感させる各章である。一見、国境が閉ざされ、グローバル化と正反対にみえるコロナ禍においてさえ、感染症でさえもグローバル時代にはまたたくまに世界に広がることを示した。情報もまた国境をたやすく越えるようになり、インターネットによって他国の情報が入手しやすくなっている。交通手段も発達し、「先進的」だとされる国の教育をみに海外からの視察団が行き来する時代となっている。

　第8章（恒吉）では国際比較の視点について教科書分析などの具体例を通して国際的な視点から日本の教育の特徴を論じ、第9章（北村）では多文化社会である東南アジア諸国への視野、また、グローバル時代の

「地球市民」の育成について語っている。第10章（北村）ではアジアを例に高等教育の国際化、グローバル時代の「知」について、「知識外交」などの概念をもって考えている。第11章（丸山）はグローバル化と教育について、生涯学習を軸に考え、第12章（丸山）では日本でも知られているSDGsと教育、ESDを通して、開発途上国へと視点を広げる。そして、第13章（恒吉）ではある国から他へ教育のモデルが移転する教育トランスファーを取り上げている。

　第14章（恒吉）では分析の焦点を個人へと移して「教育文化」の観点から個人にとってそれがどのような意味を持っているのかを論じて、最終章（恒吉）では教育をより広い文化・社会的文脈に位置付けて研究したいと思う人への誘いとした。

（2）「教育文化」から日本を見直す

　本書では、社会内の諸文化、諸外国の文化、それらと教育とのつながりを統合的に理解することを通して、「当たり前」を考え直そうとしている。タイトルにもある「グローバル時代」においては、人の国境を越えた移動、物や情報の移動も盛んになる。これは世界のどこかで起きたことがすぐにインターネットなどによって国際的に拡散されることを意味し、多くの人が今までは得られなかった内外の情報を得ることが可能になったことを意味する。

　しかし同時に、社会内の情報格差、先進国と途上国との情報格差など、新しい格差の形を露わにし、個人情報の漏洩やインターネット犯罪など、新しい犯罪の形をも生み出している。グローバル化が善であるわけでも、悪であるわけでもない。新しく生まれたテクノロジーをどのように使うのか、グローバル化によってもたらされる社会変化とどう向き合うのかという、「人」の判断や理解、意志を伴った行為へ変化の方向性を示す必要が出てくる。

　本書でこれからみていくように、日本社会の中に次々とエスニック・コミュニティが形成されていることも、グローバル化によって日本と世界との人のつながりが強くなっていることも、日本の国際協力が各国で

展開されたり、日本の教育をトランスファーする諸外国が増えていることも、どれも日本国内にいる多くの人にとっては多くの場合はあまりみえない、実感できない、よって「自分事」になりにくい状況がある。

　例えば、日本社会内にエスニック・コミュニティが増えてもそれが「みえず」、多くの人が「知らない」状態がある。こうした状態は、「外国人」、移民、難民などが日本社会に統合されるようにする制度作りが先送りされていることを意味している。身近な課題、日本社会が直面している課題、世界と共有している課題、国際的に広がってゆく課題を、「教育文化」のレンズを通してつなげて理解してゆくことは、こうして、身近な社会の多文化化、「多文化共生」の視点をより広い文脈の中でみること、未来を見据えた新しい日本社会と教育のヴィジョンを描くことにもつながる。

　これから続くいくつもの章が指摘しているように、社会の中の多文化の共存・共生を考えた場合、諸「文化」は横並びではなく、縦の関係にしばしばある。社会の中の特定の「文化」集団が負の意味付け（スティグマ）を帯びることもある（ゴフマン 2001）。社会科の教科書でも繰り返され、日本社会の中では自明になっている語り、「ナラティブ」では、日本社会の中を実際以上に同質的だと仮定している（恒吉他 2024）。本書では、グローバル時代での多様な世界の中の多様な日本社会の教育という視点から、多面的で多様な文化・社会的文脈と結び付けながら、より立体的に日本や諸外国の教育を考えることを目指す。

🔋 研究課題

（1）オンラインで日本の小学校、中学校の学習指導要領をみてみよう。
　　教科の内容、教科以外の特別活動などの特徴を調べよう。

（2）自分のまわりにどのような学びの機会があるかを考えてみよう。
　　それらの学びがどの程度、制度化されているか、意図的か否かについて考えてみよう。

（3）自分が居住している都道府県に、どの国からの「外国人」、移民の
　　コミュニティがあるのかをインターネットなどを使って調べてみよう。
　　来日要因や理由、なぜそこにコミュニティが形成されているのかもあ
　　わせてみてみよう。

引用文献 ＊参考文献であげたものは除く。

ゴフマン、E.（石黒毅訳）（2001）『スティグマの社会学―烙印を押されたアイデン
　　ティティ（改訂版）』せりか書房。
JICA（2019）「協調性を育む日本式 みんなで取り組むから楽しい！『UNDOKAI』
　　マラウイ／セネガル」『mundi』（https://www.jica.go.jp/Resource/publication/
　　mundi/1904/201904_04.html）。
Kerry, H., & Yoshikawa, H. (2020). *Undokai: Japanese sports day*. The UK Japan
　　Society. https://www.japansociety.org.uk/resource?resource=40
文部科学省（2017）『小学校学習指導要領（平成29年告示）解説 特別活動編』。
出入国在留管理庁（2024）令和6年3月22日報道発表資料「令和5年末現在におけ
　　る在留外国人数について」（https://www.moj.go.jp/isa/publications/press/13_00
　　040.html）。
鈴木晶子（2011）『教育文化論特論』放送大学教育振興会。
恒吉僚子・ヨシイ、R.・上原菜緒子・恒吉藍（2024）『小学校社会科教科書の内容
　　分析―多文化社会日本の探究』一般社団法人グローバル多文化社会研究所
　　（https://www.gmsresearch.net/「出版物」よりダウンロード可）。
UNESCO. (2012). *International standard classification of education ISCED 2011*.
　　UNESCO Institute for Statistics. http://uis.unesco.org/sites/default/files/
　　documents/international-standard-classification-of-education-isced-2011-en.pdf

参考文献 ＊もっと深めたい人へ。

①稲垣恭子（2017）『教育文化の社会学』放送大学教育振興会。
②恒吉僚子・額賀美紗子（2021）『新グローバル時代に挑む日本の教育―多文化社
　　会を考える比較教育学の視座』東京大学出版会。
③ミルズ、C. W.（伊奈正人・中村好孝訳）（2017）『社会学的想像力』筑摩書房。

2 | 社会の内の「文化」多様性―日本社会の事例

恒吉僚子

【学習ポイント】 第2章では、日本の教育の例をあげながら、日本社会の中でさまざまな「文化」集団（エスニシティ・人種、ジェンダーなど）が教育に対して提起する課題を検討したり、それらを諸外国との比較でみたり、国際的に位置付けることによってみえてくることを「教育文化」を通して考える。そしてこのことがどのような意味を持つのか、第3章から第6章につながる内容を扱う。

【キーワード】 マイノリティ、マジョリティ、社会的包摂、ジェンダー、教育格差、階層、文化集団

1. 時代に取り残される「外国人」概念

（1）「外国人」とはだれなのか？

「外国人観光客が増加している」「日本で働く外国人が増えた」「学校に外国人留学生が来た」……。「外国人」という呼称は巷に溢れている。しかし、この「外国人」とは一体だれのことを指しているのだろうか。「日本国籍を持たない人」と捉えると、帰化をした人は帰化前には「外国人」で帰化後には「日本人」になる。日本国籍を取得した外国籍だった人は、その瞬間から「外国人」ではなくなるのであろうか。あるいは、見かけが周囲の「日本人」と違うと「外国人」として扱われているのだろうか。マスコミが、空港や観光スポットで来日する「外国人」を「突撃インタビュー」するときに、白人やいかにも「外国人」にみえる人をめがけているようにみえているのは筆者だけであろうか。この場合の"いかにも"の中には単に肌の色だけではなく、話す言語、服装、動作、持ち物、というような、「**文化**」的なシグナル（合図）も含まれている。

さて、法律的な意味での「外国人」をまずみると、日本の法律上の

「外国人」ははっきりしている。国籍法（昭和二十五年法律第百四十七号国籍法）の「外国人」は、日本国籍を持たない者を指し、「出生による国籍の取得」第二条においては、「出生の時に父又は母が日本国民であるとき」、子どもは「日本国民とする」ことなどが記されている。

しかし、人は自分の国籍を書いた看板を持って歩き回っているわけではない。そのため道行く人の国籍が日本国籍か否かを判断することは、「外国人」が多様化して定住化も進み、国際結婚や国境を越えた移動が今のように盛んになってくると、難しくなってゆく。例えば、以下のような場合を想定したときに、あなたはそれぞれの人物を日本人だと思うかを考えてほしい。そのとき、何を基準に「日本人だ」「日本人ではない」と判断しているのかを考えてみよう。

〈頭の体操〉
1）薄い色の肌、目、髪などを持ち、見た目は白人の男の子である。加えて訛りのない日本語を流ちょうに話している。
2）同じ特徴を持った男子。加えて日本語でなく英語を話している。
3）外見は周囲の「日本人」と同じ黒い髪の女性で、日本語を流ちょうに話している。
4）同じ女性が中国語らしい言語を話している。
5）同じ女性が英語を話している。

どう思われたか。どこかの飲食店の中でこれらの人物と出会った場合、次のように考えるのではないだろうか。

1）日本滞在が長い外国人家庭（日本への駐在員、地域によっては米軍の家庭など）の子ども。外国籍を持つ。
2）アメリカ、イギリス、オーストラリアかカナダあたりの外国人家庭の子ども。あるいはインバウンドの観光客の子どもか日本の外国人駐在員の子ども。外国籍を持つ。
3）日本人。日本国籍を持つ。

４）中国人。外国籍を持つ。

５）英語圏や東南アジアからのアジア系外国人。外国籍を持つ。

　だが、実際は日本社会が多様化する中で、これとは違う次のようなシナリオがいくらでも考えられる。

１）出生地主義の国の国籍を持つ白人（カナダ人やアメリカ人など）と日本人との間の国際結婚家庭の子どもであり、生まれたときからずっと日本に住んでいるために日本語を流ちょうに話すのかもしれない。すると、二重国籍を持つ可能性がある。

２）白人の「外国人」と「日本人」との間の国際結婚家庭の子どもかもしれない。外国籍を持っていた一方の親は日本国籍を取得し、今では両親共に日本国籍を持っている場合もあろう。しかし、一方の親の出身地が英語圏であるために、その親が英語で子どもと話すために子どもも英語が流ちょうなのかもしれない。子どもは日本国籍を持つ可能性がある。

３）中国や韓国出身の両親を持つ女性で幼少期を日本で育ったのかもしれないし、日本語が上手な留学生かもしれない。そう考えると、例えば中国籍、韓国籍を持っているかもしれない。

４）中国に留学して中国語が上手な日本人かもしれないし、中国に長く住んで（例えば国際結婚をして）いて中国語を習った人かもしれない。すると、この女性は日本国籍や韓国籍を持つかもしれない。

５）英語圏からの帰国生徒だと考えると、日本国籍だろう。

いずれも、今の日本社会でありうる現実的な想定である。

　日本は国際的にも「国籍」をエスニシティ・人種よりも強調する。エスニシティや人種は国際機関などでの議論では中心的なテーマだが、日本社会内の議論としては周辺的である。公的な統計をとる際、移民社会であるアメリカでは自分の人種・エスニシティを聞かれるが、日本の国勢調査は国籍（出身国による分類）を問題にする（恒吉・額賀 2021）。

「人種・エスニシティ」によって人を分類しても、「国籍」によって分類しても、どちらでもいいではないか、人を理解する上では関係ないと思う人もいるかもしれない。しかし、こうした「社会的カテゴリー」は実は人々の意識や行動を左右し、無視できないものなのである。例えば、実際は法的には「日本国籍＝日本人」であっても、その人が流ちょうな他の東アジアの言語を話しているために「外国人」だと思う場合と、「日本人」だと認識する場合に、違いはないのであろうか。

実は、こうした社会的カテゴリーをどう認識し、それに対してどう反応しているかは、意識化せずに起きている場合も多い。なぜそうなるかは後の章で触れたいと思うが、ここでは一つだけ、こうした社会的カテゴリーが実は無造作に、横並びに存在しているわけではない、ということに注目したいと思う。それは「日本人」とはだれのことを指すかにも結び付いている。

だれでも「日本人」だと認める人はどのような人なのであろうか。日本国籍を持っているだけでなく、日本で育ち、日本語を流ちょうに話し、身体的特徴も東アジア系で、エスニシティや文化的にも、日本社会で支配的な人々であろう。ここで「支配的」とはその社会の中で力があり、それが正当だと認められているような状態を指している。

この、「支配的」な集団を「マジョリティ」と呼び、「被支配的」な集団を「マイノリティ」と呼ぶ。では、日本の支配的な「人種／エスニック・マジョリティ」——日本国籍を持ち、見かけが「日本人」であり、日本語を話し、日本で育ちといった特性を備えた「日本人」——を前提とした国民像がなぜ問題なのか。それは一つには、前述の例のように、「日本人」の多様化に対応できていないからである。現実よりも同質的な国民像を前提とするために、現実との乖離が進んでいる。

「日本人」であることの基準が本当に日本の「国籍」があるかないかだけであるならば、例えばベトナム人（ベトナム国籍の人）が帰化して日本国籍になると「日本人」になることになる。しかしそこには、その人が担っているエスニック文化の多様性への視点はない。こうしたエスニック背景につながる文化や出身地の視点を入れるならば、その人は

「ベトナム系（のルーツや文化を持つ）日本人」とされることになろう。

日本社会においてはアメリカのように**出生地主義**（その国で生まれた場合にはその国民になる）と違って**血統主義**である。その意味では国籍を取得するハードルが高いかもしれないが、今日では親のいずれかが日本国籍があれば子どもは日本国籍が取得できる。帰化する場合もあろう。いずれにせよ、このベトナム出身の祖先を持つ人は、日本国籍を取得できるという意味での「日本人」にはなりえる。しかし、その人のベトナムとのつながりを「ベトナム系」などの形で日本社会が認知できない場合、多様なエスニック文化を持つ「日本人」を認めにくくなる。これは同時に、多様なエスニック・アイデンティティや自己像を持ちにくい状況である。

前述の「頭の体操」が我々に思い出させることは、日本社会が、日本国籍を持ちながら、「人種的にもエスニシティにおいてもマジョリティ」と異なる、多様な「日本人」像を描けることの大切さである。多くの社会ではその人のアイデンティティの中核に位置付けられるような社会的カテゴリー、例えばエスニシティや人種などを、日本社会はまだ十分に認識できてないのではないか。そして、こうした認識のあり方は、そのまま、次の世代がどのような意識や価値、態度などを身に付けるのか、どのような多文化社会日本を築くのかという、「教育」の課題へとつながるのである。

（2）多様化する「外国人」と日本社会との関係

さて、一口に「外国人」といっても、その中身はますます多様化し、個々人の日本社会との関係も異なる。ここで、日本社会の多文化化の概

> ## コラム
> ### マジョリティ、マイノリティ
> ここでは、ある社会、地域などにおいて、支配的な集団をマジョリティ、被支配的な集団をマイノリティと呼ぶ。力関係が基準となる分類であり、数は問題にしない。

要をおさらいしてみよう。

　第二次大戦後、日本の植民地支配の結果日本に住むことになった在日コリアンの人々が「外国人」の大多数を占める時期が続いた。1950年時点では在留外国人総数に占める「外国人」の国籍別割合で韓国・朝鮮籍が91.0％を占め（中国籍は6.8％）、「外国人」は在日コリアンであることが圧倒的に多かったのである。それが多様な「外国人」の流入によって1995年には韓国・朝鮮籍が全体のほぼ50％（1980年代あたりから来日したニューカマーを含んだ数字）を切り、2007年には中国籍と韓国・朝鮮籍の数が逆転する。そして、2023年においては、中国籍（24％）、ベトナム籍（16％）、韓国・朝鮮籍（12％）と続いている（国立社会保障・人口問題研究所 2023；出入国在留管理庁 2024）。

　1980年代以降、インドシナ難民、中国残留孤児とその子孫、ブローカーを介したアジア諸国から来日した女性、そして、日系ブラジル人・ペルー人をはじめとする「外国人」労働者が、メディアでも時々特集を組まれるような存在になっていった。そして、従来、日本は「外国人」による単純労働を認めていなかったが、その例外として登場したのが「日系人」であり、合法的な「外国人」労働者として自動車の下請け工場などがある地域で集住地域が生まれていった。在日ブラジル人、ペルー人は他の「外国人」集団と異なり家族を伴って来日することができ、彼らが多く住む地域の公立の学校では、「外国籍児童生徒」が増えていった。

　1990年の出入国管理及び難民認定法の改正によって日系人の定住化が進み、その翌年1991年度から、政府は「日本語指導が必要な児童生徒の受入状況等に関する調査」を定期的に実施するようになった。この2023年の調査によると、公立の小・中・高等学校において外国籍の日本語指導が必要な児童生徒は57,718人、日本国籍では11,405人いた（文部科学省 2024：3）。外国籍児童生徒の使用言語別の在籍状況は、第一がポルトガル語、第二が中国語、第三がフィリピノ語、第四がベトナム語、第五がスペイン語であった（文部科学省 2024：14）。

　同じ「外国人」でも、日本社会との関係で置かれた状況はかなり異な

る。日本国内で合法的に働ける人もいれば、合法的に働けない人もいる（⇒コラム「在留資格」）。合法的に働けない人は、働ける人とは違う状況に置かれている。また、「外国人」には宗教的にみてもイスラム教徒もいれば仏教徒もいるし、キリスト教徒もいる。そして、来日目的も働くことであったり、留学生のように日本語習得や教育であったりする。

　そして、それぞれの境遇の違いから、日本社会で意識されやすい課題が異なってくる。例えば、労働者として合法的に来日している「外国人」にとっては未払いや労働時間は大きな関心事であろうが、国際結婚で日本人の配偶者となり子どもがいる場合は、子どもの教育も大きな関心事となってくる。つまり、同じ「外国人」でも、日本社会との関係が異なり、その結果、日本社会に対してとる戦略（ストラテジー）も異なってくるのである。宗教、人種、国籍、**ジェンダー**といった属性はよって、どのような理由で、どの地域に集住し、どのようなニーズがあり、日本社会においてどのような戦略（ストラテジー）がとられるのか、どのような形で日本社会と集合的に関わるかに関係してくるのである。

（3）「外国人」概念の限界

　さまざまな日本の地域で特定の国からの「外国人」が集住していることで知られる場所が出てきた。例えば、1990年の出入国管理及び難民認定法の改正によって「日系人」が増え、静岡県浜松市などは在日ブラジル人集住地域として知られるようになった。東京都新宿区高田馬場の「リトル・ヤンゴン」にはミャンマー人、神奈川県大和市と横浜市にまたがるいちょう団地はベトナム難民などが多く住んでいるところとして知られてきた。「外国人」という総称を用いるのであるならば、これら

コラム

在留資格

外国人の人々は、出入国管理及び難民認定法で定められている「在留資格」によって、日本でどのような活動が可能か、就労の可否と範囲も定められている。定住者、永住者、日本人や永住者の配偶者などの身分にもとづき在留する者は就労に制限はない。

は全て「外国人」が集住する地域、ということになるのだが、それぞれの地域が持つ日本社会との関係は明らかに異なる。

　在日ブラジル人は合法的な外国人労働者として日本の製造業などの企業が迎え入れ、他の人種・エスニック集団に比べて家族と共に来日したパターンが多く、彼らには子どもの教育が問題になってくる。一方、例えば、神奈川県大和市は1980年代にはベトナムなどの難民を受け入れる「大和定住促進センター」があったが、その周辺にインドシナ難民が定住したため、神奈川県営いちょう団地は「多文化共生」の場として知られるようになった。さらには、こうした「多文化共生」で知られていた場が今ではさらに多様化している。例えば、いちょう団地は今日では中国からの帰国者、在日ブラジル人など、「文化」的に多様化し、「各国の文化を紹介し合う多文化共生交流会」をいちょう団地祭りと同時に開催したりしている（泉区連合自治会町内会長会 n.d.）。

　つまり、ここから、日本社会における「外国人」を考える際、①国籍だけで理解する「外国人」の概念は不十分であり、②エスニシティ、宗教などの「文化」的情報を加えない「外国人」の理解は、日本社会の現状からしても不十分であることがうかがわれる。

（4）「外国人」から「移民」に

　日本には「外国人」を労働力としては受け入れるものの、移民政策はない、という語りがある。例えば、2018年の安倍政権の国会での答弁をみてみる。それによると、「政府としては、例えば、国民の人口に比して、一定程度の規模の外国人を家族ごと期限を設けることなく受け入れることによって国家を維持していこうとする政策については、専門的、技術的分野の外国人を積極的に受け入れることとする現在の外国人の受入れの在り方とは相容れないため、これを採ることは考えていない」とある（第196回常会 質問104号）。こうした文脈では、「移民」ではなく、「外国人」という社会的カテゴリーが日本では公に使われてきた。

　人種／エスニック・マジョリティとしての「ドイツ人」像（国籍の有無だけではない）が強かったドイツにおいても、長らく「移民はいな

い」と主張されたが、「外国人」が定住化し、ドイツ国籍を取得する中で、「移民につながるドイツ人」という呼称が生まれたという（佐藤2016）。日本国籍を持つが両親のいずれかが「外国人」である場合や、出身が外国であるような場合が増えるにつれ、従来の「日本人」対「外国人」では対応できず、「外国につながる」「外国にルーツを持つ」というような呼称を用いるようになっている日本の経験とつながる面が多い。

　なお、「移民」の定義は国際的に一定していないものの、国連経済社会局の定義を例示すると、長期移民は一年以上自分が本来の居住国ではない国に住み、その国が自分の通常の居住国になっている場合を示す（UN DESA 1998：10）。

　先の国会での答弁のように、日本は色々なところで「自前」の論理を持ち出すことが多い。しかし、日本が先進的な領域においては国際社会に対して「自前」の論理を持ち出すのは先進性があるものの、移民・難民の受け入れのような、明らかに日本の受け入れ経験も議論も国際的に遅れている領域において「自前」にこだわることは、デメリットが大きい。移民や難民、「外国人」をめぐる議論や制度は国境を越える。人の国際移動の活発化は各国が経験しているものであり、国際的土壌でもって通用する概念や説明を使用することによって比較もしやすくなり、またそうすることにはメリットもある。「外国人」という言い方は、「移民」よりも社会の「中」の人ではないという響きがあると思われる。

　国籍や見かけが「外国人」か否かによって捉えられているようにみえる「外国人」の呼び方を、その多様性を認めようとした場合、国際的に通用する概念である、「移民」という言葉に言い換え、国籍や出身国、文化、エスニシティを反映させた「ベトナムからの移民」あるいは「ベトナム系移民」というような言い方に変えることが考えられよう。しかしここで、肝心な「日本社会」のイメージが、「日本人＝日本国籍＝人種／エスニック・マジョリティ」という単一文化的で「同質性前提」を肯定するものである限り、そこから外れた「○○系移民」がたとえ「○○系日本人」になったとしても、「外国人」イメージが払しょくできず、「○○系」が**社会的排除（社会的包摂の反対）**の論理にもなりかねない。

ここでもまた、教育の課題をより広い文脈から考える、教育文化からの視点が意味を持つと思われるのである。

2. 人種的マイノリティ、エスニック・マイノリティ

(1) マイノリティの意味

人種やエスニシティの視点を持ちながら、社会において彼らが被る不利益に注目した概念として、人種的マイノリティ、エスニック・マイノリティがある。「マイノリティ」は前述のように、力関係において被支配的立場にある人々である。「〇〇系日本人」を含んだ多文化社会としての日本像を受けとめてゆくことは、人種・エスニシティを含めたさまざまなマイノリティを平等な社会の一員としてゆくことを目指すことを意味している。

どの社会においても、社会的に弱い立場にある人々であるマイノリティは、マジョリティに対して不利な立場に置かれる。大抵の国において、人種的マイノリティ、エスニック・マイノリティはその定義からして力関係において下にあるため、社会的序列の中の位置付けを示す階層の観点からも下位に位置付けられ、貧困に直面し、教育や医療へのアクセスが制限される。

日本においても人種的マイノリティ、エスニック・マイノリティの置

コラム

2022年度中の日本語指導が必要な高校生などの状況

〈中途退学率〉
　日本語指導が必要な高校生等（特別支援学校の高等部は除く）　8.5%
　全高校生等（同上）　　　1.1%

〈進学率〉
　日本語指導が必要な高校生等　46.6%
　全高校生等　　　　　　　75.0%

〈就職者における非正規就職率〉
　日本語指導が必要な高校生等（全日制・定時制・通信制高校及び中等教育学校後期課程のみ）　38.6%
　全高校生等（同上）　　　3.1%

出典）文部科学省（2024：63）。「令和5年度学校基本調査」をもとに算出。

かれた状況は、**教育格差**として現れている。在日コリアンやその子孫は、「外国人労働者」などとして1980年代あたりから来日した新来外国人と対比され、前者は「オールドカマー」と呼ばれ、後者は「ニューカマー」と呼ばれてきた。2022年の「日本語指導が必要」なニューカマー「外国人」労働者などの家庭の高校生を対象にした調査では、彼らと日本の高校生全体との教育格差が浮き彫りになっている（文部科学省 2024）。中退率は高く、進学率は低い。そして就職してからも非正規雇用となる確率が高い。これは、こうした高校生段階の教育格差だけでなく、就職格差、そして、その後の経済格差、**階層格差**にもつながってゆく継続的な格差問題があることを示唆している。そしてこの状況が二世だけでなく、それ以後も続いていることがみられるようになっている。日本で生まれ育った世代でも格差が続いているのである。

これは国際的には「移民」の教育格差に関わる問題として理解されよう。そして日本でも、再生産される「移民」の格差に関わる問題が議論されるようになっている（清水他 2021）。例えば、日本語指導へのアクセス、進学にあたっての選抜方法、多様性を反映するような教科書の内容の作成、外国人移民労働者の就労をめぐる問題など、文化的多様性を尊重する仕組みと論理、そして国際社会における日本の役割、国際協力と国内支援などが、議論の対象となっている。

そして、この「人種的ないしエスニック・マイノリティ」の概念を使うことは、社会的に不利である、というところに力点がかかるため、他の社会的マイノリティ、例えば、生活困窮者、障がい者、高齢者などと共通する課題、つまり、**社会的包摂**や格差解消などにも広くつながってくる。

学齢相当の外国人の子どものうち不就学、または不就学の可能性のある者は2023年で約8,601人（文部科学省 2024）ともいわれている。こうした中、政府は「外国人児童生徒受入れの手引き」（文部科学省 2019）をはじめとする各種資料、第二言語としての日本語（JSL）関連の資料、多言語での動画なども出すようになっている（文部科学省 n.d.）。

（2）マイノリティの教育

さて、マイノリティは社会内の力関係に目を向けさせる概念であると述べた。そのため、どのマイノリティ集団に軸足を置いているかによって、マイノリティを意識した教育はさまざまな系譜に分かれてきた。代表的なものとしては、社会にはさまざまな**文化集団**がありそれらが平等であるべきだとする多文化教育（multicultural education）がある。その場合の文化集団の軸となるものは、人種・エスニシティ、障がいの有無、年齢、ジェンダー、セクシュアリティなど、多様である。問題になるのは、平和な多文化社会を築くために児童生徒に必要な資質やスキル──例えば、文化の多様性を認め、他文化に対して寛容であるなどの姿勢や価値観──を獲得するといった、平等で公正な多文化社会を実現す

コラム

ユネスコ　文化的多様性に関する世界宣言

第1条　文化的多様性：人類に共通した遺産
時代、地域、空間を越えて、文化はさまざまな姿をとる。こうした多様性は人類を構成している集団や社会のアイデンティティの固有性や多元性に具現化されている。文化的多様性は、交流、革新、創造の源として、生物的多様性が自然にとって必要であるのと同様に、人類に必要なものである。この意味で、文化的多様性は人類共通の遺産であり、現在、そして未来の世代のためにその重要性が認識され、承認されるべきである。
注）下線は筆者による。
出典）UNESCO（2001）より翻訳。

コラム

インクルーシブ教育

全ての生徒を包摂した教育制度であり、だれであろうと、能力やニーズが何であろうと、全ての生徒を受け入れ、その学びを支える。これは、指導やカリキュラム、学校施設、教室、プレイエリア、交通手段や洗面所が全ての段階で全ての子どもに適切であるようにすることを意味している。インクルーシブ教育は、全ての子どもが同じ学校で共に学ぶことを意味している。だれも排除されるべきではない。どの子どももインクルーシブ教育を受ける権利があり、そこには障がいのある子どもも含まれる。
出典）UNICEF（2017：1）

るために何が必要であり、何をするべきかである。多文化教育は人種・エスニシティとのつながりが強いが、実際はさまざまなマイノリティの文化集団とも関係している。

多文化教育と同様に、社会を構成するさまざまな集団が互いに平等ではないというところから出発しながら、社会的に不利な状況にある人々が社会的に排除されがちな状況下で、社会的包摂に焦点を当ててきた教育の系譜として「**インクルーシブ教育**」がある。障がいのある人々の権利とのつながりが強く、障がい者の権利に関する条約第24条「教育」では、彼らを排除せずに包摂するような教育（インクルーシブな教育）——その潜在性を開花させることができる教育——が謳われている（外務省 2014）。こうして、さまざまな軸を持つ文化的多様性は目標としては国際的に支持されている。

3. 目に見えるカリキュラムを越えて

マイノリティの教育変革は、単に目に見えるところだけを操作したところでうまくゆかない。社会学では、公のカリキュラム（顕在的カリキュラム）と、学校の生徒や教師などが日常的な相互作用を通して受け取るメッセージとがあり、これを「潜在的カリキュラム」、「隠れたカリキュラム」と区別する。この潜在的カリキュラム、隠れたカリキュラムは、顕在的カリキュラム同様、子どもの成長に影響する。

公には人種／エスニック・マイノリティを差別してはいけないし、偏見を持ってはいけないとされるものの、日常的な相互作用の中で意図しないメッセージが伝わる可能性があることがマイノリティ研究などでは分かっている。例えば、「外国人」や「○○系日本人」児童生徒への期待値を（無意識であったとしても）下げたり、対人関係の中で「外国人」を避けたり、マスコミで「問題」扱いすることはこれに該当する。

日本で人種・エスニシティよりも議論されてきた社会的カテゴリーとしてジェンダーがある。例えば、「ジェンダー」は社会的に構築された男女の特徴であり、「女性らしさ」とか「男性らしさ」とか、男性、女性に関する社会規範を含むものである。そして、各種の国際社会におけ

るジェンダー指標において、日本はしばしば欧米先進諸国に比して「遅れている」とされている。女性の社会進出の遅れについて、世界経済フォーラムのデータで日本のランキングは146カ国中125番目であり、他の東アジアに比べても低かった（World Economic Forum 2023：11）。特に政治の分野では低く、国会議員（衆議院議員）の女性の割合、大臣などの指導的地位にある女性の割合も低い。経済領域でも女性の管理職の割合が低い。

　つまり、今の日本では、「女性は政治に向いていない」との主張を顕在的なカリキュラムで教えることはないものの、広い意味での教育（社会化）を通して、意図的ではないかもしれないが、女性を政治などの分野から遠ざけるメッセージが発信されている（例：政治と男性的であることを結び付けるなど）、そしてジェンダー・バイアス（ジェンダー平等にとって不利になる偏向）（OECD 2022）があるのではないか、と国際的には指摘されている。

　教科書での男女の描かれ方（登場するキャラクターが今日では男女同数となっているものが多い）も配慮され、名簿も男女混合になる（男性を優先して呼ばない）など、ジェンダーについては議論されるようになっている。一方、本書が一つの軸とする「外国人」（移民・難民）は国際的には最大の教育課題の一つであるが日本では一定の地域を除くと広く議論されてきたわけではない。それでも、今日、従来の民主主義的な理念の実現を目指した多文化共存の議論が起こりつつある。「日本人」は日本社会の少子高齢化が進む中で減少しつつあるが、「外国人」は増え、後述するように「多文化共生」の必要性が「外国人」が多い自治体だけでなく、経済界でも「外国人に選ばれる日本になる」などの言説と共に高まっている。本書はこうした、日本社会と「外国人」・移民・難民との関係の転換期に書かれている。

4．おわりに

　第1章では、教育文化を統合的に捉えたとき、広義の教育は個人の経験を越えた意味を持つものであることをみた。ここでは、教育を通して

多様な文化を持つ人々が平等に、平和的に共存できる日本版の多文化社会（multicultural society）について考えた。「多文化社会」は、多様な文化が共存している社会として、国際的にも使われてきた用語である。似たような用語としては、「多文化教育」「多文化主義」「文化的多様性」などがあり、これらを「多文化（multicultural）関連用語」とここではまとめて名付けておく。

　多文化関連用語はアメリカなどの移民社会でまず発達したものであり、社会的に不利な立場にある人種／エスニック・マイノリティがより平等な社会を求めた社会運動や、社会・教育改革と密接に絡み合って使用されてきた。例えば、前述のように、教育分野の多文化関連用語には「多文化教育（multicultural education）」という用語があるが、定義はさまざまであるものの、そこには、①「文化的多様性」の尊重、②人種的な、あるいはエスニックなマイノリティなどの社会的弱者の権利を保障した「社会的公正」の実現、の二者が絡み合っている。

　多様な文化が存在することは単に、ある地域に住んでいる異なる文化的背景の人々がお互いに仲良くすることではない。第1章で触れたように、文化集団はもともとある社会や世界において平等に共存しているわけではなく、文化集団の間には序列がある。それが、階層差、教育格差などの社会的格差となって顕在化している。よって、より平等な社会、民主的な社会を求める人々にとって、弱い立場にある文化集団の力を付けること（エンパワーメント）と、より民主的な社会像（社会的ヴィジョン）を描くことは、結びついている。それゆえ、目指すべき多文化社会・世界像を想定する必要がある。ユネスコの「文化的多様性の世界宣言」にもみられるように「○○すべき」ヴィジョンが示され、それに向けての現状改革のメッセージが示唆されているのである。

　国際社会から日本に目を向けてみよう。日本では「多文化社会」「多文化教育」ではなく、「多文化共生」という言い方が好まれる。総務省の「多文化共生の推進に関する研究会」では、地域における「多文化共生」を、「国籍や民族などの異なる人々が、互いの文化的ちがいを認め合い、対等な関係を築こうとしながら、地域社会の構成員として共に生

きていくこと」として捉えている（多文化共生の推進に関する研究会2020：18）。そして、今日、「外国人」が増える中で、「多文化共生」の推進、日本語教育や相談業務を含めた総合的な受け入れ環境の整備の必要性は政府からも発信されるようになっている（外国人材の受入・共生に関する関係閣僚会議2022）。

　確かに、日本の「多文化共生」という言い方には、国際的な多文化関連用語に近い響きはある。しかし、そこには、国際社会の多文化関連用語には存在する、社会や世界の文化間の序列、差別に対する異議申し立て、あるべき社会・世界に向かっての厳しい現状変革、そして多文化が共存することの難しさに関する認識が弱いように感じる。それでも本章では、日本でなじみがあるという意味で、一般にいわれているところの、「多文化共生」などを用いた。理念（人権、社会的公正、文化的多様性の実現など）と、現実（「外国人」、移民、〇〇系日本人の社会との関係）の両者をどう絡ませて、「同質性を前提」とした「人種／エスニック・マジョリティ」中心の社会像から脱却してゆくのか。これから続く章はそれを考えるきっかけを与えてくれる。

🔋 研究課題

（1）「外国人」という日本社会で一般的に使われる概念を、「移民」「マイノリティ」に言い換えたときに、どのような違いが生じるだろうか。第2章の議論を参考にしてまとめよう。

（2）日本、ないし他の社会において人種的、あるいはエスニック・マイノリティを一つ取り上げ、人種的、あるいはエスニック・マイノリティでないマイノリティと比較してみよう。共通点と相違点をまとめよう。

（3）日本社会においてさまざまな「外国人」が区別されるとき、どのような集団があげられるだろうか。それぞれの来日経緯やニーズの違いにはどのようなものがあるだろうか。

引用文献 ＊参考文献であげたものは除く。

外国人材の受入・共生に関する関係閣僚会議（2022）『外国人材の受入・共生のための総合的対策（令和4年度改訂）』。

外務省（2014）「障害者の権利に関する条約」（https://www.mofa.go.jp/mofaj/fp/hr_ha/page22_000899.html）。

泉区連合自治会町内会長会（n.d.）「いちょう団地地区―多文化の人たちが共生するまち」（2023年8月入手、http://www.izumikuren.net/topic.php?id=42）。

国立社会保障・人口問題研究所（2023）「表10-2 在留外国人総数に占める国籍別割合：1950〜2021年」『人口統計資料集2023改訂版』（https://www.ipss.go.jp/syoushika/tohkei/Popular/P_Detail2023RE.asp?fname=T10-02.htm）。

文部科学省（2019）『外国人児童生徒受入れの手引き』（https://www.mext.go.jp/a_menu/shotou/clarinet/002/1304668.htm）。

文部科学省（2024）『令和5年度 日本語指導が必要な児童生徒の受入状況等に関する調査結果について』（https://www.mext.go.jp/content/20240808-mxt_kyokoku-000037366_3.pdf）。

文部科学省（n.d.）「外国人児童生徒等教育に関する動画コンテンツについて」（2023年12月入手、https://www.mext.go.jp/a_menu/shotou/clarinet/003_00004.htm）。

OECD.（2022）. *Tax policy and gender equality: A stocktake of country approaches.* Paris: OECD Publishing. https://doi.org/10.1787/b8177aea-en

佐藤成基（2016）「『ドイツ人』概念の変容―『○○系ドイツ人』から考える」駒井洋監修、佐々木てる編著『マルチ・エスニック・ジャパニーズ―○○系日本人の変革力』明石書店、42-85。

清水睦美・児島明・角替弘規・額賀美紗子・三浦綾希子・坪田光平著（2021）『日本社会の移民第二世代―エスニシティ間比較でとらえる「ニューカマー」の子どもたちの今（世界人権問題叢書）』明石書店。

出入国在留管理庁（2024）令和6年3月22日報道発表資料「令和5年末現在における在留外国人数について」（https://www.moj.go.jp/isa/publications/press/13_00040.html）。

恒吉僚子・額賀美紗子（2021）『新グローバル時代に挑む日本の教育―多文化社会を考える比較教育学の視座』東京大学出版会。

UNESCO.（2001）. *Universal declaration on cultural diversity.* https://en.unesco.org/about-us/legal-affairs/unesco-universal-declaration-cultural-diversity

UNICEF.（2017）. *Inclusive education: Including children with disabilities in quality learning: what needs to be done?* https://www.unicef.org/eca/sites/unicef.org.

eca/files/IE_summary_accessible_220917_brief.pdf

United Nations Department of Economic and Social Affairs (UN DESA). (1998). *Recommendations on statistics of international migration* (Revision 1). New York: UN. https://unstats.un.org/unsd/publication/seriesm/seriesm_58rev1e.pdf

World Economic Forum. (2023). *Global gender gap report 2023*. https://www3. weforum.org/docs/WEF_GGGR_2023.pdf

参考文献 ＊もっと深めたい人へ。

①文部科学省『日本語指導が必要な児童生徒の受入状況等に関する調査結果について』、各年度。

②多文化共生の推進に関する研究会（2020）『多文化共生の推進に関する研究会 報告書—地域における多文化共生の更なる推進に向けて』総務省（https://www.soumu.go.jp/main_content/000706219.pdf）。

③文部科学省「外国人児童生徒など教育に関する研修用動画について」（2023年8月入手、https://www.mext.go.jp/a_menu/shotou/clarinet/003_00004.htm）。このサイトでは複数の言語による動画を閲覧できる。

3 | 文化間移動する子どもの文化変容

額賀美紗子

【学習のポイント】　本章では、文化間移動するマイノリティの子どもたちが経験する文化変容を、主流文化とエスニック文化との間の複雑な権力関係の中で生じる社会化の過程として検討する。学校教育におけるマジョリティの特権や、母語・継承の位置付けの考察を通じて、文化変容に伴う抑圧や社会的排除の問題を理解する。
【キーワード】　文化間移動、文化変容、マジョリティの特権、母語・継承語、同化理論

1.　文化間移動する子どもの変化を捉える枠組み

　あなたが海外の大学に留学することになったとしよう。留学生活を送るにあたって、どのような困りごとがありそうか想像してみてほしい。食べ物や服装や生活習慣の違いは、現地に暮らし始めてすぐに気付くことかもしれない。大学に通い始めると、授業で先生の言っていることが十分理解できない、言いたいことをうまく伝えられない、みんなが「当たり前」のように分かっていることが分からないといった言語やコミュニケーションの悩みも出てくるだろう。街中では、アジア系の外見であったり、その国の言語を流ちょうに話せなかったりするために不当な扱いを受けることもあるかもしれない。そのような経験が積み重なることでストレスが増大したり、自己肯定感が下がったりすることも考えられる。

（1）異文化接触と異文化適応

　このような、自分がなじみ親しんだ文化（＝自文化）とは異なる文化、言語、習慣、社会システムなどに個人が触れる経験を、**異文化接触**と呼

ぶ。異文化接触の過程では、もとの社会で慣れ親しんだ言語や行動様式が通用しなくなることによって、精神的なパニック状態、不安や緊張、焦燥感が生まれやすい。これを**カルチャー・ショック**という。今日では日常的に使われる用語になっているが、日本では1970年代に海外帰国生の研究に取り入れられたことで注目が集まり、カルチャー・ショックが生じるプロセスや予防法、対処法の検討が行われた。

　カルチャー・ショックは異文化接触によって生じる一時的な反応であるとされる。より広範に異文化接触の過程を捉えた概念としては、**異文化適応**の用語が使われる。異文化適応は、個人がそれまでとは異なる文化的環境に移動した際に、その文化を学習することによって新しい環境で十分に活動できるようになる長期的なプロセスを指す。適応の過程では、文化的差異に起因する認知的不一致と葛藤が生じやすい。これを**異文化間コンフリクト（葛藤）**と呼ぶ。人はそうした葛藤に直面したとき、その解決に向けてさまざまな行動（相手への「同調」や対決の「回避」など）をとることが明らかにされている（加賀美 2019）。

（2）文化変容

　異文化適応は新たな文化的環境における個人の心理的・行動的変化を表す概念であるが、そうした個人の変化を社会や文化の中で捉える概念として、**文化変容（acculturation）**がある。19世紀の人類学者による造語であり、もともとは西欧諸国の植民地化によって途上国の先住民文化が変容していく様子を表した言葉であった。その後は心理学、社会学、教育学にも取り入れられ、人々が異文化接触によって文化変容し、その社会に適応していく過程を明らかにする研究が進んでいる。

　文化変容理論は、**文化間移動**する個人と、個人を取り巻く環境との相互作用に注目することに特徴があり、海外の研究では**生態学的アプローチ（ecological approach）**がよく参照されてきた。これは、個人を取り巻く環境要因を異なるレベルのシステム（ミクロ・メゾ・エクソ・マクロ）として捉え、その多層的な環境と個人の相互作用の中で文化変容の過程を検討するモデルである。図3-1は、生態学的アプローチから、

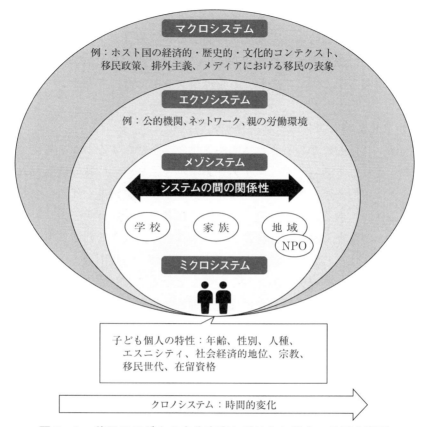

図3-1 移民の子どもの文化変容と受け入れ社会への適応過程
出典）額賀（2019：10）より引用。Suárez-Orozco et al.（2015：29）の図1-1を加筆修正して作成。

移民の子どもが受け入れ社会で経験する文化変容とその社会への適応過程を示している。

　ミクロシステムをみてみると、子どもは自分が直接関わる家族・学校・地域社会・支援団体から影響を受ける。さらに、それらのシステム間の関連や（例えば学校と家族の間にどの程度つながりや信頼感があるか）、子どもは直接関わっていないが間接的に影響を与える環境（例えば親の職場環境）、そしてその外側にある経済的、歴史的、文化的文脈、移民政策、排外主義、マスメディアによる表象など広い範囲の影響を持

つマクロシステムも、子どもの文化変容に影響を与える重要な要因になる。さらにここに時間的な変化を考慮する。このモデルは、文化変容という現象が、多層的で複雑な社会的・文化的システムと、子ども自身の発達の連関の中で生じていることを理解する上で有用である。

（3）文化変容とエスニック・マイノリティ

　では、具体的にどのような集団が文化変容を経験するのかを考えてみると、それは**エスニック・マイノリティ**（⇒第2章）に特徴的な経験だといえる。例えば、留学生や駐在員家族といった、自分が住む社会とは異なる社会にある期間だけ暮らす**一時滞在者**（＝ソジョナー）がいる。また、一時滞在ではなく、受け入れ社会に（半）永久的に居住することを念頭に移住した**移民**や**難民**も該当する。これらの集団は、国から国への地理的移動と共に文化間移動を経験していることが共通している。

　物理的な国際移動を伴わない文化変容のケースもある。例えば、近年の日本では、親世代は海外から移住してきたが、子ども本人は日本で生まれ育った**移民第二世代**や**難民第二世代**が増えている。こうした子どもたちの家庭では、親が出身国の言語、慣習や価値規範などの**エスニック文化**を維持している状況がみられる。エスニック文化は、家庭の外に広がる受け入れ社会で正統性を与えられている文化（＝**主流文化**）とは異なる要素から成る文化であるため、子どもたちはエスニック文化と主流文化の間で日々、文化間移動を経験することになる。似たような状況は、**国際結婚家庭**に育つ子ども（日本では「ハーフ」「ダブル」「国際児」などの呼称が用いられる）や、すでに移住から数世代を経ているが、**オールドカマー**である在日韓国・朝鮮人の子どもたちの間にもしばしば見いだすことができる。

　エスニック・マイノリティの子どもたちは、自分たち自身は国際移動の経験がなかったとしても、家庭や地域で継承されるエスニック文化と、受け入れ社会の主流文化が折り重なる環境で生活している。その点で、かれらの経験も文化変容の概念で理解することができる。しかし、移民第二世代の子どもたちの文化変容の過程に伴う困難や精神的負担は、学

校では看過されがちである。日本生まれ日本育ちで日本語の会話ができるために、「問題ない」とみなされてしまうからだ。地理的移動を伴わない文化間移動を経験する子どもたちについても、文化変容の視点から必要な支援を提供することが重要である。

2. 文化変容における学校の役割

（1）批判的教育学の視点

　エスニック・マイノリティの子どもたちの文化変容において、学校が果たす役割を考えてみよう。学校の重要な機能の一つに**社会化**がある（⇒第1章）。社会化とは、子どもが当該社会の有能な成員になるために必要な知識、技能、態度を習得していくプロセスである。その過程で、

コラム

「エスニック（ethnic）」とは？

　「エスニック」を辞書で引くと「民族の」という訳語が出てくる。「民族」という日本語は明治時代に使用が始まり、「大和民族」のように、「国家と結びついた人間集団である国民」（青柳 1996）を意味した。一方、「エスニック」やその名詞形である「エスニシティ」は、1960年代以降の欧米の文化人類学や社会学において精緻化が進んだ概念であり、今日の多文化・多民族状況を理解する上で重要な視点を提起している。

　「エスニシティ」は、「国民国家の枠組のなかで、相互行為的状況下に、出自と文化的アイデンティティを共有している人々による集団及びその意識」と定義することができる（綾部 1986）。ここでのポイントは、エスニック集団とは共通の出自（ルーツ）のような客観的属性だけではなく、文化的アイデンティティのような共通の意識によって構成されること、さらにその集団の境界は固定的ではなく、人々の相互作用の中で揺れ動くことを示唆している点である。

　「エスニック・マイノリティ」や「エスニック文化」はエスニシティにもとづいて劣位に置かれる集団や文化を指すが、その集団や文化の境界は所与のものではなく、相互作用の中で絶えず構築されている。「エスニック・アイデンティティ」も同様に、エスニシティに関する可変的な自己認識や帰属意識として理解できる。日本の社会学や文化人類学でも「エスニシティ」「エスニック」という用語が頻繁に使われるようになっているが、それはこれらの概念が、固定的な集団をイメージさせる「民族」よりも、ダイナミックで動態的な集団間の関係や文化や個々人の意識を浮かび上がらせることができるためである。

学校は社会の中で正統性を与えられた主流文化を子どもたちに伝達している。エスニック・マイノリティの子どもたちは、学校を通じて受け入れ社会の主流文化を身に付けていくことが期待されている。

　ここで問題となるのは、文化伝達機関としての学校におけるエスニック文化の位置付けである。エスニック文化が主流文化と対等に位置付けられているかというと、世界各国の学校教育の大半でそのような状況にはなっていない。もともと文化変容という用語は二つ以上の文化が接触することによって生じる相互の変容を想定していたが、多くの場合、学校では一方通行の文化変容が際立つ。つまり、変容させられるのはエスニック・マイノリティの子どもたちの側であり、主流文化を身に付けた教師や子どもたちの側ではない。例えば日本の学校では、移民の子どもに日本語や日本社会のルールを習得させることに主眼が置かれていて、エスニック文化を尊重するといったことはほとんどなされていない。

　つまり、文化の間にはヒエラルキー（＝序列、階層性）があり、エスニック・マイノリティの文化は大抵の社会において、ヒエラルキーの下位に位置付けられているということである。アップル（Michael W. Apple）やジルー（Henry A. Giroux）に代表される**批判的教育学**では、こうした文化のヒエラルキーが学校教育を通じて強化されること、それは社会的に有利な立場にあるマジョリティが持つ権力の温存につながることを指摘してきた。例えば、カリキュラムは一見中立的で、だれもが身に付けるべき学習内容にみえるかもしれない。しかし、アップル（1979＝1986）によれば、そうした公的知識は実はその社会におけるマジョリティ集団の文化を反映している。学校はマジョリティによる支配を正当化するための**イデオロギー装置**であるといえる。

　マジョリティ集団に属する子どもは家庭の文化が学校の文化と親和的であるため、学校での学習や生活を円滑に進めることができるし、自文化に正当性が与えられることで自己有能感も育ちやすいことが明らかにされてきた。一方、エスニック・マイノリティの子どもは学校を通じて文化変容を迫られ、生まれ育った自文化を貶められる経験をする。その過程では、エスニック集団への帰属感や愛着——**エスニック・アイデン**

ティティ――を育む機会を失い、「自分は何者なのか」というアイデン
ティティの葛藤を経験しやすい（⇒第6章、第14章）。

（2） マジョリティの特権

　アメリカ社会では白人中産階級が支配的な集団であり、その文化の権
力性が問題として指摘されてきた（⇒第5章）。訛りのない英語、親の
積極的な子どもの学校への関与、子どもの主体性の重視といったアメリ
カの学校で正統性を与えられた文化は、白人中産階級の文化と親和性が
高い。アメリカの教育学者であるデルピット（Lisa Delpit）はこれを
「力のある文化（culture of power）」 と呼ぶ（Delpit 2006）。「力のあ
る文化」は、黒人をはじめとするエスニック・マイノリティの子どもた
ちの文化の価値を貶め、かれらの自尊心を奪っていると指摘する。

　アメリカ社会では、こうした白人中産階級の「力のある文化」を**「白
人性」**（＝ホワイトネス）として可視化し、その特権を問題として浮か
び上がらせる研究動向がみられる。特権とは、「マジョリティ側のアイ
デンティティを有することで、労なくして得ることのできる優位性」と
定義される（出口 2022：33）。ホワイトネス研究は、アメリカ社会でマ
ジョリティの立場にある白人が、自分が与えられた特権や優位性に気付
かず、無自覚のうちに権力を行使し、差別構造の温存に加担しているこ
とを批判する。そして、自らの特権に自覚的になり、反差別と不平等の
是正に向けて行動することを促す。

　日本でも、恵まれた立場にある日本人が無意識に行使している特権と
文化の優位性を、**「日本人性」** として浮かび上がらせ、批判的に分析す
る視点が提起されている（松尾 2023）。例えば、次節で扱う「日本語」
は、「日本人性」の重要な一要素になっている。学校では日本語の読み
書きが教えられることは暗黙の了解になっていて、日本語ができる子ど
もはできない子どもに対して圧倒的に優位な立場に立つ。日本語ができ
ないことで、移民の子どもたちが学校で周囲からからかわれたり、いじ
められたりする事例が後を絶たないが、この背景には日本の学校におけ
る日本語の優位性がある。移民の子どもたちの文化変容は、日本語を話

すことが当たり前で、話せないことが人間として「劣っている」と評価される社会的文脈の中で生じていることに留意する必要がある。

また、学校を通じて伝達される「日本人性」は、しばしば日本が単一民族・単一言語国家であるという前提に立っていて、想定された「日本人」以外を排除する偏狭なナショナリズムにつながりやすいことも指摘されてきた。そのことは、エスニック・マイノリティの子どもたちのアイデンティティの葛藤を深刻化させている。

このように、エスニック・マイノリティの子どもの文化変容を考える際には、文化が権力性を帯びた社会的構築物であり、学校という場ではマジョリティ集団の文化が正統性と特権を与えられていること、それに対してエスニック文化は抑圧、排除、差別の対象となってきたことを理解することが重要である。**社会的公正**の視点（⇒第4章）からはこうした学校の権力構造を組み替え、エスニック・マイノリティの子どもたち

コラム

文化資本としての「日本人性」

　フランスの社会学者ブルデュー（Pierre Bourdieu）は、社会的不平等の再生産を文化資本という概念を使って説明する（ブルデュー・パスロン 1991）。ブルデューによれば、人々の社会経済的地位は経済資本（お金や財産）だけでなく、所有する文化資本の多寡によって大きく影響される。文化資本とは、その社会で優位性と正統な価値を与えられた文化であり、3つの形態に分類することができる。

1）客体化された文化資本：書籍、絵画、楽器など、物質的な形で存在する文化財。
2）制度化された文化資本：学位や資格といった、文化的な能力や知識の公式な証明。
3）身体化された文化資本：知識、技能、教養など、非物質的な文化的資源。

　「日本人性」は1）〜3）のどの形態にもなる。「日本人らしい」服装や持ち物、日本の学歴、日本語や日本の学習指導要領にのっとった知識の習得、「日本人らしい」態度やふるまいを身に付けているかどうかが、その人の学校や職場での評価に関わるのである。この視点からは、一見「公平」にみえる選抜や評価の中にも、「日本人性」を身に付けた人々を優遇する仕組みが潜んでいることに気づくだろう。

の母語・母文化を承認して、固有のエスニック・アイデンティティを支えていく必要性が提起されてきた。

3. 学校における母語・継承語の位置付けと文化変容

（1）日本社会のモノリンガリズム

　エスニック・マイノリティの子どもたちの文化変容と文化のヒエラルキーの関係について、言語を例に考えてみよう。言語は人々のアイデンティティ、歴史、価値観を形成し、それらを伝える手段として、文化の中でも特に重要な要素である。言語はある社会集団のシンボルであると同時に、集団内のコミュニケーションを促進し、特有の価値観を次世代に伝え、集団の結束力を高める役割を果たす。**国民国家**も社会集団の一つである。さまざまな文化的背景の人々を一つの国民国家に統合するにあたり、共通言語を設けて**単一言語主義**（＝モノリンガリズム）を提唱することは、重要な国家戦略の一つとなってきた。モノリンガリズムは、個人や社会が一つの言語のみを話すこと、または一つの言語の使用を優先し、促進する政策や態度を指す。言語的同質性を推進することで、国民意識の高揚を図ることが容易になる（⇒第9章）。

　同時に、モノリンガリズムはエスニック・マイノリティの言語を排除することで、マジョリティが使用する言語の優位性を強化する働きを担ってきた。このことは、エスニック・マイノリティにとって深刻な問題を引き起こす。言語によって表象され、次世代に伝達されるエスニック集団のアイデンティティや尊厳が失われるからである。

　なお、エスニック・マイノリティの子どもが幼少期に自然に身に付けるようになる言語を**母語**（mother tongue）と呼ぶ。類似する用語としては、**継承語**（heritage language）がある。継承語はコミュニティや家庭の中で子どもに継承される言語を指す。継承語については子どもが流ちょうに話せない場合もあるが、母語と継承語は重なることが多いので、ここでは**母語・継承語**と表記する。

　国民国家における共通言語の推進と、エスニック・マイノリティの母語・継承語維持の欲求は、両者の間に軋轢を生んできた。この軋轢は、

特に学校現場で顕著になる。どの言語が**教授言語**として採用され、子ど
もたちに伝えられるべきかをめぐっては各国で論争が繰り広げられてき
た。大半の国では公的な場において最もよく用いられている言語が学校
での教授言語になっている。国によってはその言語が**公用語**に認定され、
明確に**言語政策**の中に位置付けられることもある。

　一方、日本には公用語を指定する法律は存在しない。だが、東京方言
を基本とする標準語を事実上の「国語」として扱うことが文部省の国語
審議会などで慣例化してきた経緯があり、それが学校教育に反映されて
いる（古屋 2022）。つまり、法的根拠がないまま日本語が唯一の「国
語」であることが既成事実となってきた。日本では日本語が正統な文化
としての承認を受け、モノリンガリズムが強く支持されている。

（2）先住民・オールドカマーと母語・継承語の維持

　「国語」である日本語の獲得が学校における至上命題となる中で、エ
スニック・マイノリティの母語・継承語が学校教育の中でどのように扱
われてきたかを考えてみよう。

　歴史をさかのぼると、北海道の**アイヌ民族**や沖縄の**琉球民族**など、先
住民の言語は明治期以降**同化政策**の中で価値を否定され、公的な場で
の使用が禁じられた。学校では日本語が価値のある言語として子どもた
ちに教えられ、その使用が強制された。このような言語弾圧によって、
アイヌ語や琉球諸語を使用する人々の数は激減し、現在はどちらもユネ
スコが作成する「消滅の危機にある言語」のリストに入っている。

　1930年代から第二次世界大戦終結まで、日本は軍国主義を拡大する過
程で、植民地であった朝鮮半島、満州、台湾などで**皇民化教育**を推進し
た。これは、日本帝国に属する全ての民族を「皇民」として同化させる
ことを目的とした教育であり、支配下にあるマイノリティへの言語政策
――日本語の普及と強制――は、日本人アイデンティティを植え付ける
上で中心的な要素となった。

　1950年代以降、在日韓国・朝鮮人コミュニティでは祖国の文化と言語
を教える民族学校を再建する機運が高まった。しかし、日本政府は朝鮮

学校を学校教育法第一条に定められた正規の学校（＝「一条校」）としては認めなかった。朝鮮学校は「各種学校」として位置付けられていくが、「一条校」でないことによって被る不利益は大きい。

　一方、戦後すぐの時期に日本政府は朝鮮学校を強制閉鎖し、在籍していた子どもたちを日本の公立学校に転入学させたため、大半の在日韓国・朝鮮人の子どもたちは日本の公立学校に在籍するようになっていた。在日コミュニティからは、日本の公立学校における同化圧力の中で、子どもたちの間に祖国の言語や文化の喪失がみられること、学習権が保障されていないことに対して抗う声が多くあがった。1970年代に入ると「人権保障」や、国が在日の人々の民族性を奪ってきたことへの「歴史的責任」を求める訴えが勢いを増し、阪神地域の公立学校で民族学級を開設する動きへとつながった。1980年代後半以降、この流れはさらに加速する。国際化の高まりの中で、朝鮮語や朝鮮文化を教える民族学級や民族クラブが「国際理解教育」として注目を集めるようになり、公立学校でその設置数が増えていった（岸田 2003）。

　このように、先住民やオールドカマーの子どもたち（⇒第２章）に対する言語教育の変遷を検討すると、近代国民国家の創設から第二次大戦期までは、エスニック言語を公教育から完全に排除し、日本語への同化を強力に推し進める政策がみられた。戦後は人権運動や国際化の中で課外活動としてオールドカマーの母語・継承語の伝達を公教育の中で部分的に承認する方向へと、政策はわずかながら転換していった。しかし、日本語の「国語」としての地位は依然として不動のものであり、公教育におけるエスニック言語の包摂はみられない。この状況は、日本の言語政策におけるモノリンガリズムの弊害を浮き彫りにする。在日コミュニティが深い懸念を示したように、日本語の優位性が固守され、日本語への同化が強く促される構造の中で、エスニック・マイノリティは世代を経るごとに母語・継承語を維持することが難しくなっている。

（3）ニューカマー移民と母語・継承語の維持

　1990年代以降に急増したニューカマーの子どもたち（⇒第２章）につ

いても、学校の中で日本語を獲得することが重要な政策として位置付けられている。文部科学省は1991年から「**日本語指導が必要な児童生徒**」の調査を始めたが、当時の日本語指導は各学校の取り組みにまかせられていた。この状況が大きく改善する契機は、2014年の制度改正において小中学校で「**特別の教育課程**」の編成と実施が可能になったことである。「特別の教育課程」では、児童のニーズに応じて各学校が目標を明確にした個別の指導計画を作成し、通常の授業時間中に生徒を別室などに取り出して日本語指導を行うことが認められた。これによって、日本語力の不足によって通常の授業についていくことができない児童に対し、きめ細かい日本語や教科の指導を行うことが可能になったのである。支援が遅れていた高校段階でも2023年度から「特別の教育課程」が制度化され、より多くの子どもが日本語支援を受けられる基盤が整えられた。

　しかし、全ての子どもが十分な日本語指導の機会を得られる状況には未だなっていない。日本語と教科の統合的指導を行う教員がいないなどの理由から、日本語指導が必要な児童生徒が在籍する学校のうち、「特別の教育課程」を実施している小中学校はまだ7割に満たない。また、その時間数は、年間週10～280単位時間と幅広く設定されており、自治体によっては十分な日本語指導の時間数が確保されていない場合もみられる。高校段階の日本語指導は、正規の取り出し授業としてではなく、

コラム

外国籍の子どもの教育を受ける権利

　日本国憲法第26条第1項は「すべて国民は等しく教育を受ける権利を有する」と謳っている。憲法は国民と国籍の関係について明確に述べていない。しかし、これまでのさまざまな判例や政府解釈で、「国民」は日本国籍者に限定され、「教育を受ける権利」と「教育を受けさせる義務」の対象を、日本国籍の子どもとその保護者に限るとしてきた。

　一方で、日本は子どもの権利条約や国際人権規約を批准しており、それにもとづいて、文部科学省は外国籍の子の公立小中学校への就学は義務ではないが、「希望する場合には、無償で受け入れる」としている。母語や母文化への支援が日本の学校でほとんど行われていないことの背景には、外国籍の子の教育を受ける権利がそもそも日本では保障されてこなかったという問題がある。

「補習」として放課後などに実施するケースが多い（額賀他 2022）。

　一方、ニューカマーの子どもたちの母語・継承語についてはどのような扱いがされているだろうか。文部科学省が作成した『外国人児童生徒受入れの手引き（改訂版）』（2019）の中の「外国人児童生徒等が直面する課題」の項目には、「母語・母文化の保持」があげられている。そこには、「学校でも、課外において、児童生徒の母語、母文化に関わるものとして『継承語』という位置付けでそれを尊重し、習得を援助することが望まれます」と書かれている。母語・母文化の保持が重要であるという認識が示されている一方で、「課外において」という文言に留意すると、マイノリティの言語や文化は学校の正規のカリキュラムの中には位置付けられていないことが分かる。そして、「望まれます」という表現からは、母語・継承語の尊重や保持が制度的に確立された教育目標にはなっていないことが透けてみえる。

　近代学校が誕生した明治期から現在に至るまで、日本の学校は日本語が支配する空間であり、エスニック・マイノリティの子どもたちの母語・継承語を尊重する風土は希薄であった。ニューカマーの子どもが増える中で、日本語獲得の重要性が一層強調されているが、日本語習得のための支援が十分に行き届いていない状況が続いている。この結果、日本語も母語・継承語も年齢相応のレベルに達していない子どもたちが出現している。こうした状態は**ダブル・リミテッド**と呼ばれる。言語力の不足は学力不振の原因にもなることが OECD の国際調査などからも指摘されており、移民生徒に対する言語支援の充実は喫緊のグローバルな課題となっている。

4.　ニューカマー移民と文化変容のパターン

　マジョリティの文化が大きな力を持つ社会の中で、エスニック・マイノリティとして位置付けられる移民の子どもたちは、どのように文化変容を経験していくのだろうか。この問いについては、心理学、社会学、文化人類学などの分野において実証的な研究蓄積がみられ、さまざまな理論が提示されている。本節では、日本社会を考える上でも示唆深い、

アメリカの社会学における移民の文化変容理論を紹介しよう。

（1）古典的な同化理論

　鍵となる用語のひとつが、「同化（assimilation）」である。すでに本章に頻出している用語であるが、あらためて理論に即して定義すると、「同化」とは社会の周縁に位置付けられる移民が、時間的経過と共にその社会の主流集団に受け入れられ、集団のメンバーになっていくプロセスのことである。20世紀初頭以降、アメリカでは移民集団の同化過程に対する問題意識が強くなり、**同化理論**が発展する。その中で、「メルティング・ポット（るつぼ）」「サラダ・ボウル」「レインボー」「ジャズ」など、移民がアメリカ社会にどのように同化していくか、または同化していくべきかを示唆する比喩やイメージが広まった（⇒第5章）。

　1960年ころのアメリカ社会を考察したゴードン（Milton M. Gordon）は、**文化的同化や構造的同化**など複数の類型を用いて移民の同化プロセスを説明した（Gordon 1964）。文化的同化とは移民が白人文化を習得していく文化変容の過程を指す。構造的同化とは、移民が受け入れ社会の自発的組織やネットワークに受け入れられ、マジョリティと親密な関係を築く過程を示す。ゴードンは、構造的同化が進むことで文化的同化も促進されると論じた。移民がアメリカで成功するためには、移民が同化できる環境を受け入れ社会側が整備することが必要だと示したのである。

　ゴードンの理論は受け入れ社会の課題を提起したが、結局のところ移民はやがてエスニック文化を放棄し、アングロサクソン系の「アメリカ人」に近づいていくという単一方向の同化を想定していた。移民が所有するエスニック文化は軽視され、アメリカ社会で成功していく上では不要であると考えられた。しかし、次節で述べるように、この理論は移民の出身国や階層が急速に多様化していく中で、説得力を失っていく。

（2）新しい同化理論が提示する文化変容の多様性

　1965年に移民法が改正されると、ヨーロッパからだけではなく、南米

やアジアなどからも移民がアメリカ社会に流入するようになった。これらの新移民たちは従来の同化理論が説明するように白人の主流文化に容易には同化できない、あるいはしないことが明らかになってきた。また、非白人に対する激しい人種差別があることから、人種間の社会経済的な格差が容易にはなくならないことも指摘された。

そこで、2000年前後からは新たな同化理論が提唱されるようになった。ポルテス（Alejandro Portes）とルンバウト（Rubén G. Rumbaut）は、移民第二世代の子どもの同化は従来想定されていたように単線的ではなく、親子の**戦略**、そして社会的条件によって分節化されると指摘した（Portes & Rumbaut 2001＝2014）。この**分節的同化理論**は、**移民親子の文化変容のパターン**は多様化しており、どのパターンを辿るかによって子どもの教育達成や地位達成に違いが生まれているという新たな知見を示したのである。

第一のパターンでは、親子共に同じようなスピードで主流文化を獲得し、その一方でエスニック文化を捨て去るパターンである（＝協和的文化変容）。これは、ゴードンが提示した従来の同化のパターンと同じで、良い学業成績や地位達成につながりやすい。第二のパターンでは、親はエスニック文化を維持するが、子どもはそれを拒否し、荒廃した都市中心部のサブカルチャーを獲得していく（＝不協和的文化変容）。ここでは親子間の葛藤と共に、子どもの学力不振や学校からのドロップアウトが生じやすい。第三のパターンでは、親はエスニック文化を家庭やコミュニティの中で伝達し、子どもはそれを受容すると同時に学校を通じて主流文化を獲得していくパターンである（＝選択的文化変容）。子どもは**バイリンガル**や**バイカルチュラル**に育つ可能性が高く、第一のパターンと同じように、高い学業達成へと結び付く傾向がみられる。

この第二・第三の文化変容のパターンを新たに示し、移民の子どもの集団内部における文化変容の違いや、それが異なる教育達成につながる道筋を明らかにした点が、新しい同化理論の特徴である。アメリカでは依然として同化圧力が強く働く一方で、**多文化主義**のもとで第三の文化変容のパターンを支持する社会や教育の動きもみられる。

（3） 文化変容における社会的文脈の重要性

　では、一体何が文化変容のパターンの違いを生み出しているのだろうか。まず、親が出身国から持ち込むさまざまな資源（財産や学歴、職歴など）が文化変容に影響を与えることが明らかにされた。例えば、資源の多い親ほど、戦略的に住む場所や子育ての方法を考えて、第一や第三の文化変容のパターンに子どもを導く傾向がみられる。

　もう一つは、移民家族を取り巻く社会的文脈である。1（2）で示した生態学的アプローチでも多層の社会的文脈の重要性が示されていたが、ポルテスとルンバウトはこの社会的文脈を移民の**編入様式**と呼ぶ。編入様式の構成要素の中でも、特に重要なのがその社会における**差別構造**と**エスニック・コミュニティ**である。例えば、家庭に資源が豊富にあっても、地域社会や学校において非白人に対する差別が非常に強ければ、子どもたちが主流文化を身に付けて白人集団の中に参入していくことは難しくなる。あるいは、親がエスニック文化を維持し、子どもにそれを伝えたいと願ったとしても、学校や地域社会で主流文化が圧倒的に優勢であったら、子どもはエスニック文化の受容を拒み、主流文化に染まることが考えられる。逆に、母語・継承語や母文化を次世代に伝え、育む環境が周囲にあれば、子どもたちは第三のパターン、選択的文化変容の道を辿る可能性が開ける。アメリカでは母語・母文化の維持と継承にあたって、エスニック・コミュニティが大きな役割を果たしている。

　近年は日本でも、移民第二世代の子どもたちの文化変容に関する社会学的研究が進められ、アメリカ社会と同様に、複数の文化変容のパターンが見いだされている（清水他 2021）。ただし、日本にはアメリカのような大規模なエスニック・コミュニティがないこと、「日本人／外国人」という二項対立の枠組みが強く働いて、学校や地域で移民のエスニック文化を排除する視点が強いことから、移民の子どもたちが母語・母文化を維持することの難しさが指摘されている。その分、日本では学習支援教室などの**市民団体**が、移民の子どもたちのエスニック・アイデンティティを育むと同時に、主流集団の文化を子どもたちに伝達する役割を主に担っている。行政や学校との連携を通じてこうした市民団体の活動を

支える地域社会の基盤づくりをしていくことも、今後の重要な課題であろう（⇒第7章）。

5. おわりに

　本章では文化間移動する子どもの文化変容を、主流文化とエスニック文化のせめぎ合いの中で生じる社会化のプロセスとして捉えてきた。文化は横並びに存在するのではなく、マジョリティ集団に有利になるように序列付けられている。学校ではマジョリティの文化が主流文化として正統性を与えられ、知識や作法として教えられる一方、エスニック文化は差別、排斥、抑圧の対象になってきた。エスニック・マイノリティの子どもたちの文化変容は、常に受け入れ社会の強い同化圧力のもとで生じているのであり、学校はエスニック・マイノリティの子どもたちを奪文化化する装置（Spring 2021）としての機能を担ってきた。

　その一方で、アメリカの新しい同化理論が示すように、エスニック・マイノリティの子どもたちは同化圧力の中で無力なわけではない。親と子は受け入れ社会の中で戦略を立て、その中には主流文化の圧力に抗い、母語・母文化を維持しようとするケースもみられる。両方の文化を身に付ける子どもたちも育っており、その過程からは新たな文化が創造される契機も生まれている（⇒第6章、第7章）。

　親や祖先の文化を守ることは、アイデンティティと尊厳の確立につながり、それは人々に与えられた権利である（UNESCO 2001）。社会的公正の視点からは、子どもたちがエスニック文化を承認されながら、主流社会に溶け込んでいくことが望ましい。そのような文化変容の可能性を広く開いていくためには、マジョリティが自らの特権に自覚的になり、受け入れ社会の差別構造の是正や子どもたちのエスニシティが承認される学校やコミュニティづくりにむけて行動することが求められる。

🔋 研究課題

（1）留学生、海外帰国生、先住民、オールドカマー、移民、難民の子どもなど、具体的なマイノリティ集団について、文化変容の過程を説明してみよう。どのような共通点と差異があるだろうか。

（2）学校の顕在的・潜在的カリキュラムの中の「日本人性」を考えてみよう（言語、学習内容、教授法、価値観、ルール、行事など）。「日本人」が日本社会の中で持つ自らの特権に自覚的になるためには、どのような方法が考えられるだろうか。

（3）日本と他国の言語政策について調べ、各国でエスニック・マイノリティの言語がどのように扱われてきたかを比較してみよう。カナダの二言語主義や、欧州評議会が提唱した複言語・複文化主義についても調べてみよう。

引用文献 ┃ ＊参考文献であげたものは除く。

青柳まちこ編・監修（1996）『「エスニック」とは何か―エスニシティ基本論文選』新泉社。

Apple, M. W. (1979). *Ideology and curriculum*. London: Routledge & Kegan Paul.（＝1986、門倉正美・宮崎充保・植村高久訳『学校幻想とカリキュラム』日本エディタースクール出版部。）

綾部恒雄（1986）「移民・少数民族・民族集団―少数民族論の展開とエスニシティ論」『アメリカ研究』20、1-14。

ブルデュー、P.・パスロン、J－C.（宮島喬訳）（1991）『再生産―教育・社会・文化』藤原書店。

出口真紀子（2022）「特権・ホワイトネス研究」異文化間教育学会編『異文化間教育事典』明石書店、33。

Delpit, L. (2006). *Other people's children: Cultural conflict in the classroom* (Updated Edition). New York: New Press.

古屋憲章（2022）「言語政策」異文化間教育学会編『異文化間教育事典』明石書店、211。

Gordon, M. M. (1964). *Assimilation in American life: The role of race, religion, and national origins.* Oxford: Oxford University Press. (＝2000、倉田和四生・山本剛郎訳『アメリカンライフにおける同化理論の諸相―人種・宗教および出身国の役割』晃洋書房。)

加賀美常美代（2019）『異文化間葛藤と教育価値観―日本人教師と留学生の葛藤解決に向けた社会心理学的研究』明石書店。

岸田由美（2003）「在日韓国・朝鮮人教育にみる「公」の境界とその移動」『教育学研究』70(3)：348-359。

松尾知明（2023）『日本型多文化教育とは何か―「日本人性」を問い直す学びのデザイン』明石書店。

文部科学省（2019）『外国人児童生徒受入れの手引き（改訂版）』。

額賀美紗子・三浦綾希子・髙橋史子・徳永智子・金 侖貞・布川あゆみ・角田仁（2022）『外国につながる生徒の学習と進路状況に関する調査報告書―都立高校アンケート調査の分析結果』(https://www.schoolexcellence.p.u-tokyo.ac.jp/reports/)。

Portes, A., & Rumbaut, R. G. (2001). *Legacies: The story of the immigrant second generation.* New York: Russell Sage Foundation. (＝2014、村井忠政・房岡光子・大石文朗・山田陽子・新海英史・菊池綾・阿部亮吾・山口博史（訳）『現代アメリカ移民第二世代の研究―移民排斥と同化主義に代わる「第三の道」』明石書店。)

清水睦美・児島明・角替弘規・額賀美紗子・三浦綾希子・坪田光平（2021）『日本社会の移民第二世代―エスニシティ間比較でとらえる「ニューカマー」の子どもたちの今（世界人権問題叢書）』明石書店。

Spring, J. (2021). *Deculturalization and the struggle for equality: A brief history of the education of dominated cultures in the United States* (9th edition). New York: Routledge.

Suárez-Orozco, C., Abo-Zena, M. M., & Marks, A. K. (2015). *Transitions: The development of children of immigrants.* New York: New York University Press.

UNESCO. (2001). *Universal declaration on cultural diversity.* https://en.unesco.org/about-us/legal-affairs/unesco-universal-declaration-cultural-diversity (＝ n.d.、文部科学省「文化的多様性に関する世界宣言（仮訳）」2024年2月入手、https://www.mext.go.jp/unesco/009/1386517.htm)

参考文献 | **もっと深めたい人へ。**

①佐藤郡衛（2019）『多文化社会に生きる子どもの教育―外国人の子ども、海外で学ぶ子どもの現状と課題』明石書店。

②額賀美紗子・芝野淳一・三浦綾希子（2019）『移民から教育を考える―子どもたちをとりまくグローバル時代の課題』ナカニシヤ出版。

③異文化間教育学会編（2022）『異文化間教育事典』明石書店。

4 | マイノリティの経験からみる日本の 教育と学校文化

額賀美紗子

【学習のポイント】 本章では、海外帰国生とニューカマー移民の子どもの学校経験に焦点を当て、かれらの経験から日本の教育と学校文化の特徴を考察する。形式的平等を重視する学校文化において、マイノリティの子どもの差異がどのように扱われているのかを理解し、特性伸長教育、国際理解教育、多文化共生の教育が掲げる「多様な文化の尊重」の陥穽について考える。
【キーワード】 学校文化、差異の封じ込め、文化本質主義、ステレオタイプ、平等／公正の解釈

1. マイノリティの子どもたちの学校経験

　学校には特有の文化がある。自分の学校経験をふりかえってみよう。学校の建物や教室の雰囲気、授業で学んだこと、先生の教え方、行事やクラブ活動、友達とのやりとりなどを思い出すのではないだろうか。これら全てが、その学校独自の文化を形成している。教育社会学では、「学校文化」を「学校集団の全成員あるいはその一部によって学習され、共有され、伝達される文化の複合体」と定義する（日本教育社会学会1986）。学校文化をテーマとした研究の蓄積は多くあり、例えば学校文化による子どもの社会化の過程、国による学校文化の違い、不平等の再生産に果たす学校文化の役割、インクルーシブな学校文化の構築などが明らかにされてきた。

　本章では海外帰国生とニューカマー移民の子どもの学校経験に焦点を当て、かれらの経験から日本の教育と学校文化の特徴を考察する。マイノリティの視点から教育や学校文化をまなざすと、その社会のマジョリティに属する人にとっては「当たり前」の慣習や価値観を相対化し、その課題を浮かび上がらせることができる（額賀他 2019）。前章では文化

の間にはヒエラルキーがあり、学校は主流文化を正統な知識として子どもたちに伝達していることを学んだ。本章では日本社会において具体的に学校を通じてどのような文化が伝えられ、その中でマイノリティの子どもの差異がどのように扱われているかを検討していこう。

（1）海外帰国生の経験

　日本企業の海外進出が加速した高度経済成長期、父親の駐在に伴って海外に一定期間生活する日本人の子どもの数が急増した。問題となったのは、そうした子どもたちが帰国した後、日本の教育システムと文化にうまくなじめず、「適応困難」が生じたことである。「海外帰国生」と呼ばれるこの子どもたちは、学校現場で文化的に「異質な」存在として注目された。

　当時、海外帰国生の母親が、帰国した子どもたちの経験を聞き取り、エピソードとして再構成した書籍がドラマ化されて注目を集めた。『たったひとつの青い空——海外帰国子女は現代の棄て児か』（大沢1986）と題されたこの本には、海外帰国生たちの文化変容と適応の難しさが描かれている。その中から両親と一緒に五歳でニューヨークに移住し、現地の学校に九年間通って、中学二年生で日本に帰国したアキラのエピソードの一部を紹介しよう。

　公立学校への編入初日、アキラは緊張しながら教室に入る。担任の先生が英語で自己紹介をするように促し、クラスの生徒たちに向かって「半分くらいわかる者は、ヒアリングの合格点をやろう」と呼びかける。アキラは流ちょうな英語で自己紹介を始めたが、生徒はざわざわとおしゃべりを続け、先生が注意しても静かにならない。アキラが思い切って「静かにしてください」と声をあげると、「アメリカ人が怒ってるぜ」という声が耳に入ってきた。

　同日の社会科の時間。「日本の貿易の特色」という単元で、先生は板書をしながら、日本の最大の貿易国はアメリカ合衆国であることを説明する。以下はそのときのアキラの発言と周囲の反応である。

アキラは手をあげて、「話してもいいですか？」と発言の許可を得た。

「質問ですか？　何かわからない日本語がありましたか？」

「いいえ、アメリカにどんなにいっぱい日本のものがあふれているかを、クラスメイツに話したほうがいいでしょう？」

その時、いっせいに「ガクッ！」という声が上がった。先生は「ガクッ！」というざわめきには構わず、そうか、話してごらん、とアキラを促した。

「ロックばかりを放送するラジオ局があるんです。それを聴いていると日本のオートバイのコマーシャルばかりです。ホンダ、スズキ、ヤマハ、カワサキと叫んでいます。そしてフリーウェイは」

再び「ガクッ」という声が、教室のあちこちから上がる。

先生は、「はい、わかった。竹内のアメリカの話は、またいつか、別の時にしてもらおう。授業に戻って」。（中略）

先生の「授業に戻って」という言葉にアキラはひっかかった。アキラとしては、自分の話は、先生が教室のみんなに教えようとしていることを、ふくらます材料になる、と思って話し始めたのである。授業の中の発言のつもりだった。（大沢 1986：40-41）

このエピソードからは、アキラが経験したアメリカの学校文化と日本の学校文化の違いが浮き彫りになる。日米の学校文化を比較した研究は、「個」を尊重するアメリカに対して、日本では「集団」や「関係性」や「感情共同体」が重視されることを明らかにしてきた（恒吉 1992；Lewis 1995）。一般的に、アメリカの学校では個人主義の価値観が伝えられ、自身の考えや意見を明確に提示することが求められる。また、授業もディスカッションが多く取り入れられ、発言することが促される。一方、特に高度経済成長期の日本では、教師主導の一斉授業の形態が当たり前で、生徒の自由な発言や質問は想定されていない。アメリカの学校に慣れ親しんだアキラは、日本の学校文化との違いの中でカルチャー・ショック（⇒第3章）を受けている様子が分かる。

さらに考えなくてはいけないのは、アキラが提示する「異質な」態度や行動に対して否定的な価値が先生や生徒から付与されている点である。クラスメートの「アメリカ人が怒っているぜ」という発言は、教室の中で日本人／アメリカ人という境界が引かれ、後者に対する揶揄と排除があることを示している。また、アキラの授業中の発言に対する生徒たちの「ガクッ」という反応や、先生のアキラの行動をたしなめる発言からは、かれらがアキラのことを学校の秩序を乱す煩わしい存在であると解釈していることが分かる。日本の学校では、「授業は黙って聞く」「周囲から外れた行動をしない」ことが良しとされ、そうした規則への従順さや周囲の人々との調和が、学校文化の中心的価値観になってきた。その価値観に沿って行動できない者に対しては仲間外れやいじめといった**サンクション（＝社会的制裁）**が働きやすい構造が作られている。

アキラのような海外帰国生が学校で提示する「異質性」は、当時の海外帰国生教育の中で解消すべきものという位置付けがなされた。そして、**適応教育**の名のもとで帰国後の日本語指導や、海外の日本人学校における教育の拡充など、さまざまな救済措置が制度化した（佐藤 1997）。ここには、海外帰国生が海外で身に付けた文化に対する尊重はみられない。かわりに、かれらを「日本人らしさ」から逸脱した子どもとして認識するまなざしのもとで、日本語を習得させ、日本的価値観を植え付ける教育が行われた。日本の主流文化への同化が目指されたのである。

1990年代に入ると、国際化の潮流の中で、こうした帰国生に対する同化圧力は「**外国剥がし**」であるという批判がなされ、次節で述べるように政策は転換していく。しかし、多様な文化を承認せず「日本人らしさ」に同化することを前提とした教育理念と学校文化が内包する問題は、1990年代以降に増えるニューカマー移民の子どもたちの困難に引き続いて浮上する。

（2）ニューカマー移民の経験

海外帰国生のアキラが1980年代の日本の学校で経験した葛藤と困難は、それから30年以上が過ぎた現在、ニューカマー移民の子どもたちの間で

も共有されている。

　下記の語りは、母親がフィリピン人、父親が日本人の国際結婚家庭に生まれ、日本で育ってきた移民第二世代のカオリによる回想である（三浦・額賀 2021）。彼女は幼少期から母親と一緒にフィリピンの親族を何度も訪問していたため、フィリピンへの愛着を強く持っていた。日本語で困ることは全くなかったが、母親がフィリピン人であるために、他の生徒と比べて「自分は何かが違う」という違和感をずっと持ち続けて悩んでいた。

　　高校のときに強く感じたのが、私はあまりまわりとうまくやっていくのが上手じゃなくて、孤立してしまうんです。自分の意見をはっきり言ってしまうので、言ってしまうとクラスのなかで浮いてしまうんです。（中略）日本人って、すごく協調性がありますよね。みんなとすごくうまくやっていきますよね。私はそれが苦手で、グループ行動が好きじゃないです。でも、学校に行っているとやらなくてはいけないですよね。それがものすごく苦痛で、はっきりものごとを言うのはよくないと気づいたときに、フィリピンにルーツがあるからこういう性格になってしまったのかなと思ったりしました。大学に入って思ったのが、日本の学校で学ぶ教育と、母親から受ける教育は違うんですよね。やはり日本の道徳とか教育だと、「みんなとうまくやりましょう」ですけど、フィリピンだと、「自分が言いたいことをちゃんと言いなさい。じゃないと相手には伝わらない」と言われるんです。そのはざまでどうしたらいいのか分からなくて、結局どっちがいいのか悩みました。

　カオリは、「自分の意見をはっきり言ってしまう」自分の特性が、フィリピン人である母親や親族との密接なコミュニケーションの中で身に付いたと考えていた。そして、協調性やグループ行動を「日本人」に特徴的な態度や行動様式であると捉え、そうしたふるまいが強い規範となっている学校に通うことが「ものすごく苦痛」であると打ち明けてい

る。カオリの葛藤は、教室の中で意見を発することによって教師やクラスメートからサンクション（⇒第１章）を受けたアキラの戸惑いと重なる。かれらの異文化間葛藤は、「日本人らしさ」を優れたものとして位置付ける文化のヒエラルキーの中で生じているのであり、それゆえに「日本人らしく」周りとうまく協調することができない自身のアイデンティティの葛藤へと結び付く。カオリは小学生のころから、「なんで日本人になれないんだろうとか、私のお母さんは日本人がよかったなとか、何度も思った」と話す。

　こうした語りからは、文化間移動するマイノリティの子どもたちのアイデンティティと自尊心の確立が、学校における文化的多様性の承認と密接に結び付いていることを示す。

コラム

「隠れ帰国」「隠れ外国人」にみるパッシングの戦術とその葛藤

　海外帰国生は、「純ジャパ（純粋のジャパニーズ）」に対して、半分あるいは半人前のジャパニーズを意味する「半ジャパ」と揶揄されることがあり、こうした経験をする子どもたちの中には、自分が帰国生であることを隠して、皆と同じようにふるまう様子が今日の日本でもしばしばみられる。「隠れ帰国（子女）」という言葉が本人たちによって使われたりする。

　同じように、移民の子どもたちも自分が外国出身であることを隠しがちであることが指摘されてきた。「隠れ外国人」としてのふるまいは、例えば、「名前で遊ばれないため」「日本人から向けられる蔑視を軽減するため」に、名前を日本名や漢字に変えることに現れる（チューブ 2009：21）。

　社会学者のゴッフマン（Erving Goffman）は、こうしたふるまいをパッシングと呼ぶ（Goffman 1978＝2001）。パッシングは、特定の特徴、身元、行動に対して負のラベルを貼って排除や差別をする他者の行為（＝スティグマ、⇒第14章）を避けるために行われたり、あるいは社会的、経済的な利益を得るために行われたりする。人種やエスニシティだけではなく、性別、性的指向、階層など、さまざまな文脈でパッシングを観察することができる。パッシングは自己防衛の戦術となる一方、アイデンティティを隠すことによって内面的葛藤を伴う。同化圧力が強く働き、「日本人らしさ」を所有することが暗黙の了解となっている日本の学校では、「日本人らしくない」マイノリティの子どもたちの間にパッシングを誘発しやすく、大きな課題の一つである。

2. 日本の学校文化の特徴—アメリカとの比較から

（1）差異の封じ込め

　「出る釘は打たれる」という表現があるが、アキラとカオリの経験からは、日本の学校では「違い」をみせると周囲から否定的な評価を受けやすく、協調的な関係性の中で皆が同時に同じことを同じようにやるべきという規範が非常に強く働いていることが分かる。恒吉（1996）はこうした日本の学校文化の特徴を、「**一斉共同体主義**」という言葉で表した。そのことは、裏を返せば、マイノリティの子どもたちの文化的差異——母語や母文化——を排除し、同化の対象としていることに他ならない。太田（2000）はこうした日本の学校の対応を「**奪文化化教育**」と批判し、マイノリティの母語や母文化を尊重する教育の重要性を提起した。

　このような特徴を持つ日本の学校文化の中で、マイノリティの子どもたちの文化的差異は**不可視化**されやすい。この不可視化の過程は日々の学校生活の中で構築されていくものであり、そこには教師とマイノリティの子どもたちそれぞれの認識枠組みや戦略も関与している。子どもたちの側からすると、差異を封じ込めてパッシングを行うことは自己防衛戦略の一つである（⇒コラム「『隠れ帰国』『隠れ外国人』にみるパッシングの戦術とその葛藤」）。カオリの事例からは、子どもたちが葛藤を抱えながらも平穏な学校生活を過ごすために、自ら「外国人らしさ」を隠し、同化の道を選んでいくことがみえてくる。

　一方、教師が子どもたちの文化的差異を無視するのはなぜだろうか。アメリカの教師と比較したときに特徴的なのは、日本の教師が子どもたちの**関係性作り**に強く配慮して指導を行うことである。日本の教師は文化的な違いを表に出すことが子どもたちの友人関係に大きな支障をきたすと考えやすい。違いを強調することが、むしろ偏見や差別につながるのではないかという懸念がみられるのである（額賀 2003）。

　こうした日本の学校文化・指導文化に対して、アメリカでは子どもひとりひとりの文化的背景に配慮し、そのニーズにもとづいた教育的対応が行われる傾向が強い。この背景には、アメリカの学校では「集団」で

はなく「個人」を単位とした指導文化が根付いていることがある。さらに、**社会的公正**の視点から子どもたちの文化的背景に配慮した教育的対応が求められていることの影響も大きい。教員養成課程においてもそうした理念や教育方法がカリキュラムとして制度化されているため、教師になっていく過程で**異文化間能力**（intercultural competence）を身に付ける機会が提供されている。

（2）「平等／公正」の捉え方

　ここで改めて、社会的公正という概念について考えてみよう。社会的公正という用語は論者によってさまざまに解釈されているが、ここではグッドマン（Diane J. Goodman）（2011＝2017：5）を引用して、社会的公正を「権力や資源をより公平に分配し、あらゆる人が尊厳や自己決定権を持って、心身共に安全に暮らせる方向を模索するもの」と定義する。この定義への反論は少ないと思われるが、「公平な分配」や「尊厳や自己決定権」の承認については、さまざまな立場が提起されてきた。アメリカ社会で提示されてきた三つの「公正さ」の解釈を、ハウ（Kenneth R. Howe）の分類（Howe 1997＝2004）に従って紹介しよう。

　第一の視点は、**形式論的解釈**であり、全ての子どもに対して同一の教育環境を与えるものである。「**形式的平等**」ともいわれる。この視点のもとでは、学校の施設整備、教科書などの教材、教師の質などを標準化し、学校間格差を解消する政策が実施される。

　第二の視点は、**補償論的解釈**である。社会的に不利な立場にあるマイノリティの子どもたちに対して、ニーズに応じた必要な資源を傾斜配分する視点である。特別な補償プログラムを提供することに主眼が置かれ、アメリカでは貧困家庭の子どもに対する就学前のヘッドスタートプログラム、英語学習者のための取り出しの英語指導やバイリンガルプログラムなどの実施を通じて、不利を補償し、望ましい教育達成に導くことが目指されてきた。ハウは形式論的解釈に比べて、補償論的解釈がマイノリティの子どもたちが置かれた不利な立場に配慮し、不平等を緩和しようとしている点でより優れていると評価する。

第三の視点は、**参加論的解釈**である。どのような教育機会が必要であるかを決める際に、マジョリティ側が決定するのではなく、マイノリティ自身の要求や関心を中心に据えて検討していく視点である。このアプローチは、学力不振の原因がマイノリティの子どもや親の側にあるのではなく、かれらを劣位に置くマジョリティ中心の学校や社会の側にあると考える。そして、学校など公共空間におけるかれらの参加を促すことで、権力構造そのものを変えていこうとする新しいアプローチである。

　ハウは公正さの三つの解釈の中で、参加論的解釈の重要性を強調する。なぜなら形式論的解釈も補償論的解釈も、主流文化と結び付いた現行の体制を前提としていて、マジョリティ中心の権力構造を抜本的に変革する方向を示していないからである。マジョリティの文化が正統性を与えられ、マイノリティの子どもたちはそうした文化を欠く劣った存在とみなされる。こうした考え方は**文化欠陥論**（cultural deficit theory、⇒第6章）と呼ばれ、アメリカの教育政策および現場で大きな影響力を持ち続けてきた。一方、参加論的平等の視点は、抑圧されてきたマイノリティの親や子の声を表出させることで、主流文化とは異なる価値観や認識を承認し、より民主主義的な学校文化を新たに作りだしていく契機を提案する。上記のグッドマンも、社会的公正を実現するためには、「不公平な制度的構造や政策、慣行を変え、支配的イデオロギーを批判的に問い直すことが必要だ」（Goodman 2011＝2017：5）と述べ、マジョリティへの「社会的公正教育」を通して現行の権力構造を変革していく必要性を訴える。

　アメリカ社会では形式的解釈から補償的視点への移行がみられ、それに伴って平等／公正を表す用語としても equality に代わって equity がより多く用いられるようになった。参加論的アプローチによる学校文化の変革はまだ萌芽段階ではあるが、先進的な成功事例も蓄積されつつある（Beane & Apple 2007＝2013）。

　では、日本の学校ではどのような公正観が浸透しているのか考えてみよう。海外帰国生やニューカマーの子どもを対象とした研究は、日本の学校では「全ての子どもは同じ立場にあり、同じ教育的対応がなされる

べき」という形式的平等が強い規範になっていることを明らかにしてきた。志水（2002）はイギリスの学校と比較しながら、日本に特徴的なのは「**特別扱いしない**」学校文化であると指摘する。こうした学校文化は子どもたちが比較的均質の経済的・文化的背景を持ち、教育機会の平等が強く信じられていた日本の高度経済成長期には問題視されなかった。

しかし、1990年代以降の日本では階層化と多文化化が進み、学校に通う子どもたちの家庭背景が多様化していく中で、全ての子どもを同じように扱うことの限界が指摘されるようになった。アメリカでは形式的平等が、マイノリティの生徒に Sink or Swim（沈むも泳ぐも自分次第）という**自己責任**を強いる理念であることが批判された。日本でも、ニューカマーの子どもたちの学力不振の原因が、個人のやる気や努力に還元されてしまうことが指摘されている（志水 2002）。問題の根源はこの子どもたちが社会経済的に不利な状況に置かれていることや、かれらの母語や母文化を劣位に位置付け、かれらを差別する社会の権力構造にあることに目を向けなければならない。

日本でも日本語指導の体制を拡充するなど（⇒第3章）、補償論的平等の視点から「特別扱い」を検討していく動向は高まっているが、十分とは到底いえない。参加論的視点からマイノリティ自身のニーズ表明を受け入れ、尊重する土壌はまだ一部の学校や地域でしかみられない。日本の学校を多様な文化的背景の子どもたちが包摂される場にしていくためには、学校に根付く平等／公正観を転換させていくことが重要である。

3. 日本の教育におけるマイノリティ文化の捉え方

日本の学校では強い同化圧力が働き、マイノリティの子どもたちが身に付けた文化が否定され排除されることをみてきた。その一方で、文化の多様性を積極的に評価してカリキュラムに含みこむ政策的動向もみられる。本節では、海外帰国生に対する「特性伸長教育」、その後の「国際理解教育」、そして近年の「多文化共生」をスローガンとした教育を概観し、学校において多様な文化が可視化されるとき、それにどのような意味付けが与えられているかを考えてみよう。

（1）特性伸長教育

　前節で、海外帰国生に対する適応教育が「外国剥がし」であるという批判が出たことを紹介した。その反動で、1980年代に入ると今度は海外帰国生を「国際化の担い手」とみなし、その「国際的な特性」を伸長することが教育的課題となった。これは、**特性伸長教育**と呼ばれる。こうした流れの中で、帰国生を「日本の国際化をリードする『新しい特権階級』」と位置付ける言説が広まっていく（Goodman 1990＝1992）。特性伸長教育は、海外帰国生の否定的なイメージを肯定的なものに変えることに貢献したが、その一方で、帰国生のあるべき「文化的特性」を想定し、**ステレオタイプ**を作り出すことにもつながった（佐藤 1997）。

　ステレオタイプとは、特定の集団やカテゴリーに属する人々について、過度に単純化された固定観念や先入観を指す。その集団の実際の多様性や個々の違いを無視し、全員が同じ特徴や行動を共有しているとみなす認知である。ステレオタイプは、不正確で偏見を持った見解を広め、差別や排除を助長する原因となりうる。

　日本の小説やドラマには「帰国生」がよく登場するが、「英語がペラペラ」「自己主張が激しい」「空気が読めない」けれども「エリート」といった紋切り型のキャラクターとして描かれることが多い。当然ながら、実際の帰国生は滞在国や経験も多様であり、そうしたステレオタイプは帰国生内部の多様性を無視した偏見である。肯定的なイメージで描かれているならばいいのではないかと思うかもしれない。しかし、**ポジティブなステレオタイプ**であっても、そうしたイメージを押し付けられることは当事者の息苦しさにつながり、学業や仕事でのパフォーマンスを下げることが明らかにされている（Cheryran & Bodenhausen 2000）。理想の帰国生像を掲げてそれに沿った「特性」だけを称賛するのではなく、子どもひとりひとりと向き合う中で、かれらが海外で身に付けた文化を尊重していく方向性が求められる。

（2）国際理解教育

　国際理解教育は第二次大戦後にユネスコによって提唱された教育であ

り、「国際平和と人類の共通の福祉」というユネスコ憲章の理念を反映している。日本でも1970年代まではこの理念を強く反映した国際理解教育が行われていたが、1974年の中央教育審議会答申で「日本人の国際性を涵養する教育」として国際理解教育を推進する方針が出されてからは、日本人というナショナル・アイデンティティの形成を基本原理とする方向に転換していく（佐藤 2001）。1980年代後半以降は「内なる国際化」を背景に国際理解教育が注目され、1998年の学習指導要領改訂において「総合的な学習の時間」が新設されると、その時間を用いて国際理解教育を実施することが推奨されてきた。

　国際理解教育については高邁な理念と実践とのギャップをはじめさまざまな課題が指摘されているが、ここでは文化の捉え方という視点から二つ指摘しておこう。

　第一に、日本の国際理解教育では「国」を単位とした異文化理解が中心になっている（佐藤 2001）。一方、国際理解教育の推進力となったユネスコの勧告（1974）では、目指すべき目標として「すべての民族並びにその文化、文明、価値及び生活様式（国内の民族文化及び他国民の文化を含む）に対する理解と尊重」「諸民族及び諸国民の間に世界的な相互依存関係が増大していることの認識」が掲げられている。日本の国際理解教育では、国内の文化的・民族的多様性に目が向けられることは稀である。佐藤（2011）は日本では「ナショナリズムとしての国際理解教育」が推進されてきたことを指摘する。

　第二に、「国」を単位とした異文化理解における、**文化本質主義**の問題があげられる。文化本質主義とは、「各々の文化は，その文化をあらわす純正な要素を持っており，他の文化との間に何らかの明確な境界を持っているととらえる静態的な文化観」（馬渕 2010：ⅴ）と定義される。国際理解教育が実際に学校で実施されるとき、それはしばしば国の文化を陳列する実践になりがちである。内容の分かりやすさや実践のやりやすさから、各国の食べ物、ファッション、祭りといった3Ｆ（Food、Fashion、Festival）が取り上げられ、子どもたちが調べ学習をして発表するという授業が行われる傾向がみられる。こうした授業では、帰国

生やニューカマーの生徒が各国の文化紹介に駆り出されたりもする。そうした実践は子どもたちの文化的背景の承認につながる可能性もあるが、その国や子どもの背景に関するステレオタイプを強化することにもなりかねない。

このような問題が指摘される中で、近年は国連のSDGsの目標（⇒第12章）と結び付けた国際理解教育の進展がみられる。一部の学校では、生徒が地球規模の諸課題を「自分事化」し、課題解決に向けて他者と連帯し、行動できることを目標とした授業作りが行われている（森茂他2023）。**地球市民**（⇒第9章）の育成を掲げるこのような新たな実践は、これまでの国際理解教育におけるナショナリズム志向を変革していく可能性を示している。

（3）多文化共生の教育

多文化共生という用語は1990年代以降、ニューカマーが急増した地方自治体の施策やNPOの活動の中で多用されるようになった（⇒第2章）。国が用語の使用を始めるのは2000年代半ばであり、2008年の学習指導要領の改訂では、外国人に限らず、高齢者や障がい者など、社会的弱者の立場にある人々と「共に生きる」力の育成が目指されている。2021年の中央教育審議会答申「『令和の日本型学校教育』の構築を目指して」の中では、「増加する外国人児童生徒等への教育の在り方について」という項目で、次の目標が掲げられている。「日本人の子供を含め，多様な価値観や文化的背景に触れる機会をいかし，多様性は社会を豊かにするという価値観の醸成やグローバル人材の育成など，異文化理解・多文化共生の考え方にもとづく教育に更に取り組むべきである。」（下線は筆者）

このように多文化共生のスローガンは文化的多様性を称揚するメッセージを発信し、教育においてもそうした態度や価値観を子どもたちの中に涵養する推進力となっている。このスローガンの登場によって、国内のマイノリティ集団の存在が社会的に認知され、その文化を尊重することの重要性も喧伝された。

このような前進がみられる一方で、多文化共生の政策や理念が抱える

問題点も多く指摘されてきた。特に重要なのは、多文化共生の推進がしばしばマイノリティ集団に対する偏見や差別の話題を避け、異文化間の調和や共生に重点を置くことにとどまり、根本的な差別や不平等の問題を扱わないことである（馬渕 2010）。国際理解教育と同様、文化のヒエラルキーには触れずに、文化間の違いに過度に焦点を当てる傾向もみられる。さらに、そこで表象されるマイノリティの文化は本質化・固定化されて、３Ｆのようなマジョリティの日本人にとって分かりやすく楽しくて都合の良いものとして管理され、消費されがちである。その結果、多文化共生は、マジョリティが持つ**無意識の偏見（＝アンコンシャス・バイアス）**や、差別への加担を問い直す契機にはなりにくい。むしろ、マイノリティに対する偏見と差別に蓋をしたまま、「多様性は社会を豊かにする」というメッセージを流布することは、マジョリティの立場にある日本人とマイノリティの間の不平等をより強化することになりかねないことが危惧されている。

　こうした多文化共生が内包する課題を乗り越えていくためには、マジョリティとマイノリティの**対話的実践**の中で他者の文化や差別構造に対する理解を深め、両者の権力関係を組み替えていくことが提起されている（塩原 2012）。この点と重なって、本章ではマイノリティの参加を中心に据えながら、主流文化が反映された学校文化を変えていく参加論的アプローチも紹介した。参加と対話の機会を学校で促進し、マジョリティの立場にある教師や生徒が「隠れたカリキュラム」や文化のヒエラルキーに自覚的になること、そして、あらゆる子どもの文化が承認され包摂される空間をマイノリティの子どもと共に作り出す可能性を模索していくことが求められる。

4. おわりに

　本章では、日本の教育と学校文化の特徴をマイノリティの子どもたちの経験から検討してきた。形式的平等のもとでの差異の封じ込め、文化本質主義とステレオタイプ化、文化や集団間の不平等な権力関係を不問に付す中で「国際理解教育」や「多文化共生」が推進されていることの

課題を取り上げた。これらの課題は、子どもたちのアイデンティティや学力、そしてより広くかれらの**ウェルビーイング**（＝身体的、精神的、社会的に満たされた状態、幸福）に関わることである。それゆえに、教育政策や学校文化の中にみられるマジョリティの**自文化中心主義**を見直し、マイノリティの子どもたちの文化を包摂する方策を考えていく必要がある。

　その一方で、すでに日本の一部の学校ではマイノリティの子どもたちの文化を承認するカリキュラム作りや居場所作りなどの取り組みが行われている（例えば清水・児島（2006）、山本・榎井（2023）など⇒第7章）。また、帰国生やニューカマーの生徒たち自身が、日本の学校におけるステレオタイプや同化と排除の圧力に抗う戦略を行使していることも明らかにされている（渋谷（2001）、清水他（2021）など）。学校文化は固定的ではなく、教師や生徒たちの日常の相互作用の中で絶えず再構築されていく。多様な文化的背景の子どもを包摂する学校文化へと変えていく鍵は、教師や生徒たちの変革に向けた**エイジェンシー（行為主体性）**に見いだされる。そうした人々の意識と活動を作り出し、支えていく制度的な条件を検討することも研究および政策上の重要な課題である。

🔌 研究課題

（1）自分の学校経験をふりかえり、学校文化の特徴を描き出してみよう。生徒の多様性や差異はどのように扱われ、それは生徒たちの行動やアイデンティティにどのような影響を及ぼしていただろうか。

（2）学校のカリキュラムや日々の相互作用の中で、ある集団に対するステレオタイプがどのように作られているか考えてみよう。ステレオタイプや偏見を解消していくためには、どのような方策があるだろうか。

（3）日本の教育を事例に、公正の形式論的解釈、補償論的解釈、参加論的解釈がどのように実践されているかを考えてみよう。公正の補償

論的な視点や参加論的な視点を今後日本が取り入れていくにあたって、具体的にどのような政策や実践を提案できるだろうか。その課題は何か。

引用文献 ＊参考文献であげたものは除く。

Cheryan, S., & Bodenhausen, G. V. (2000). When positive stereotypes threaten intellectual performance: The psychological hazards of "model minority" status. *Psychological Science, 11*(5), 399-402.

中央教育審議会 (2021)「『令和の日本型学校教育』の構築を目指して―全ての子供たちの可能性を引き出す、個別最適な学びと、協働的な学びの実現」。

チューブ、サラーン (2009)「なぜ、〈いま―ここ〉にいるのか」清水睦美・「すたんど・ばい・みー」編著『いちょう団地発！ 外国人の子どもたちの挑戦』岩波書店、18-28。

Goffman, E. (1978). *Stigma: Notes on the management of spoiled identity.* Jason Aronson Inc. Publishers. (＝2001、石黒毅訳『スティグマの社会学（改訂版）―烙印を押されたアイデンティティ』せりか書房。)

Goodman, D. J. (2011). *Promoting diversity and social justice: Educating people from privileged groups* (2nd Edition). Florida: Taylor & Francis. (＝2017、出口真紀子訳『真のダイバーシティをめざして―特権に無自覚なマジョリティのための社会的公正教育』上智大学出版。)

Goodman, R. (1990). *Japan's "international youths": The emergence of a new class of schoolchildren.* Oxford: Clarendon Press. (＝1992、長島信弘・清水郷美訳『帰国子女―新しい特権層の出現』岩波書店。)

Howe, K. R. (1997). *Understanding equal educational opportunity: Social justice, democracy, and schooling.* New York: Teachers College Press. (＝2004、大桃敏行・中村雅子・後藤武俊訳『教育の平等と正義』東信堂。)

Lewis, C. C. (1995). *Educating hearts and minds: Reflections on Japanese preschool and elementary education.* Cambridge: Cambridge University Press.

馬渕仁 (2010)『クリティーク 多文化、異文化―文化の捉え方を超克する』東信堂。

三浦綾希子・額賀美紗子 (2021)「疎外感の形成と克服の方途―フィリピン系の学校経験」清水睦美・児島明・角替弘規・額賀美紗子・三浦綾希子・坪田光平『日本社会の移民第二世代―エスニシティ間比較でとらえる「ニューカマー」の子ど

もたちの今（世界人権問題叢書）』明石書店、347-374。

森茂岳雄監修、川崎誠司・桐谷正信・中山京子編（2023）『国際理解教育と多文化教育のまなざし―多様性と社会正義／公正の教育にむけて』明石書店。

日本教育社会学会編（1986）『新教育社会学辞典』東洋館出版社。

額賀美紗子（2003）「多文化教育における「公正な教育方法」再考―日米教育実践のエスノグラフィー」『教育社会学研究』73：65-83。

額賀美紗子・芝野淳一・三浦綾希子編（2019）『移民から教育を考える―子どもたちをとりまくグローバル時代の課題』ナカニシヤ出版。

大沢周子（1986）『たったひとつの青い空―海外帰国子女は現代の棄て児か』文藝春秋。

太田晴雄（2000）『ニューカマーの子どもと日本の学校』国際書院。

佐藤郡衛（1997）『海外・帰国子女教育の再構築―異文化間教育学の視点から』玉川大学出版部。

佐藤郡衛（2001）『国際理解教育―多文化共生社会の学校づくり』明石書店。

渋谷真樹（2001）『「帰国子女」の位置取りの政治―帰国子女教育学級の差異のエスノグラフィー』勁草書房。

清水睦美・児島明編（2006）『外国人生徒のためのカリキュラム―学校文化の変革の可能性を探る』嵯峨野書院。

清水睦美・児島明・角替弘規・額賀美紗子・三浦綾希子・坪田光平（2021）『日本社会の移民第二世代―エスニシティ間比較でとらえる「ニューカマー」の子どもたちの今（世界人権問題叢書）』明石書店。

塩原良和（2012）『共に生きる―多民族・多文化社会における対話』弘文堂。

恒吉僚子（1992）『人間形成の日米比較―かくれたカリキュラム』中公新書。

恒吉僚子（1996）「多文化共存時代の日本の学校文化」堀尾輝久・久冨善之編『講座学校6 学校という磁場』柏書房、216-240。

UNESCO.（1974）. *Recommendation concerning education for international understanding, co-operation and peace and education relating to human rights and fundamental freedoms.* https://www.ohchr.org/en/resources/educators/human-rights-education-training/3-recommendation-concerning-education-international-understanding-co-operation-and-peace-and（n.d.、文部科学省「国際理解、国際協力及び国際平和のための教育並びに人権及び基本的自由についての教育に関する勧告（仮訳）」（2024年2月入手、https://www.mext.go.jp/unesco/009/1387221.htm）。

山本晃輔・榎井縁編（2023）『外国人生徒と共に歩む大阪の高校―学校文化の変容と卒業生のライフコース』明石書店。

参考文献 ｜ もっと深めたい人へ。

① 馬渕仁編（2011）『「多文化共生」は可能か―教育における挑戦』勁草書房。

② 志水宏吉（2002）『学校文化の比較社会学―日本とイギリスの中等教育』東京大学出版会。

③ Beane, J. A., & Apple, M. W.（2007）. *Democratic schools: Lessons in powerful education*（2nd Edition）. Portsmouth, NH: Heinemann.（＝2013、澤田稔訳『デモクラティック・スクール―力のある教育とは何か』上智大学出版。）

5 | アメリカの教育と「文化」多様性—
そこからみる日本への示唆

恒吉僚子

【学習ポイント】　本章では、筆者が幼少期を過ごした激動の時代である、アメリカの1960年代の自分史と社会史を織り交ぜながら、社会の中で諸「文化」集団が教育の機会均等に対して提起してきた課題について日本の教育への示唆を考えながらみる。特に、移民社会アメリカの人種／エスニック・マイノリティを中心に考える。
【キーワード】　マイノリティ、多文化教育、貧困、教育の機会均等、教育格差

1. 教育における格差と社会

（1）教育格差

　自分のたどってきた個人史を時代の中に位置付けるような「自分史」（立花 2020）は、「教育文化の社会学」の観点からみると、実に理にかなっている。なぜなら、極めて個人的だと思われる教育経験も、実はある時代、ある社会、ある集団の文化・社会的文脈に根付かせて意味付けることでより大きな意味を持つからである。

　グローバル化した世界の中で、我々は、人々の移動が国境を越える**国際移動**が活発化し、同時にテロや感染症などもまた、一国でとどまらずにたやすくグローバルに展開してゆく様を目の当たりにしてきた。人類はテクノロジーを発達させ、それを用いてさまざまな病気や課題に立ち向かってきたが、同時にそのテクノロジーは戦争にも、フェイク・ニュースの生成にも活用されている。テクノロジーのあり方は国民の安全と国家の安全保障（防衛省 2021：157）にさえも関わることである。

　世界がグローバル化し、多様化するにあたって、国際的に大きな争点となっているのが移民、ジェンダーなど、さまざまな「文化」を担うマ

イノリティの社会的平等である。マイノリティについては既に第2章でも触れたが、ある社会で被支配的な立場にあり、マジョリティとの間にはさまざまな格差がある。マイノリティはその定義からして、社会における立場が相対的に低く、しばしばマジョリティとの間に経済格差や**教育格差**が存在し、**教育の機会均等**が問題になってきた。

　日本の憲法においては国民の教育機会の均等は保障されているが、「子どもの貧困」が社会的論争になるなど、教育の機会均等を害する状況があることも広く知られている。こうした教育における不平等の背後には、「教育格差」、つまり、生まれ育った環境、経済的状況などによって教育における格差が生じる状況がみられる。階層は教育格差をはじめとするさまざまな格差や格差の再生産に関係付けられてきた（ブルデュー・パスロン 1991；阿部 2008）。そして、格差は一国にとどまらず、開発途上国と先進国との間の南北格差、それぞれの社会内でも格差がみられるように、格差は地球的規模で起きている。

（2）日本における問題の所在

　さて、本書のテーマとの関連でみると、日本でも「多文化共生」という言い方で多様な背景を持つ人々が共生する必要性があちこちで唱えられるようになっている。その一因は、少子高齢化の中で「外国人」との共生が必要だといわれていることにある。今の日本では、例えば国際的に用いられている前述の国連経済社会局（UN DESA 1998：10）の「長期移住者」の定義、あるいは、国際移住機関の「移民」の定義であ

コラム

日本国憲法

第14条第1項
すべて国民は、法の下に平等であって、人種、信条、性別、社会的身分又は門地により、政治的、経済的又は社会的関係において、差別されない。
第26条第1項
すべて国民は、法律の定めるところにより、その能力に応じて、ひとしく教育を受ける権利を有する。

る「国籍のある国か通常居住している国でないところに移住し、移住国が自分の通常の居住国になる」（IOM 2024）に沿った場合、多くの「移民」がいる。だが、日本でこれらの人々を指すために使われる「外国人」という言葉は、しばしば曖昧に用いられている。「外国人」は基本的に国外の存在、外から日本の中に来て去ってゆく存在、一時的滞在者で「日本人」と国際交流、国際親善を行う相手、あるいは国外にいて国際協力の対象となる存在として理解されているようにみえる。日本で育ち、永住する外国籍の人も、難民も皆「外国人」と表現されている。

日本では「外国人」に対応する政策の整備が遅れているとの指摘もある。2022年には経済界でも「外国人に求められる国」となるよう、政府に「外国人」政策の再考を求めている。

日本では、外国人政策に関する基本理念・基本法が不在の状況が続いており、まずはこの制定に着手すべきである。総合的対応策や出入国管理及び難民認定法（以下入管法）、外国人雇用管理指針等、外国人政策に関連する様々な法制度・施策に通底するべき基礎的な理念を示し、出入国・在留管理、雇用管理、定住化、社会統合等をスコープに入れて、目指す姿、国や地方の推進体制、更には地域に根差した支援団体等の地域社会との協力等を明確化する必要がある。（経団連 2022：7）

これから必然的に訪れる多文化化、多文化共存の時代に向けて我々はどのような課題と向き合えばよいのか。教育において、多様性はどのように理解され、日々の授業において、教科書の内容において（恒吉 2024；上原 2024）、どのようにすべきか。以下にアメリカで幼少期を過ごした著者の自分史と、多文化社会アメリカが劇的に変化した1960年代の社会史とを交差させながら考える。

2. 個人の経験、社会の経験

（1）「国際〇〇」と「多文化共生」

　日本においては「多文化共生」という語が多様な人々が平和に共存する状態を指すようになっている。そのために、読者にとってなじみがあるという意味で本章でも「多文化共生」という言い方をしばしば用いる。だが、この言い方は前述のように、理想や希望と現実の厳しさとの絶えざる葛藤の両面を持つ多文化社会の現実よりも、和やかなイメージで多文化社会を捉えているようにみえる。現実の多文化社会は、前述のように格差を伴うものであり、一筋縄ではいかない。それは社会を、世界をどのようなものにしたいと思うかという、目標とする社会や世界の民主的ヴィジョン——それは追求すべき価値のあるものである——に関わる。

　日本ではこうした中、内なる多様性と共存する仕組み作りは前述のように遅れる一方で、外向きの国際貢献、国際協力を強調している。日本の教育は「国際〇〇」、つまり、「国際交流」「国際親善」「国際協力」の枠組みで異文化を捉え——「国際〇〇」に価値があることはいうまでもないが——自分とは別のどこかの外国で起きていることとして、「自分事」にならずに片付けかねない状況がある。「多文化」が「他文化」に限定されず、自分事に転換してゆくための視点や経験が必要となってくる。どのようにしてそれをグローバル時代の日本の教育の使命として達成すればよいのか、本書の各章はそれと向き合っている。

　いずれにせよ、こうした考えを背景に、以下にアメリカで育った筆者の自分史と、1960年代という、多文化が平等に存在する多文化社会のヴィジョンを追求したアメリカの激動の時期を重ね合わせながら、「多文化共生」の転換期にあると思われる日本の現在につなげたいと思う。

（2）激動のアメリカで育つ

　さて、筆者は1960年代、幼稚園から小学校高学年までをアメリカで育った。両親は戦後まもないアメリカへの留学を経て父は東海岸の大学町にある州立大学で教えていた。1960年代といえば、アメリカ史を知っ

ている人であればだれでも、アフリカ系アメリカ人による人種差別の撤廃を求める運動が繰り広げられ、キング牧師の登場、ベトナム反戦運動の盛り上がりなどに代表される激動の時代を思い浮かべるであろう。それはアメリカで価値観が劇的に変化していった時代として知られている。

　日本でも知られている公民権運動を象徴するキング牧師（Martin Luther King, Jr.）が暗殺されたのが1968年、筆者が小学生のときであった。そして、日本の教科書にも登場するキング牧師が、スピーチ「私には夢がある（*I Have a Dream*）」をワシントンDCに集ったデモの参加者を前に演説した（⇒コラム「キング牧師のスピーチ」）のが1963年8月28日で、公民権法が米国議会を通ったのが翌年である。公民権運動の他にも同時期の1960年代の半ばには学生によるベトナム戦争に対する反戦運動が盛り上がり、筆者が小学生のころの1970年にはニクソン政権下でアメリカ史上最大級の学生デモが全米の大学を巻き込む。

　筆者が住んでいたのは非常にリベラルだとされる東海岸マサチューセッツ州の大学町（Amherst）であり、父親はそこの州立大学で教えていたために学生たちがよく家に来ていた。地上の混乱もさることながら、宇宙ではアメリカはソ連と「宇宙戦争」を繰り広げ、1969年、アポロ12号が月面に着地する。今でも通っていた小学校で、その様子を皆でテレビでみたのを思い出す。というのも、そのころ学校では、学年も授業の枠も取り払って自分で勉強スケジュールを計画させるようになり、児童はいつ何をしていてもよかったので、授業時間中にテレビをみるというようなことが可能だったのだろう。あまり「勉強」をしていた思い

コラム

キング牧師のスピーチ

私には夢がある（I have a dream）。それは、いつの日か、この国が「全ての人間は平等に作られているということは、自明の真実であると考える」というこの国の信条と向き合い、全うさせるという夢である。（中略）私には夢がある。それは、いつの日か、私の4人の幼い子どもたちが、肌の色によってではなく、人格の内容によって評価される国に住むという夢である。今日、私には夢がある。

出典）U.S. Department of State（2008：45）

出がない。

このような社会状況で、しかもリベラルで知られる大学町だったのだから、さぞかし私が子どものころに人種差別撤廃や女性の権利主張の運動を耳にしていたに違いないと思われるかもしれない。「今」という到達点から過去をふりかえるならば、1960年代のアメリカはキング牧師の暗殺のような象徴的な事件が次々に起き、アメリカ社会が一定の方向に一直線に動いていたようにみえるからである。しかし、実際の個人の経験はそれとは程遠い。

我々は当初、高層のアパートにいたが、次に大学の教員がよく住んでいた住宅群（タウンハウス風）に移った。道路の反対側には大学院生がよく住んでいた集合アパートがあった。ギルリース・マナーと呼んでいた我々の住宅群では、私の年齢で同じ地域の公立小学校に通っている子どもがいる家庭がたくさんあった。私たち以外は全て白人家庭中産階級で、ほとんどの家庭で母親は専業主婦だった。

筆者は学校から帰宅するとそのまま外で暗くなるまで走り回っていた。今では女性やアフリカ系アメリカ人に差別的だとして使われなくなっていった教科書シリーズで、シカゴの出版社（Scott, Foresman and Company）が出版し、登場人物の名称で親しまれた通称「ディック、ジェイン、サリー」を使っていた（⇒第14章）。

このシリーズは、1930年代に登場し、1950年代には絶頂期を迎え、アメリカのリーディングの教材として定番であった。三人の白人きょうだいが登場し、サラリーマンの父親と専業主婦の母親と、飼い犬と猫が郊外の白い家に住んでいる。まさにアメリカン・ドリームである。今でも手元にある本のページをめくると、サリーと母親がエプロン姿で台所に立っている姿が描かれ、色々な道具の絵があり、その中から台所で使うものの絵を選ぶようになっている。他のページには父親とディックが庭仕事をするところであり、ここでもまた色々な道具の絵があり、庭仕事で使う道具を選ぶようになっている。サリーの母親はいつもきちんとスカートをはいて家をきれいに掃除して、クッキーを焼いている。父親は毎朝、ブリーフケースを持って出勤し、休みの日には芝刈り機で庭の芝

を刈っている（芝刈りは、アメリカでは従来、「男性の仕事」だとされていた）。かつて、クリントン元大統領夫人で後の上院議員のヒラリー・クリントンが、夫が大統領に就任する前年の1992年に「家に残ってクッキーを焼」くこともできたけれども、自分の職業を全うすることにしたと発言したことで批判されたことがあった（Swinth 2012）。「専業主婦でクッキーを焼いて子育てして……」というのは、かつてのアメリカの中産階級の母親の理想像であったのだ。

1950年代のアメリカのホームドラマには、この人気教科書シリーズと同じジェンダー観がみられる。当時の人気番組『アイ・ラブ・ルーシー』でも、きれいな格好をし、家事をこなしている幸せな「奥様」が描かれている。ところが、こうした性別役割分業を土台とした家族像が全盛期を迎えていた1950年代の次の1960年代には、性別役割分業だけでなく、アメリカ社会が自明としていたさまざまな価値や秩序が否定されてゆく。

（3）階層差と絡む人種差

後から1960年代を見返すと、やがては大きな社会の流れとなってゆく象徴的な事件があちこちに点在している。後世からふりかえったときにそうした象徴的な点と点をつなぐと一つのストーリーが引き出される。しかしながら、その渦中で生きている人にとっては、どのような地域に住みながら、どのような階層、人種、ジェンダーに属するかによって、その経験は全く異なるものになり、後からふりむいて点と点をつないで作り出されるストーリーのようなきれいな道のりにはならない。

前項のように、筆者は学校ではその後の流れでは否定されてゆく白人中産階級、性別役割分業を肯定した教科書を使用しながら、リベラルな大学関係者の子どもたちと遊んで育った。父親が教えていた州立大学へ近所の友達たちと遊びに行くと、キャンパスには大勢のヒッピー風の若者がいて、当時の反戦運動でよく歌われていた『我々は打ち勝つ（We Shall Overcome）』を口ずさんでいたのを目にした。父はよくシンガーソングライター、ジョーン・バエズの歌を聞いていたが、彼女はよくこ

の歌を歌っていたので私には親しみがあるメロディーであった。

　長髪でサイケデリックな服を着て、反戦歌を歌っていて、という集団がキャンパスの芝生に集合していれば、今大人の目線でみると、麻薬や性の自由、既存の社会の主流文化に対抗する**カウンターカルチャー（対抗文化）**、反戦運動などの色々な言葉が浮かぶ。しかし子どもは比較する材料がないわけであり、当時の筆者は少し怖いと思って足早に通り過ぎる程度であったように思う。経験も知識も少なく、「普通の状態」が何なのかも知らず、それと比較して状況を意味付けられないのであるから、ある意味では当たり前であろう。もっとも、父親が家に連れてくる研究室の理系の大学院生は、周囲の「お堅い」中産階級の白人文化に合致するような短髪で地味な服装をした研究一筋の感じの人々であった。

　大人になってから調べてはじめて知ったのだが、私が通っていた小学校は州立大学の教育学部に隣接して、その実験校として用いられていた。反戦運動の盛んな大学の関係者の子どもが多く通い、小学校そのものが時代の流れを先取りするような多様性を推進していた。この小学校は2011年に閉校するが、それまで、学校給食を無償か減額で提供する対象となる経済的に困難な家庭の子どもをバスによる移動で受け入れていた。

　アメリカにおいては、学校給食（National School Lunch Program）は連邦政府の貧困対策としても活用され、学校に学校給食が無料・減額されている子どもの割合がどのくらいいるかによって、その学校に通う子どもの階層を予測する指標になる（⇒第15章）。例えば、都市貧困地

コラム
アメリカの連邦政府による給食補助制度の対象児童生徒

　アメリカ農務省（USDA）が全米学校給食プログラム（National School Lunch Program, NSLP）を実施している。世帯所得が連邦政府の貧困基準額の130％以下の生徒は、無料給食を受ける資格がある。貧困基準額の130％から185％の世帯所得の生徒は減額された給食（reduced-price lunch）を受ける資格がある。世帯所得が連邦政府の貧困基準額の185％を越える場合は生徒は低価格の給食費全額を支払って給食を食べられる。
出典）U.S. Department of Agriculture（2023）

帯の学校では大多数の生徒に学校給食が無料ないし減額で提供され、これは生活困窮世帯が多いことを示している。加えて、都市貧困地域では人種／エスニック・マイノリティが多く、マイノリティであることと、階層格差、教育格差が結びついていることがだれでもみれば分かる状態にある。

2021年秋の時点で、「貧困率が高い学校」のカテゴリーに在籍していた生徒の人種・エスニシティ別内訳は、ヒスパニック38％、アフリカ系アメリカ人37％、アメリカ・インディアン・アラスカ先住民30％、太平洋諸島系23％、白人7％、アジア系13％で、二つ以上の人種に該当する場合は15％であった（National Center for Education Statistics 2023）。人口における比率が白人に比して少ないアフリカ系アメリカ人、先住民などが、こうした貧困、教育格差に関連した指標においては割合が多くなる。しかも、州テストなどでこうした「貧困レベルが高い学校」は底辺にくる。貧困と学力・教育格差が人種・エスニシティによる格差として捉えられる背景にはこうした状況がある。

筆者が住んでいた住宅群は前述のように白人ばかりで、我々はアジア系家族として珍しかったが、学校では一定数の学校給食が無償ないし減額の対象となる児童を招き入れていた。その結果、アフリカ系アメリカ人も一定数いてグループを形成していた。また、大学関係者の子ども、

> ## コラム
>
> ### 「貧困レベル」によるカテゴリー
>
> ・貧困レベルが低い学校（low-poverty schools）は、「給食の無料化、ないし減額化プログラム（Free or Reduced-Price Lunch：FRPL）」の対象となる児童が25％かそれより少ない場合である。
> ・貧困レベルが低〜中の学校（mid-low poverty schools）は FRPL が25.1〜50.0％の場合である。
> ・貧困レベルが中〜高の学校（mid-high poverty schools）は FRPL が50.1〜75.0％の場合である。
> ・貧困レベルが高い学校（high-poverty schools）は FRPL が75.0％を越える場合である。2021年秋時点で、約1,050万の生徒がこのカテゴリーの学校に通っていた。
>
> 出典）National Center for Education Statistics（2023）

留学生や海外からの大学教員の子どもも多く、教育現場では「ミニ国連みたいだ」といわれていたらしい。筆者が住んでいたのはリベラルな地域であり、時代を先取りして多様な人種・エスニック構成になるよう配慮していたようだが、通った子どもの個人的経験からすると、とても「ミニ国連」が示唆するような牧歌的な感じではなかった。

　そもそも一人の男の子を除いて、アフリカ系アメリカ人たちはグループを組んで、白人のグループに近寄ろうとはしなかった。筆者はアジア系が他にいない中、仲の良い友達がいる白人集団の一つと昼食を一緒に食べることが多かった。メキシコから来た大学教員の家族がいて、その娘が学校にいて友達だったが、それ以外で周囲にいたのはほとんどが白人であった。当時はそうしたことを認識する視点もなく、アジア系がなぜ少ないのかとか、不思議にも思わなかった。

3. 人種格差是正のためのバス移動（busing）をめぐって

　アメリカの教育を学ぶ人であるならば、だれでも知っている判決として、1954年のブラウン対トピーカ教育委員会（*Brown v. Board of Education of Topeka*）の最高裁の判決がある。人種によって分けた学校は違憲であるとした画期的な判決であり、全米の学校の脱人種隔離（desegregation）を後押しした。そうした流れの中で1957年初めてアフリカ系アメリカ人の生徒の入学が可能になったアーカンソー州リトル・ロックのセントラル・ハイスクールでは、入学した九人のアフリカ系アメリカ人生徒が、白人生徒に阻まれて中に入れない状態を打破するため、最終的には大統領令で軍が生徒を守る任務を与えられた。

　実験校として筆者が通ったM小学校は、人種多様性への流れを早くから受容し、中産階級の多く住む地域にあったものの、前述のように経済的に厳しいマイノリティ家庭の子どもをも一定数人種格差是正のためのバス移動（busing）によって入れていたと思われる。

　人種格差是正を目的としたバス移動（busing）とは、白人が大多数の学校にアフリカ系アメリカ人をバスで通学させるなど、人種の偏りを解

消するためにバスを用いるもので、その是非はアメリカ各地で時として暴力を伴って争われた。今、社会学者としての知識を使うならば、M小学校のアフリカ系アメリカ人の子どもたちは他の白人生徒と階層差があった。白人児童と服装が異なり、しゃべり方が違った。しかし、階層差などという概念を持たない当時の白人の子どもたちにとっては、「彼ら」は単に自分たちとは違い、「怖い」「暴力的」「避けるべき人々」だということになっていた。

人種格差是正を目的としたバス移動（busing）をめぐっては、M小学校でも「事件」が起きた。1960年代も終わりのころかと思うが、M小学校側が今までのようにアフリカ系アメリカ人の子どもをM校に受け入れるだけでなく、アフリカ系アメリカ人が過半数の学校に、M小学校の児童を強制バス移動すると学校が提案し、騒動が起きた。当時、学校側の提案に対してM小学校の保護者が大反対し、アフリカ系アメリカ人の受け入れはよいが、「自分たちの子どもが危険な地域に行くことは反対だ」などのやりとりが行われたと聞いている。この提案に大反対した保護者は、学校がこの方針を貫くのであれば、自分の子どもを別の学校に通わせると主張した。議論は紛糾し、学校はM小学校での強制バス移動はあきらめた。

子どもであった筆者は、直接その議論を見聞きしたわけではなく、子どもたちの間ではさして話題にもなっていなかったが、興奮した保護者が集まって話していたのでぼんやりと何が起きているのかは伝わってきた。実際、近隣の都市では、強制バス移動の実施により、白人家庭が公立学校から離脱する例も出ていた。筆者が住んでいた町に近いボストンでは、1965年に人種偏向対策法（Racial Imbalance Act）が通過し、公立学校における人種分離（segregation）を禁止した。「人種的に偏った学校」とは、特定の人種集団が50％を越えた場合と定義し、この法律によりその是正を求めた。

筆者が日本に帰国した後の1974年には人種分離解消の手立てとして白人過半数の学校からアフリカ系アメリカ人の多い学校へ、そして、その逆も強制バス移動によって行うことが必要とされた。これは白人労働者

階級を中心とした白人層から猛反発を受けた（Boston Research Center n.d.）。

　1960年代に象徴的な形で表出した人種、エスニシティなどをめぐる価値観の対立である「文化戦争」は、今日ではアメリカの政治を左右するようになっている。しかし、当時渦中に子どもとしていた筆者にとっては、それは議論として関係のない世界であった。しかし同時に、M小学校に一定数の貧困地帯からアフリカ系アメリカ人マイノリティが通っていたこと自体、おそらくこの時代の文脈でこそ起きていたことなのである。そして、自分たちの子どもをマイノリティ貧困地帯の公立学校に送るという提案に対するM小学校保護者の反発は、いかに「多文化共生」が一筋縄ではいかないかを示している。M小学校の保護者の多くは大学関係者であり、異文化や他人種の人に対しても理念的には開かれていた。教員も大学院生も世界各国から来ていた。だが、彼らにしてみると、アフリカ系アメリカ人が過半数を占める学校がある都市貧困地域に、自分の子どもを登校させることは、治安も悪く子どもが危険にさらされる、自分たちが子どもに教えてきたことを行先の学校の環境によって否定されかねない、などの理由で、直接自分の子どもが「被害」を受けるかもしれない形での「多文化共生」は受け入れられなかったのである。

4.　隠れたカリキュラム

　異なる人種・エスニシティの共生はこうして、目指すべきものであり、価値のあるものであると同時に、多大な努力と社会の変化を要するものである。人種・エスニシティなどの集団はお互いに横並びで社会に存在するわけではない。マジョリティとマイノリティの議論（⇒第2章）でみたように、力関係に差がある。また、教育格差の議論で触れたように、生まれ育つ環境などにおいてそもそも格差が存在する。そして、人種・エスニシティは国際的にも階層と結び付きながら、貧困や教育の機会均等、社会的公正と結び付けて理解されている。

　前述した、白人の子どもが多数派の学校とアフリカ系アメリカ人の子どもが多数派の学校との間の子どものバス移動（busing）は、同じ階層

で肌の色が違う子どもたちを単に混ぜるということではない。M小学校の保護者にしてみると、中産階級のより恵まれた自分達の地域からの白人マジョリティの子どもを、貧困、治安などの問題を抱える地域・学校に移動させるということを意味していた。このことが大きな反対理由になっていた。自分の子どもが強制的バス移動の対象になることに反対したM小学校の保護者たちを単純に批判できない理由がそこにある。

さらに、単に異なる人々を混ぜれば人種間の友情が芽生え、子どもたちが共生できる環境が生まれるかというと、それはそれほど簡単なことでもない。こうした牧歌的な結末にならないことは、多人種がいる学校をいくつかみればすぐ分かる。似た者同士（同じ国の出身者や人種・エスニシティなどの生徒）は固まる傾向があり、学校という接点があるからといって、自分と価値観も宗教も言語も肌の色も違う人とたやすく仲良くなれるわけではない。

さて、M小学校は多文化社会アメリカの実現に向けて、流れを先取りし、肌の色が違う子どもたちが在籍する自分たちの学校を「ミニ国連」だと喜んでいたと述べた。しかし、子どもの経験としてはどうだったのか。学校は中産階級の白人の子どもの中に、階層が異なるアフリカ系アメリカ人をバス移動（busing）させた。彼らに対して勉強面での特別の支援はしていたのかもしれない。しかし、マジョリティの白人の子どもと仲良くやってゆくための橋渡しはしていたようにはみえなかった。

そして何が起きたのか。M小学校では、筆者は他にアジア系がいなかったので、カフェテリアでは白人が多いグループの女の子たちと座っていたことは述べた。また他の国籍や「○○系アメリカ人」も筆者と同じことをしていた。だが、アフリカ系アメリカ人の児童たちだけが混ざらず、カフェテリアの一カ所に集まって食べていたのだ。「あの人たちのそばにいかない方がよい」という「忠告」が友達からは伝わってきたり、「暴力的」「怖い」「避けるべき人々」などというような言葉で彼らは表現されるようになった。筆者がそのグループの方角をみた際にグループの一人と目が合って睨まれたくらいにしか彼らとの接点がなく、お互いに交流するような仕組みもなかったため、実はアフリカ系アメリ

カ人の児童の名前は一人も覚えていない。ただ「怖い」ことだけを学んだのである。一度だけ、校庭のブランコに一人でいたときに、アフリカ系アメリカ人のグループが寄ってきて、「そこをどけ」と詰め寄られたことがあった。いかに彼らが「怖い」かを「隠れたカリキュラム」でしっかり学んでいた筆者は、慌ててその場を去り、他の友達はだれもブランコに近寄らなかった。「アフリカ系アメリカ人」の友達ができ、また都市貧困地帯に調査で行くようになり、教育格差の理解を深めたのはずっと後で、アメリカの大学院に留学してからのことである。

　一つ追加すると、アフリカ系アメリカ人で白人の男の子たちのグループと行動を共にしていた男子児童が一人いた。筆者は女性であり、男子児童と接点はなく、当時はその少年に対して服装や態度が他と違うくらいの印象しか持っていなかった。しかし、研究者となった今考えると、こぎれいで高価そうな服を身に着け、行動も周囲の白人児童と似ていたことや、標準英語の発音などから推測して、その少年の家庭の階層は、他のアフリカ系アメリカ人児童と異なっていたのであろう。もしかすると、大学教員か大学院生の家庭、留学生家庭の子どもだったのかもしれない。肌の色や国籍、宗教が違えども、これらの大学関係者の子どもに関しては、人種・エスニシティによる差別を受けたという話は聞かなかった。

　階層が中産階級でそろっていたならば、M小学校は放っておいても学校関係者がいう「ミニ国連」のイメージに近いものになったのかもしれない。しかし、社会や教育の多様性を包摂する力、いわゆる「多文化共生」力が問われるのは、「隠れたカリキュラム」でマジョリティによって「怖い」と避けられていた、前述のようなマイノリティの子どもたちを含めたときである。

5. 個人と社会の接点において

　ある社会の到達点から「激動期」をふりかえれば、新しい流れを作ったと思われるようなストーリーにつながる事件をつなぐことができる。アメリカの1960年代の激動期を語る場合の教科書的理解には、コラム

「公民権運動」にあるような判決や事件が大抵含まれる。キング牧師や
ローザ・パークスなどは、日本の教科書にも登場する。アラバマ州モン
トゴメリー市のバスで白人に席を譲らなかったローザ・パークスが逮捕
され、アフリカ系アメリカ人のバス・ボイコット運動へとつながる。そ
こに現れた若きリーダーがキング牧師である。公民権法の成立後もマイ
ノリティの権利を認める流れは続き、英語が母語でない言語マイノリ
ティの教育に関係したバイリンガル教育法の制定など多文化社会アメリ
カを支える制度的な仕組みが出来上がっていった。

　今ではアメリカ史を学ぶ人はだれでも激動期としてこの時代を学ぶわ
けだが、当時、ミクロな日常の渦中にあった筆者にとっては、時代の流
れはデコボコであり、みえにくかった。教育現場においては、一方で児
童の強制的バス移動を実施し時代の流れを先取りしている学校に通い、
他方で一時代前の人種・ジェンダー観を反映している教材を用いていた。
家庭ではスイミング・スクールに通い、ガールスカウトのサマーキャン
プに出掛けるという白人中産階級のライフスタイルであった。

　こうしたまだら模様の変化の中、表向きの制度変革と、隠れたカリ
キュラムは一致していなかった。多人種を混ぜたところで、そこに協力
的な関係が生まれるような工夫がなければかえって相互にステレオタイ
プが強化され、資源の取り合いになることだってありうることをみた。

コラム

公民権運動

1954年　ブラウン判決（*Brown v. Board of Education of Topeka*）
1955年　ローザ・パークス（Rosa Parks）の逮捕
1957年　セントラル高等学校（Central High School）にアフリカ系アメリカ人
　　　　入学
1963年　ワシントン大行進におけるキング牧師の演説 *I Have a Dream*
1963年　ケネディ大統領暗殺
1964年　公民権法（The Civil Rights Act）成立（ジョンソン政権期）
1965年　初等中等教育法（The Elementary and Secondary School Education
　　　　Act）。低所得者層の多い「タイトル・ワン（Title I）校」への支援を含む
1968年　バイリンガル教育法（The Bilingual Education Act）
1968年　キング牧師の暗殺（テネシー州）

また、人種／エスニック・マイノリティは力関係でマジョリティに劣る立場に置かれている。白人マジョリティに対してアフリカ系アメリカ人はマイノリティであり、そこに人種、貧困、教育格差、階層差が多面的に結びついているのである。平坦でない多文化社会アメリカの歩み——その過程を支えるのが目指すべき社会ヴィジョンである。

6. 移民社会アメリカの社会ヴィジョン

（1）自己像の変遷

　その時々において、アメリカ人が描くアメリカ社会像は変わってきた。アメリカ社会のメタファーとしてしばしば使われてきたものに「るつぼ（melting pot）」、それを乗り越えようとした「サラダ・ボウル（salad bowl）」、そして、「レインボー（rainbow）」がある。それに対抗して提起された保守派のアメリカ第一主義などの社会像もある。

　そもそも「るつぼ」論とは何だったのか。大雑把にいうと、さまざまな地域——当初はヨーロッパが想定されていた——から移民がアメリカに渡り住み、「るつぼ」のように混ざって「アメリカ人」になるというものである。そこから「サラダ・ボウル」や「レインボー」という多文化社会アメリカのヴィジョンが、社会変化の中で唱えられるようになっていった。

（2）「るつぼ」から「サラダ・ボウル」「レインボー」へ

　それぞれ異なる国から来た移民が、アメリカであたかもるつぼで溶け合うように均質化された「アメリカ人」になるという、アメリカ社会を「るつぼ」にたとえたメタファーは、その後、さまざまな文化的マイノリティが声をあげる中で打ち砕かれてゆく。というのも、「るつぼ」論で変化を求められるのはマイノリティだけであって、それは事実上の同化政策であるとの批判があがったのだった。代わりに登場したのが、色々な人種・エスニシティなどがその固有性を保ちながら集まり、一緒になる「サラダ・ボウル」や「レインボー」のメタファーである。

　「サラダ・ボウル」「レインボー」といった社会ヴィジョンにのっ

とった教育系譜の一つに「**多文化教育（multicultural education）**」がある。それが目指すのは、人種・エスニシティ、ジェンダー、障がい、年齢などを軸にしたさまざまな文化集団によって構成される多文化社会であり、そこにおける文化的多様性の尊重と社会的公正の実現である。これまで指摘してきたように、ある社会の中の文化集団は横並びなのではなく、異なる力関係にある。被支配的なマイノリティはその定義からして社会的に不利な立場にある。このことにより、より公正で、全ての子どもに教育の機会均等が保障され、教育格差がなくなってゆくような社会を作ることに多文化教育の目標がある。

　多文化教育の第一人者の一人であるバンクス（James A. Banks）は、「多文化教育は理念であり、教育改革運動であり、プロセスでもある」（Banks 1999：1）と述べている。多文化教育は、学校環境が文化的多様性を反映し、全ての生徒に教育の機会均等を保障することを目指す。筆者なりの解釈を加えるなら、多文化教育は、社会ヴィジョンとして文化的に多様で社会的公正を実現する社会を目指す中で、変革を後押しする運動として、少なくともその旗振り役の役目を時として担うものであるといえるだろう。しかし、民主主義同様、多文化教育が目指す社会ヴィジョンを未だ完全な形では実現できている社会はない。

　多文化教育の変遷からは、より多様で公正な社会を目指す理念や運動が模索と試行の連続であったことがみてとれる。そしてその過程は前述のようにでこぼこで、社会全体において一様ではない。揺り戻しもあり、道のりは一直線ではない。それは民主主義同様、社会的ヴィジョンとして未来に提示されているものであり、どの社会もそれを実現したことはない。その意味で、それは途上にある（プロセス）といえるだろう。

（3）日本への示唆

　今の日本のいわゆる「多文化共生」をめぐる議論は、本章で述べてきたアメリカの激動期のそれに該当するように思える。少子高齢化で生産年齢人口が減り、対抗するための選択肢の一つが実際に進みつつある「外国人」や国際的には「〇〇系移民」の増加であり、いわゆる「多文

化共生」の推進である。AIの活用、女性の就労、既存の秩序に挑戦するような社会的変化が多いことも、転換期であることを思わせる。マスコミでも行政文書でも盛んに「多文化共生」や「外国人に選ばれる日本」などの話題が聞かれるようになっている。

　だが、一口に「外国人」との共生といっても、本章でみたような、個人的経験としてどの程度自分事として捉えられるような状況が日本にあるのだろうか。定住化した「外国人」、国際的にいえば移民が増えているかもしれないが、定住・永住を前提とした体系的な対策が進められているわけではない。在日ブラジル人コミュニティはニューカマー「外国人」の集住地域としては代表的であろうが、ポルトガル語が行き交い、マジョリティ日本社会との間に距離がある。こうした中で在日「外国人」がさらに増え、M小学校のアフリカ系アメリカ人のグループのようにはっきりとマイノリティ集団として顕在化したときに何が起きるのか。教材一つをとっても、日本の小学校社会科教科書では変化しながらも未だ国際交流、国際親善、国際協力という、日本の外にいる人々を想定し、内なる多文化化の認識が不足している。

　「外国人」、移民のコミュニティが出現し、移民二世が日本社会の中で大学へと進学し、日本で就職し、多文化社会日本の新しいページを開いている。渦中の者にとっては変化はまだら模様で全体像がみえない。しかし、自分が思っていた以上に多文化化していることに、そして日本社会が変化していることにある日、人々は気付くであろう。だが、前述のように、放っておいて「多文化共生」が自然と起きるわけではない。移民の教育、社会化は、どの社会でも試行錯誤している。グローバル時代の教育文化の社会学はこうした日本社会の未来をも考える手がかりを提供する。

🔋 研究課題

（1）簡単な自分史を書いてみよう。そのわきに日本社会、世界の出来

事を書いてみよう。両者の間に接点はあるだろうか。

（２）キング牧師について、調べよう。

（３）多文化教育の二つの柱、「文化的多様性」の尊重、「社会的公正」の実現について考えたことを述べてみよう。

（４）公民権運動の日本へのメッセージは何なのか。

引用文献　＊参考文献であげたものは除く。

Banks, J. A., & Banks, C. A. M. (1999). Issues and concepts. In J. A. Banks, & C. A. M. Banks (Eds.), *Multicultural education: Issues and perspectives* (4th ed., pp. 1-30). New York: John Wiley & Sons.

Boston Research Center (n.d.) Desegregation busing. In *Encyclopedia of Boston*. Retrieved January, 2024 from https://bostonresearchcenter.org/projects_files/eob/single-entry-busing.html

防衛省（2021）『令和３年版　防衛白書』（https://www.mod.go.jp/j/publication/wp/wp2021/pdf/R03010307.pdf）。

International Organization for Migration (IOM). (2024). Immigration. In *Key migration terms*. Retrieved January, 2024, from https://www.iom.int/key-migration-terms

National Center for Education Statistics. (2023). Concentration of public school students eligible for free or reduced-price lunch. *Condition of Education*. U.S. Department of Education, Institute of Education Sciences. https://nces.ed.gov/programs/coe/indicator/clb

日本経済団体連合会、経団連（2022）「Innovating migration policies—2030年に向けた外国人政策のあり方」No. 3533（https://www.keidanren.or.jp/policy/2022/016_honbun.pdf）。

Swinth, K. (2012, March 16). Hillary Clinton, cookies and the rise of working families. CNN Opinion. https://edition.cnn.com/2012/03/16/opinion/swinth-hillary-clinton/

立花隆（2020）『自分史の書き方』講談社。

恒吉僚子（2024）「小学校社会科教科書の内容分析—多文化社会日本を探る」一般社団法人グローバル多文化社会研究所（https://www.gmsresearch.net/ホーム-home/本研究所について/出版物/）。

上原菜緒子（2024）「日系ブラジル人の表象─動画共有プラットホーム YouTube 内の動画での表象に着目して」一般社団法人グローバル多文化社会研究所（https://www.gmsresearch.net/ホーム-home/本研究所について/出版物/）。

United Nations Department of Economic and Social Affairs (UN DESA). (1998). Recommendations on statistics of international migration (Revision 1).

United States Department of State. (2008). *Free at last: The U.S. civil rights movement*. Bureau of International Information Programs.

参考文献 ＊もっと深めたい人へ。

①阿部彩（2008）『子どもの貧困─日本の不公平を考える』岩波書店。

②ブルデュー、P.・パスロン、J－C.（宮島喬訳）（1991）『再生産─教育・社会・文化』藤原書店。

③江淵一公（1994）「多文化教育の概念と実践的展開─アメリカの場合を中心として」『教育学研究』61（3）：222-232。

④クラック、J.（編集主幹）・ニーリー、M. S.（編集長）・フリードマン、M. J.（副編集長）（2010）「ついに自由を我らに─米国の公民権運動」米国大使館レファレンス資料室（https://americancenterjapan.com/wp/wp-content/uploads/2015/11/wwwf-pub-freeatlast.pdf）。

6 | アメリカにおける移民の子どもの生活世界と教育

徳永智子

【学習ポイント】 本章では、アメリカ社会を生きるアジア系の若者の事例を通して、複数の国や文化、ことばのはざまを生きる子ども・若者の生活世界に迫り、かれらの経験や帰属意識について考察する。また、移民の子ども・若者の生を尊重する教育として、文化に対応した教育の特徴や可能性について考える。

【キーワード】 アジア系アメリカ人、はざま、帰属、文化に対応した教育

1. アメリカ社会を生きる移民の子ども

（1）アメリカにおける移民の子ども

「移民の国」といわれるアメリカでは、約4分の1の人口（約8600万人）が移民とその子どもたちであり、移民がアメリカ社会を大きく変容させている（Foner 2022）。移民といっても、出身国や移住の経緯、移民世代や宗教、言語、社会経済的地位、教育歴など非常に多様である。1880年代から1920年代ごろまではヨーロッパからの移民が大部分を占めていたが、1965年の移民法改正によってアジアやアフリカ、ラテンアメリカなどさまざまな地域からの移民が急増し、多様化・多文化化が進展した（Suárez-Orozco et al. 2015）。1990年代以降、非正規移民が増加傾向にあり、その数は移民全体の4分の1といわれ、2018年時点で1,100万人になる（Capps et al. 2020）。約半分はメキシコ出身であり、他は中央アメリカやアジアなどから来ている。非正規移民、特にヒスパニックは「犯罪」や「侵略」など否定的なことばと共に移民排斥運動の標的となっている（南川 2016）。アメリカでは、移民問題や移民の権利は大きな課題とされ、移民排斥、排外主義、人種差別やヘイトクライムなど、移民を取り巻く状況は厳しい。

それでは、アメリカの移民の子どもの状況はどうだろうか。2021年時点で、学校段階の子どもの約4分の1（約1,400万人）は移民背景があり、そのうち85％は移民の親を持ちアメリカ生まれでアメリカ国籍である（Sugarman 2023）。移民第二世代と呼ばれるかれらは、アメリカ社会を形づくる重要な構成員となっている。

一方で、アメリカに移住したばかりの子どもも増加しており、かれらの背景やニーズの把握の必要性がいわれている。2021年時点で、最近移住した子ども（5歳〜17歳でアメリカ滞在三年以内の子ども）の約半分はラテンアメリカ出身であり、約半分は家でスペイン語を話す（Sugarman 2023）。公立学校で学ぶ英語学習者に限定すると、2020年時点で約77％の生徒はヒスパニックであり、次にアジア系10％、白人6％、黒人4％、その他となっている（National Center for Education Statistics 2023）。最近移住した子どもは比較的低い階層出身で、親の教育歴や英語力も限定的であり、移住に伴うトラウマを経験している場合が多いといわれる（Sugarman 2023）。これらの子どもは「ニューカマー」や「英語学習者」と呼ばれ、かれらの高い中退率など教育課題を解決すべく、固有のニーズに特化しケアを行う学校やプログラムもできている（Bajaj et al. 2023）。

（2）アジア系アメリカ人と複層的な差別

筆者は、2010年からアメリカ東海岸の大都市に隣接する郊外で特にアジア系移民の高校生を対象としてフィールドワークを行ってきた（Tokunaga 2018）。ここからはそのデータも紹介しながら、移民の中でも特にアジア系の排除や差別の経験について概観する。

アメリカにおける**アジア系アメリカ人**は2,200万人おり、全人口の約7％を占め、最も速いペースで増加する人種・エスニック集団である（Budiman & Ruiz 2021）。アジア系の中にも20カ国以上のルーツがあり、多い順に中国系、インド系、フィリピン系、ベトナム系、韓国系、日系となっており、上位六つで全体の85％を占める（Budiman & Ruiz 2021）。日本とのつながりで考えると、19世紀以降日本からハワイやア

メリカ本土に移住した日系人は、コミュニティの創出や第二次世界大戦時の強制収容、リドレス運動（補償要求運動）など、アジア系アメリカ人の歴史の中でも重要な位置を占めている。

アジア系は、アメリカ社会に統合されえない「永遠の外国人」として、抑圧や排除、差別の対象となってきた（Lowe 1996）。中国人の入国を禁止した1882年の中国人排斥法はその象徴ともされるもので、アメリカの歴史上はじめて国籍を理由として移民を排除した法律である。筆者が関わったアメリカ生まれの移民第二世代の若者たちも、日常的に「どこから来たの（Where are you from?）」という質問に遭遇し、ここ（アメリカ）に属さず、外国出身であることを想定したものであり、人種差別であるとよく嘆いていた。かれらは日常的にマイノリティに向けられる無自覚な差別を意味する**マイクロアグレッション**（スー 2020）を経験しているのである。

また、1960年代半ばからアジア系（特に日系や中国系）は勤勉で高い教育達成や職業達成を実現した「成功したマイノリティ」とするモデル・マイノリティのステレオタイプが流布した。アジア系の中には多様な社会経済的地位があり、貧困層や難民など厳しい状況にある人々も多くいるが、このステレオタイプによってかれらが抱える貧困や教育課題などが不可視化されてきた（Lee 2009）。筆者のフィールドワーク中にも、白人優位の公立高校においてアジア系の若者がモデル・マイノリティとして周囲の教員や生徒に認識され、理科や数学が苦手であっても学業に問題がないと思われ、ステレオタイプとのギャップにプレッシャーを感じていた。

近年の出来事としては、2020年からの新型コロナウイルス感染症のパンデミック下で、政治家などによる「中国ウイルス」や「アジア・ウイルス」などの発言がメディアやSNSなどで広まり、アジア系への暴言や暴行などヘイトクライムが急増した。これらの例からも、移民政策や政治家の発言、メディアの表象などが、移民の子ども・若者の日常生活や経験に大きな影響を与えており、社会的・文化的文脈の中でかれらの生活世界を理解する必要性が分かるだろう。

2. 移民の子ども・若者の生活世界

(1) 複数の文化とことばのはざま

　移民の子どもはホスト社会で排除や抑圧、差別構造の中を生きながらも、受動的な存在ではなく、多様な他者との関係性や文脈の中で自らの意志を持ち周囲に働きかけている。このように子どもを能動的行為者として捉えるエイジェンシー（行為主体性）の視点は、移民研究において子どもを中心とした分析を深める上でも着目されている（White et al. 2011）。ここでは、子ども・若者の視点に近づき、かれらの生活世界・意味世界への理解を深めていく。

　一般的に、移民の子どもは、出身国の文化とホスト社会の文化の間で葛藤や衝突を経験するといわれている（⇒第3章）。私たちは出身国かホスト社会か、母語かホスト社会の言語か、移民かネイティブかなどの二項対立的な考え方で、移民の子どもの経験を理解しがちである。しかし、このような二元論的な視点では、かれらの複雑で流動的な経験やアイデンティティを十分に理解することはできない。かれらは、出身国とホスト社会、親の言語と移住先の言語、家族と学校などのはざま（in-between）を生き、複数の文化やアイデンティティを交渉している（Ngo 2008）。つまり、どちらかではなく、どちらともつながり、複数の国や文化、ことばのはざまを生きている。

　一つの例として、ことばがあげられる。かれらは「幼少期より複数言語環境で成長し、複数言語に触れながら他者とやりとりをしたという記憶と能力」を持つ「移動する子ども」である（川上 2013：31-32）。家庭では親の母語を使用し、学校ではホスト社会の言語を使用するなど、発話相手や内容、文脈によって複数の言語を使い分けている場合が多い。筆者の研究においても、アジア系移民の高校生が家族や友人と話すときに英語や母語、他の言語を混ぜてハイブリッドな言語をつくったり、複数の言語をコード・スイッチング（二種類以上の言語体系を文脈によって切り替えること）したりする様子が多々みられた。例えば、フィリピン系のチェルは、親とはタガログ語と英語を混ぜて、「タグリッシュ」

を話すと語っていた。またインド系のニタは、両親と話すときには、一つの文章の中にヒンディー語と英語を混ぜて話し、真面目な内容かカジュアルな内容かによっても言語を使い分けているという。かれらが親と話す英語は、「正しくない」英語（「ブロークン・イングリッシュ」ともいわれる）などと揶揄される場合が多い。しかし、かれらが親とやりとりする英語は、「自分自身が育った言語であり、家族の会話と関係し、親密さを表す」（Tan 1990：7）ことばである。家庭内で使用することばが移民の子どもにとってどのような意味を持つのか、かれらのアイデンティティや帰属意識とどう関係しているのかなどを考える必要があるだろう。

　複数の言語や文化のはざまを生きる子どもは、**言語・文化の仲介者**（language and cultural broker）として、移民家族や社会の中で重要な役割を果たしている（Orellana 2009）。特に移住したばかりの家族は、文化や言語の障壁もあり、新しい土地での生活や仕事、子どもの学校などあらゆる面で困難を抱えやすい。子どもは学校に通っていち早くホスト社会の言語や文化を習得するため、その知識やスキルをいかし、行政機関や学校、病院、お店などあらゆる場面での通訳や翻訳、家族のケアなど大きな貢献をしている。

（2）揺れ動く帰属

　完璧な場所なんて見つからないから（中略）アメリカにはたくさんのチャンスがある。最高の場所にも行ける。でもここには家族のほとんどがいない。フィリピンにはたくさん家族がいるし、友達もいる。そこで育って、知り合いもたくさんいる。でもあまりチャンスがない。

　この語りは、筆者のフィールドワーク中、九歳でフィリピンからアメリカに家族と共に移住した13歳のチェルが発したことばである。幼少期に暮らしていたフィリピンの生活を懐かしみながら、それぞれの国で暮らすことのメリットとデメリットを比較していた。彼女はアメリカの公

立高校に通い、10代のアジア系女性として日常的な差別や排除を経験しながらも、学業成績も高く、学校にも適応しているようにみえた。しかし時折フィリピンでの大家族との温かい時間や自由に外で遊んだ思い出と、アメリカのアパートで一人パソコンのスクリーンに向かう生活とを比べて、喪失感や孤立感を共有してくれた（Tokunaga 2018）。この事例から、移民の子どもにとって移住がもたらすことについて何を読み取っただろうか。

　子どもにとって国境を越えること、文化を越えて生活環境が変わることは心理的な負担にもつながり、子どもが移動をどう捉え、意味付けていくのかを理解することが重要である。移民研究ではしばしば大人の視点から移住の動機や経緯が説明されることが多く、移住における子どもの役割や経験、意味付けに十分な光が当たってこなかった。上で紹介したチェルがフィリピンとアメリカのはざまで揺れ動くように、子どもが親の移住の動機を共有していなかったり、ホスト社会での生活や将来を肯定的に意味付けることができなかったりするため、子どもの主観的な意味世界を丁寧にみていくことが求められている。また、親が子どもを故郷に残して出稼ぎに行き、家族が物理的に離れて暮らし、生活が安定してから子どもを呼びよせて家族が再統合するケースなど、移民家庭では「家族離散と再統合」も大きなテーマとなっている（Suárez-Orozco et al. 2015）。

　国や文化を移動し、複数の国や文化のはざまを生きる移民にとって、**帰属**の問題は複雑になる。故郷は一つではなくいくつかあるかもしれないし、「○○人」として自己を定義付けることも難しくなるだろう。しばしば英語では、帰属意識を捉えるのに**ホーム**（home）という概念が使われる。ホームというと、一つの家や故郷を思い浮かべるかもしれないが、移民にとってホームは複数で移りかわるものであり、物理的・想像上の空間や場所、コミュニティである（Tokunaga 2018）。親の出身国と移住先を行き来し、どちらともつながりながら成長し、トランスナショナルな生活を送る子どもにとって、ホームは両方の国かもしれない。また、物理的に移動していなくても、ソーシャル・メディアを通じて一

度も暮らしたことのない国に強い憧れを持ち、将来のホームを想像する
かもしれない。あるいは、親の出身国でもホスト社会でも「外国人」と
してまなざされ、どこにも帰属意識を持てず、ホームがない感覚を持つ
かもしれない。このように、移動する子どもにとって帰属は生に関わる
大きなテーマであり、その複層性や流動性を捉えることが重要である
（異文化間教育学会 2014）。

　関連して**アイデンティティ**という概念もある（⇒第3章・第14章）。
ホール（1996）は、アイデンティティとは私が何者であるかではなく、
相手とのやりとりの中で何者になっていくかを問うものであり、そのプ
ロセスに着目する重要性を説いている。私たちは、他者との相互作用と
その経験への意味付けを通して、自己を形成していく。アメリカの高校
で「日本人」生徒のアイデンティティ交渉を研究した小林（2021：210）
は、「『アイデンティティが何か』よりも、『いつ、どこで、どのように、
何が、何を背景として、どういったことばや行為として立ち現れるの
か』」を問う重要性を指摘している。上で紹介したアジア系の女の子た
ちも、モデル・マイノリティをはじめとする「アジア系」へのまなざし
や10代の女性に向けられる性的な視線、家族・学校・地域での関係性の
中で、さまざまな場面や状況に応じて自己を呈示し、複層的なアイデン
ティティを形成していた。

（3）日常につくり出す居場所

　移民の子ども・若者の身近な環境であり、重要な教育の場として家庭
や学校、地域がある。家庭では母語・母文化の継承やエスニック・アイ
デンティティの形成、学校では言語習得や学力の形成（⇒第3章）、地
域の支援団体ではアイデンティティ保障や居場所の提供、エンパワーメ
ント（⇒第7章）などが行われている。特に、学校や地域の支援団体は、
目的や意図があり、大人によって組織されたフォーマルな学びの場であ
る。

　一方で、移民の子ども・若者が日常生活の中で主体的につくり出すイ
ンフォーマルな場もある。かれらは家庭や学校、地域の支援団体、近所

の「たまり場」、オンライン空間などを移動する中で、これらの隙間に一時的であっても居心地の良さを感じられる居場所をつくっている（徳永 2023a）。例えば、学校であっても、教職員の監視がゆるくなり比較的自由な昼食の時間帯に移民生徒が集うカフェテリアがある。また、近所で仲間と遊ぶたまり場や、スマートフォンでつながるオンラインのファン・コミュニティなどがあり、そこでさまざまな営みが行われる。移民の若者にとって**仲間集団**（アドラー・アドラー 2017）が果たす役割も大きい。移民背景を持つ仲間がいることは、特にホスト社会で疎外感を抱く場合に大きな社会的サポートとなり、エスニック・アイデンティティを育む上でも重要な資源となる（Suárez-Orozco et al. 2015）。特に、マジョリティの規範や価値観が強く働き同化圧力の強い学校や、大人が運営する支援団体などと異なり、これらのインフォーマルな場は、若者自身の強みや自主性を発揮しやすい場ともいえる。友人関係をつくり、学びを深め、アイデンティティを形成するなど、大きな意義を持つだろう。

　例えば、アメリカのカリフォルニアに暮らすワーキング・クラスのアジア系の若者は、タピオカ・カフェやインターネット・カフェに居場所をつくり出す事例が報告されている。年齢や経済的な状況などに制限されることなく、カフェに集い、日常的なストレスを発散し、友情を育み、アジア系アメリカ人としてのアイデンティティを形成している。都市の公共空間で「たむろ」していると、警察官に呼び止められレイシャル・プロファイリング（警察が人種や民族などをもとに職務質問や捜査の対象を選ぶこと）を経験することも多くあるが、カフェはある意味守られ、安全な場ともなる（Danico & Vo 2004；DeGuzman 2006）。筆者のフィールドワークでも、アジア系の高校生が学校帰りに近くのショッピングモールの中にあるタピオカの飲食店に集い、頻繁にタピオカ・ティーを飲みながら時間を過ごしていた。アジア系の仲間と共に台湾発祥のタピオカ・ティーを飲むことで、「アジア系」として自己呈示していた。若者たちが「アジア系」と認識する場やモノを通じてアイデンティティを形成する事例といえよう。

さらに、移民の子ども・若者は、物理的な場所だけでなくオンライン空間にも居場所をつくっている。ICT（Information and Communication Technology：情報通信技術）の発展は、移民のトランスナショナルな生活を支えており、子ども・若者は日常的にスマートフォンやパソコンを使いこなし、動画共有サイトやSNS（Social Networking Service：ソーシャル・ネットワーキング・サービス）、ブログなどのソーシャル・メディアを利用して、帰属意識やアイデンティティを形成している。移住まもない若者が故郷の友人や親戚とコミュニケーションをとり、日常の寂しさや困難を癒し、移民第二世代で親の出身国との関係性が薄い若者が故郷について学び、社会参加し、つながりをつくることも可能となる（Suárez-Orozco et al. 2015）。また、移民の若者がフェイスブックやインスタグラムなどSNSを駆使し、世界に拡散する若者たちとつながり、オーディエンスによって女性性やエスニック・アイデンティティを使い分け、ハイブリッドなアイデンティティを形成する事例も報告されている（Volpe 2021）。移民の若者がソーシャル・メディアやポピュラー・カルチャーを消費・生産することは、かれらのエンパワーメントにもつながるだろう。

もちろん、どのような場であっても、人種差別や子ども差別、排外主義など社会的・文化的文脈の影響は大きく受けるので、かれらが日常世界やオンライン空間で創出する居場所は決して安全で自由な場とはいえない。不可視化されやすい場であっても、若者たちが日常につくる居場所やその特質を把握するためにも、空間を捉え直し、新たに想像することが求められるだろう。

3. 移民の子どもの生を尊重する教育

（1）文化欠陥論と文化差異論

アメリカでは、学校は移民の子どもにとってホスト社会への統合を進める上で重要な役割を持ちながらも、マジョリティ文化への同化を強いる画一的な教育を提供してきたという批判がされている。移民の子どもの言語や文化を「欠陥」として捉え、かれらが学校で成功するにはマ

表6-1　文化欠陥論と文化差異論

文化欠陥論	文化差異論
文化は存在しないか異常である	文化は豊かでユニークで複雑である
言語は欠陥である	言語は資産である
家庭の環境は病理的である	家庭の環境は資本である
遺伝子が重要である	環境が重要である
解決策は子どもを変えること	解決策は学校を変革すること

出典）Howard（2021：139）

ジョリティの言語や文化を習得する必要があると考えられてきた。その背景には、1960年代からの貧困家庭の子どもや黒人などマイノリティの子どもの低学力は、マイノリティ家庭の文化の「欠陥」に由来すると考える**文化欠陥論**（cultural deficit theory）の影響がある（⇒第4章）。学力格差の原因はマイノリティの子どもや家庭に責任があると捉え、構造的な不平等を不可視化する。後にこのアプローチが批判され、マイノリティの学力が低いのはマジョリティの規範でつくられる学校文化とマイノリティ文化の間の文化の違いに原因があるとする**文化差異論**（cultural difference theory）が生まれた。つまり、個人に問題があるのではなく、環境に焦点を当てて学校を改善する必要性を訴える（Howard 2021）（表6-1）。

（2）文化に対応した教育

　文化差異論によって、多文化教育（⇒第2章・第3章・第5章）の流れを組む**文化に対応した教育**（culturally responsive pedagogy：CRP）の可能性が着目されている（Gay 2018）。多様な文化的背景を持つ子どもの知識や経験、ものの見方などを教員の指導やカリキュラムにいかすことで、子どもにとってより意味のある学びとなり、子どもが関心を持つことができ、学業達成につながるといわれている（Gay 2018）。ラドソン＝ビリングズ（Gloria Ladson-Billings）によると、CRPと似た概念である**文化的に適切な教育**（culturally relevant pedagogy）で

第6章　アメリカにおける移民の子どもの生活世界と教育 | **113**

は、教師が子どもの文化や経験を教育実践にいかすことで、子どもの知的・社会的・精神的・政治的エンパワーメントが促される（Ladson-Billings 2009）。2000年ころから、文化に対応した教育にもとづく実践づくりが進展し、CRPを取り入れた教員研修やプログラム開発などが実施されている（Howard 2021）。

　文化に対応した教育で重視されるのが、マイノリティの子どもや家族の強みを尊重しいかすことであり、ここではそれを**ストレングス・アプローチ**と呼ぶ（⇒第7章）。1990年ころから貧困層のラティーノ家庭のエスノグラフィー研究にもとづき、マイノリティの子どもや家族が日常的な経験から生み出す知識や資源、ネットワークの集合体を指す**知識の蓄積**（funds of knowledge）という概念が教育の領域で大きく着目されるようになった（González et al. 2005）。教師がマイノリティの子どもや家族、コミュニティが継承してきた知識の蓄積を尊重し、教育実践やカリキュラムにいかす重要性が唱えられた。

　また、批判的人種理論を専門とするヨッソ（Tara J. Yosso）はブルデューの**文化資本**（⇒第3章）の解釈を批判し、マイノリティ生徒は多様な抑圧に抵抗し生き抜く中でさまざまな知識やスキル、能力、ネットワークを生み出しており、それらを**コミュニティの文化資源**（community cultural wealth）と名付けた（Yosso 2005）。具体的に六つの形態の資本（希望や夢などのアスピレーション資本、言語の資本、家族の資本、社会関係資本、制度を切り抜ける資本、抵抗の資本）を提示した。そしてこれらが相互に影響し合いダイナミックなプロセスの中で、マイノリティの文化的な豊かさが育まれていることを指摘した（Yosso 2005）。例えば、移民の子どもの中には、前節で紹介したように複数の言語能力やコミュニケーション能力を持ち、言語・文化の仲介者として活躍する者がいる。また、マイノリティを想定していない白人優位の教育制度の中で、さまざまな困難を抱えながらも制度を切り抜ける子どももいるだろう。

　移民の子どもや家族の生きられた経験や知識、能力、つながりを尊重し、それらを教育実践に応用することで、かれらの学業達成やエンパ

ワーメント、ウェルビーイングの実現が目指されている（Bajaj et al. 2023）。

（3）若者参加型アクションリサーチ

さらに、若者の強みを尊重したエンパワーメントの方法として、**若者参加型アクションリサーチ**（Youth Participatory Action Research：YPAR）を教育実践に取り入れる試みもある。YPAR は、教育思想家のフレイレ（Paulo Freire）をはじめとする**批判的教育学**（⇒第3章・第11章）の流れを汲み、これまで研究対象とされてきたマイノリティの若者をその課題を生きる「専門家」と捉える。そしてかれらが抱える課題の解決や社会変革に向けて、共に「知」をつくりアクションをとることが目指される。YPAR は若者のニーズや経験を中心に置き、かれらの知識の蓄積を尊重して、若者と共に研究が展開される点に特徴がある（Cammarota & Fine 2008；徳永 2023b）。地域の NPO や高校、大学などさまざまな場で、マイノリティの若者にとって重要な課題、例えば学校教育、社会的不平等、健康問題など多様なテーマが扱われている。

若者の中でも特に「欠如」のまなざしを受けやすく、これまで「知」にアクセスしにくかった貧困層や移民の若者が参画する YPAR のプロジェクトが多くある。例えば、多文化教育を専門とするイリザリー（Jason Irizarry）はアメリカ都市部にあるラティーノが多く通う複数の高校で FUERTE（スペイン語で「強い」を意味する）と呼ぶ YPAR プロジェクトを実施した（Irizarry 2016）。イリザリーは、ラティーノの高校生と協働して研究や執筆に取り組み、アメリカ社会における「やる気がなく落ちこぼれ」というラティーノに対するネガティブな表象に対抗するナラティブを生み出している。そして高校生のコミュニティの文化資源（Yosso 2005）をいかして教育施策や実践への示唆を提示している。

このように、教師が授業やカリキュラムに移民の子ども・若者の強みを取り入れるだけでなく、YPAR には当事者の子ども・若者と協働して、かれらの視点や生きられた経験を尊重しながら、エンパワーメント

や社会変革を試行する方法として多くの可能性があるだろう。もちろん、そこには大人と子どもの間の権力関係や学校で教師が持つ権力性など、協働を困難とする課題は多くあり、それらも踏まえた上での展開が期待されている。

4. おわりに―日本への示唆

　本章では、アメリカにおけるアジア系移民の子ども・若者が人種差別や排外主義など多様な抑圧を受けながらも、複数の国や文化、言語のはざまを交渉し、複層的なアイデンティティやホームを形成し、日常世界やオンライン空間に複数の居場所をつくる様子を紹介した。また、マイノリティの子どもの生活世界に接近してみえてくる強み（複数言語文化能力、社会関係資本など）を尊重する教育として、文化に対応した教育が学校や地域で展開されていることを説明した。

　主にアメリカを事例として取り上げたが、はざまや帰属、アイデンティティやホームなどの概念は、日本の移民の子ども・若者の生活世界を理解する上でも参考になるだろう。他章で紹介されているように、日本の「単一民族国家」という神話や強い同化圧力などは、かれらの帰属意識や居場所づくりにおいて大きな影響を与えており、それらの社会的・文化的文脈を踏まえた考察が求められる。

　最後に日本の教育への示唆を考えてみたい。アメリカにおいて文化に対応した教育が発展した背景には、アメリカの人種問題や公民権運動の歴史など特殊な文脈があるため、単純に日本の教育に応用することはできない。しかし、多文化化が進み学校や地域で移民の子ども・若者が急増する中で、移民コミュニティの文化資源にはどのようなものがあるのか、それらをどう教育実践にいかすことができるのかという視点は参考になる。教師や支援者が、移民の子どもや家族が持つ言語や文化の豊かさ、移住の物語、移民家庭やコミュニティのネットワークなどを理解・尊重し、それらを学校やNPOの活動に取り入れることで、子どもの学びも深まり、かれらの居場所にもつながるだろう。

研究課題

（1）移民・難民の子ども・若者を描くドキュメンタリーやドラマ、映画を視聴し、本章で紹介した概念も使いながら、子ども・若者の生活世界を分析してみよう。

（2）移民政策や政治家の発言、メディアの表象などが、移民の子ども・若者の意識や経験にどのような影響を与えるのか、具体例をもとに考えてみよう。

（3）移民の子どもが学ぶ日本の学校やNPOにおいて、文化に対応した教育を取り入れるとしたら、どのような実践が可能か具体的に考えてみよう。またその課題についてもあげてみよう。

引用文献 ＊参考文献であげたものは除く。

アドラー、P. A.・アドラー、P.（住田正樹監訳）（2017）『ピア・パワー──子どもの仲間集団の社会学』九州大学出版会。

Bajaj, M., Walsh, D., Bartlett, L., & Martínez G.（2023）. *Humanizing education for immigrant and refugee youth: 20 strategies for the classroom and beyond.* New York: Teachers College Press.

Budiman, A., & Ruiz, N. G.（2021）. Key facts about Asian Americans, a diverse and growing population. Pew Research Center. https://pewrsr.ch/3e3t4nF

Cammarota, J., & Fine, M.（Eds.）.（2008）. *Revolutionizing education: Youth participatory action research in motion.* New York: Routledge.

Capps, R., Gelatt, J., Ruiz Soto, A. G., & Van Hook, J.（2020）. *Unauthorized immigrants in the United States: Stable numbers, changing origins.* Washington, DC: Migration Policy Institute. https://www.migrationpolicy.org/sites/default/files/publications/mpi-unauthorized-immigrants-stablenumbers-changingorigins_final.pdf

Danico, M. Y., & Vo, L. T.（2004）. "No lattés here": Asian American youth and the cyber café obsession. In J. Lee, & M. Zhou（Eds.）, *Asian American youth: Culture, identity, and ethnicity*（pp.177-189）. New York: Routledge.

DeGuzman, J.-P. R.（2006）. Beyond "living la vida boba": Social space and transnational, hybrid Asian American youth culture. *Amerasia Journal, 32*(2), 89–101.

Foner, N. (2022). *One quarter of the nation: Immigration and the transformation of America*. Princeton: Princeton University Press.

Gay, G. (2018). *Culturally responsive teaching: Theory, research, and practice* (Third Edition). New York: Teachers College Press.

González, N., Moll, L. C., & Amanti, C. (2005). *Funds of knowledge: Theorizing practices in households, communities, and classrooms*. Routledge.

ホール、S.（小笠原博毅訳）(1996)「あるディアスポラ的知識人の形成」『思想』859：6–30。

Howard, T. C. (2021). Culturally responsive pedagogy. In J. A. Banks (Ed.). *Transforming multicultural education policy and practice: Expanding educational opportunity* (pp. 137–163). New York and London: Teachers College Press.

異文化間教育学会 (2014)『異文化間教育』40（特集：越境する若者と複数の「居場所」）。

Irizarry, J. (2015). *The Latinization of U.S. schools: Successful teaching and learning in shifting cultural contexts*. New York: Routledge.

川上郁雄 (2013)『「移動する子ども」という記憶と力――ことばとアイデンティティ』くろしお出版。

Ladson-Billings, G. (2009). *The dreamkeepers: Successful teachers of African American children* (2nd ed.). San Francisco: Jossey-Bass Publishers.

Lee, S. J. (2009). *Unraveling the "model minority" stereotype: Listening to Asian American youth* (2nd ed.). New York: Teachers College Press.

Lowe, L. (1996). *Immigrant acts: On Asian American cultural politics*. Durham: Duke University Press.

南川文里 (2016)『アメリカ多文化社会論――「多からなる一」の系譜と現在』法律文化社。

Ngo, B. (2008). Beyond "culture clash" understandings of immigrant experiences. *Theory into Practice, 47*(1), 4–11.

Orellana, M. F. (2009). *Translating childhoods: Immigrant youth, language, and culture*. New Brunswick, N.J.: Rutgers University Press.

Suárez-Orozco, C., Abo-Zena, M. M., & Marks, A. K. (2015). *Transitions: The development of children of immigrants*. New York: New York University Press.

スー、D. W.（マイクロアグレッション研究会訳）(2020)『日常生活に埋め込まれた

マイクロアグレッション―人種、ジェンダー、性的指向：マイノリティに向けられる無意識の差別』明石書店。

Sugarman, J. (2023). *Recent immigrant children: A profile of new arrivals to U.S. schools.* Washington, DC: Migration Policy Institute. https://www.migrationpolicy.org/sites/default/files/publications/mpi-recent-immigrant-children-2023_final.pdf

Tan, A. (1990). Mother tongue. *The Threepenny Review, 43,* 7-8.

Tokunaga, T. (2018). *Learning to belong in the world: An ethnography of Asian American girls.* Singapore: Springer.

徳永智子（2023a）「移民の子どもの多様な学びの場」相澤真一・伊佐夏実・内田良・徳永智子『これからの教育社会学』有斐閣、211-228。

徳永智子（2023b）「移民の若者との協働から学校を問う―参加型アクションリサーチの試み」『教育学年報』14、世織書房、57-79。

Volpe, C. R. (2021). "What kind of girl is she?": Good and bad diasporic daughters on social media. *Journal of Cultural Geography, 38*(2), 177-205.

White, A., Ní Laoire, C., Tyrrell, N., & Carpena-Méndez, F. (2011). Children's roles in transnational migration. *Journal of Ethnic and Migration Studies, 37*(8), 1159-1170.

Yosso, T. J. (2005). Whose culture has capital? A critical race theory discussion of community cultural wealth. *Race Ethnicity and Education, 8*(1), 69-91.

参考文献 | もっと深めたい人へ。

①宮崎幸江編（2013）『日本に住む多文化の子どもと教育―ことばと文化のはざまで生きる』上智大学出版。

②ポロック、D. C.・リーケン、R. -V.・ポロック、M. V.（嘉納もも・日部八重子・峰松愛子訳）（2023）『サードカルチャーキッズ―国際移動する子どもたち』スリーエーネットワーク。

③小林聡子（2021）『国際移動の教育言語人類学―トランスナショナルな在米「日本人」高校生のアイデンティティ』明石書店。

7 | 地域による移民の教育支援と協働

徳永智子

【学習ポイント】　本章では、日本とアメリカにおける移民の子ども・若者支援の事例を取り上げながら、移民の子どもがどのようなニーズを抱え、それらのニーズに対応するためにどのような支援が必要なのかについて考察する。特に地域の支援団体の役割や機能、学校と地域の協働による支援のあり方に着目する。
【キーワード】　地域、支援、協働、居場所、ストレングス・アプローチ

1. 移民の子ども・若者の多様な教育ニーズ

　日本で移民の子ども・若者を教える教員や、地域の支援者、教育委員会の担当者などと話をすると、当該児童生徒の日本語指導をどう進め、どのように日本語指導体制をつくるべきかなど、日本語指導の必要性が頻繁に語られる。もちろんホスト社会で学びを深め、生活していくためには日本語力を身に付けることは非常に重要である。しかし、特に来日浅い移民の子ども・若者のニーズを日本語の習得に限定してしまうと、かれらの複雑な家庭背景、新しい文化への適応の困難さ、移動に伴うトラウマなど、より多様な生きられた経験やニーズが不可視化され、十分な支援がなされない可能性がある（⇒第6章）。

　アメリカの移民と教育の分野においても、英語という言語習得のみに着目する危険性と共に、学びをより広い視点から捉える必要性がいわれてきた。心理学者のスアレス＝オロスコ（Carola Suárez-Orozco）は、移民の子どもの生を保障するためにも、多様な領域において子どもの発達を促す**全人的アプローチ**（whole child approach）をとる重要性を指摘している。

　それは、英語や多言語の習得に加えて、学業、アイデンティティ、社

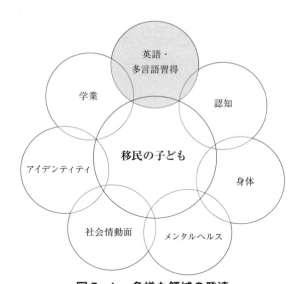

図7-1 多様な領域の発達
出典）Suárez-Orozco（2023：2）をもとに作成。

会情動面、メンタルヘルス、身体、認知など、多様な発達の領域とそのつながりに着目する包括的なアプローチである（図7-1）。移住して間もない子どもは、母国の家族や親戚、友人と離れ、ホスト社会や学校で人種差別を経験し、居場所のない感覚に陥るかもしれない。言語や学業の習得に加えて、慣れない文化に適応するストレス、教員や子ども同士の関係性を構築する難しさや孤独感などから、メンタルヘルスの課題を抱えるかもしれない。また健康面においては、新しい文化・言語圏で生活習慣が変わり、健康上の課題を抱え、医療機関を探しても多言語・多文化対応がなされておらずアクセスできないこともある。このように移民の子どもを多面的に理解し、重なり合うニーズに対応する教育や支援が求められている。

　一般的に移民の子どもの支援や教育は、学校に求められることが多い。第6章でみたように、学校での**文化に対応した教育**（culturally responsive pedagogy：CRP）など、教師やカリキュラム、教育実践の改善について多くの議論がなされる。もちろん学校は、移民の子ども・家族にとって、ホスト社会との接点となり、資源やネットワークにアク

セスする上でも重要な役割を果たす。しかし、複雑で多様なニーズを持つ移民の子どもの支援を学校が単独で担うのは困難であるため、専門性を持つ地域の支援団体や、学校と地域が協働して支援を担うことが求められている。

2. 地域による移民の子ども・若者の支援

（1）地域の支援の場—ストレングス・アプローチ

　正規の学校はマジョリティの規範や価値観が反映され、移民の子どもにとって抑圧的で同化圧力の強い場になりがちである。また、一般的に学校は移民の子どもの支援にあたり資源や知識が限られているため、子ども固有の困難やニーズをくみ取り、細やかに対応することも難しいだろう。そのような中、地域で活動するNPO（non-profit organization：**非営利組織**）や学習支援教室などが、移民の子ども・若者の支援やエンパワーメントを行っている。このような地域の学びの場にはどのような可能性があるのだろうか。

　アメリカは、市民活動の国ともいわれ、移民・難民受け入れの長い歴史の中でNPOが重要な役割を果たしてきた（野津 2007）。子ども・若者の支援をする上でCBO（community-based organization）と呼ばれる、地域に根差して支援活動を行う団体が多く存在し、その役割が大きく着目されている。特に、これらのCBOは都市部に育つ貧困層や移民・難民など、支援が届きにくく「リスクが高い」といわれる子ども・若者への支援を行っており、かれらのニーズに対応する上で重要な役割を持つ。マクラフリンら（Mclaughlin 2000：3）は、アメリカの34都市にある若者を対象とした120のCBOへの調査をもとに、CBOの魅力として、若者が劣悪な環境にある学校や十分な支援にアクセスできない地域に暮らしていても、若者たちがポジティブな活動を行い、親密で思いやりのある関係を築き、自分自身の価値を見いだす機会を提供することをあげている。

　CBOの大きな特徴は、子ども・若者の「問題」を取り除き、改善するアプローチではなく、子どもや若者が持つ能力や資質、知識などの強

みを引き出し、伸ばす**ストレングス・アプローチ**をとっていることである（Mclaughlin 2000；徳永 2021；Weis & Dimitriadis 2008）（⇒第6章）。特に周辺化された子ども・若者は、社会や学校でスティグマを受けやすいため、地域社会に根差す CBO が子どもや家庭と深く関わり、かれらの資源や知識、スキルを尊重し、伸ばすことは、自己肯定感の向上やエンパワーメントにつながる。CBO では、文化に対応した活動が重視され、子ども・若者の経験や特有のニーズに応じて、プログラムの構造やスタッフのあり方が調整されている（Simpkins et al. 2017）。学校とは異なるロジックで運営されている CBO では、大人がどのような立場で子ども・若者と関わるのか、どのように関係性を築くのかなど、大人の役割も重要とされている。学校では教師と子どもの間に権力関係があるが、CBO ではより対等な関係性の中で子ども・若者が主体的に参画することが目指されている。

　活動内容としては、放課後の時間帯に子ども・若者が親しみやすい音楽や演劇、映像作成などのアートを使った活動や、スポーツなどを取り入れる場合も多い（Weis & Dimitriadis 2008）。また、子ども・若者の社会参画や権利擁護を目指して、かれらと共に**アドボカシー**（権利を侵害されている人のために代弁すること）を行う活動もみられる。移民の子ども・若者が、支援を受けるだけでなく、フレイレ（2018）が提唱する**批判的意識**を身に付け、ホスト社会における抑圧構造を認識し、既存の体制に立ち向かい変革を志向する試みも行われている。

　日本は、アメリカのように長い市民活動の歴史がなく、地域による支援はボランティアによる活動が多い傾向にあるが、さまざまな組織・人が移民・難民の子ども・若者を支えている。例えば、多くの地域には、日本語支援や学習支援、進路支援などを行う NPO や学習支援教室がある。学校の機能を補完する役割としても、地域の支援者が移民の子どもや家族のニーズに柔軟に敏速に対応し、さまざまな資源を提供している（詳細は額賀他（2019）を参照）。学習支援を越えて、子どもが安心して他者から受容される居場所としても機能している。また、エスニック・マイノリティの当事者が支援団体をつくり、移民の子どもの母語や

母文化の支援、肯定的なアイデンティティの形成、ロールモデルの提供やキャリア支援を行う実践もみられる。ただし、日本では市民活動の歴史や基盤が薄いため、多くの支援団体の財政状況は不安定であり、地域間格差があることや、持続性のなさという点でも多くの課題を抱えている。

（2）地域支援の機能

　地域支援の場は、移民の子ども・若者にとってどのような機能を果たすのだろうか。一つ目は、**社会関係資本**（social capital）の構築である。一般的に移民の子ども・若者は、ホスト社会の地域や人とのつながりが薄く、ネットワークの中で共有される情報や知識にアクセスすることが難しい。例えば、教育に関しては、家族は母国の教育制度については詳しいかもしれないが、ホスト社会の教育の仕組みをよく分かっておらず、子どもが教育や進路を開拓するのは困難であろう。移民の支援を行うNPOに参加することで、学校や地域のキーパーソンとつながり、関係性を築き、必要な支援を受けることが可能となる。このように地域の支援団体は、ホスト社会と移民コミュニティをつなげる重要なアクターの役割を果たしている。

　二つ目は、肯定的な**エスニック・アイデンティティ**の形成である。移民の子ども・若者は、ホスト社会で人種差別など複層的な差別を経験し、「移民」や「外国人」として劣等感を持つ場合が多い。例えば、日本生まれ・日本育ちであっても、外見で「外国人」として認識され、「出身はどこですか」や「日本語が上手ですね」と声かけされ、日本で生きることの意味、母国やルーツへの向き合い方に悩むこともある。また、母国とホスト社会のはざまに置かれ、どちらの国にも帰属できない感覚に陥る場合もあるだろう。あるいは、強い同化圧力のもと、母国との関係性を切り、ホスト社会の文化への同一化を図る場合もある。地域で移民の子ども・若者支援をする場では、複数の文化や言語を持つ子どもが、肯定的なエスニック・アイデンティティを育めるよう、母語・母文化や移住史を学び、共通の文化的・言語的背景を持つ人との交流をするなど、

さまざまな資源やネットワークの提供を行っている。NPO スタッフ自身が移民背景を持ち、子どものロールモデルやメンターとなり、親の代わりに子どものケアをする事例もある。それらの実践では、文化に対応した教育の視点が重視されている。

三つ目は、安心していられる**居場所**の提供である。移民の子ども・若者は、ホスト社会で排除や差別を経験し、社会からネガティブなまなざしを受ける中で、「子ども自身がホッと安心できる、心が落ち着ける、そこに居る他者から受容され、肯定されていると実感できるような」（住田 2003：6）居場所があることは重要である。一般的に地域の支援の場は、移民背景を持つ人が集い、社会からのまなざしから一時的であっても解放され、母語で安心して表現でき、固有のニーズを深く理解する支援者がいる。このような条件があることで、マジョリティが占める学校とは異なる安心感があり、心の拠り所となり、日常的な困難に立ち向かい、「生の全体性の回復に向けた場」（荻原 2018：32）となるだろう。

（3）事例―アメリカの地域による中国系移民生徒のエンパワーメント

筆者は2014年に半年ほど、アメリカ東海岸の中華街でアジア系移民の家族・子どもの支援を約50年間継続する CBO において、特に中国系移民一世の高校生の資源提供やエンパワーメントを目的とした CYLP（Chinese Youth Leadership Program）と呼ばれるユースプログラムのフィールドワークを行った（詳細は徳永（2021）を参照）。CYLP は、中国系移民の高校生が多く学ぶ公立高校の選択科目として週四日一回50分ほど中国系アメリカ人のコーディネーターによって提供されていた。当時 CYLP の生徒たちは18名おり、渡米後数年しか経っておらず、英語の習得に励んでいた。多くは中華街に暮らし、親は中華街の店やレストランなどで長時間働いていた。ホスト社会での生活に十分になじんでおらず、家族も資源やネットワークが不足する中で、CBO はきめ細かい支援を行っていた。

生徒が通う高校は人種構成が多様で、中国語を母語とする生徒のため

の英語プログラムも提供していたが、教員からは中国系の生徒が日常的に人種差別を経験し、学校で不可視化され、孤立しているという不安の声があがっていた。そのような状況を解決するために、高校とCBOが協働し、生徒が制度を生き抜くための支援だけでなく、高校生のリーダーシップ育成やエンパワーメントを目指したプログラムが企画・実施された。夏休みなど休暇中は、中華街にあるCBOのユースセンターでもプログラムが開講されていた。

　筆者がCYLPに関わって最も驚いたのは、プログラムの目的・内容からコーディネーターと生徒との関係性に至るまで、ストレングス・アプローチにもとづいていたことである。当時の筆者は、生徒たちが公立高校で英語ができず孤立しており、ワーキング・クラス出身で家庭内の責任も多くある中で、CYLPは言語や学習支援を行い、一日でも早く生徒たちが学校や生活に適応できるよう支援していると想定していた。しかし、フィールドワークを始めてみるとそれは筆者の思い込みに過ぎず、生徒たちからは、二つ以上の言語ができ、移民であることを誇りに思うという語りが聞かれ、CYLPの活動を通して自信や勇気を持てたという声にも出会った。生徒たちはCBOのスタッフから日常的に複数言語文化能力を持つことの素晴らしさや、自らの強みに誇りを持つことの大切さについて声かけされていた。

　また、生徒たちはプログラムの中で、アメリカにおけるアジア系移民の排除の歴史や、中華街のジェントリフィケーションの課題（居住者の階層の上昇により旧居住者が立ち退きを迫られていること）などについて学び、他のCBOや大学などとも連携して、中華街コミュニティを保護するための活動やアドボカシーにも参加していた。CBOでは、生徒が既存の制度を生き抜くための資源や知識の提供だけでなく、地域社会に貢献し、社会変革の担い手となるためのエンパワーメントが行われていたのである（徳永 2021：123）。2019年に再訪した際は、CYLPの卒業生であるフアが大学に通いながら、中華街の別のNPOで働き、地域社会のリーダーとして活躍していた。彼女はその理由を「中華街に貢献したいから」と力強く語っており、NPOのインターン生として中国系

移民高校生のメンタリングも行い、支援するだけでなく学び続けていると生き生きと語っていた。長期的視点からも CBO が移民の子ども・若者のエンパワーメントに貢献しており、その可能性が示唆される事例といえよう。

3. 学校と地域の協働による支援

（1）アメリカの学校と地域のパートナーシップ

　移民の子ども・若者の多様なニーズに応答し、学びやウェルビーイングを実現する上で、学校と地域が協働することが求められている。アメリカでは、学校と地域のパートナーシップ（school-community partnerships）と呼ばれ、子どもの社会情動的、身体的、知的発達を促進するために、学校と地域がつながることの重要性が政策・実践・研究レベルで指摘されている（Sanders 2019；Valli et al. 2016）。アメリカは、人や組織がつながりやすく、ネットワーク型支援が形成されやすい社会といわれている。ボトムアップで人がつながり、制度政策によって連携を支える仕組みがつくられてきた（野津 2007）。学校が外に開かれ、地域との協働が生まれやすい土壌があるといえよう。

　学校と地域が協働することで、子どもや家族、学校、支援者の社会関係資本を構築することができる。例えば、移民が多く在籍する学校が、地域の移民支援を担う NPO と協働し、学校に通訳やコーディネーターを派遣してもらうことで、子どもや家族の文化的・言語的背景を理解し、家族とより円滑なコミュニケーションをとることができるだろう。NPO 側も学校と協働することで、行政や生徒の情報にアクセスでき、教職員とも協働して子どもの言語・学習・生活・キャリア支援などにあたることができるかもしれない。それぞれが持つ情報や資源を交換することで、互いの利益になり、子どもの支援をより充実化させられる。

　上述したストレングス・アプローチは、学校と地域の協働を促進する上でも重要な観点とされている。しばしば移民家庭やコミュニティは、「問題」や「欠如」のまなざしで語られる。例えば、他の章で紹介したように、アメリカで移民が多く住む都市部は、失業問題や高い生活保護

受給率など貧困の課題、犯罪や暴力など治安の悪さなど多くの課題や
ニーズを抱えていて、それらをどう埋めて、改善するのかという視点で
語られることが多い。この場合、学校や教員が「専門家」として地域や
家庭の指導助言をし、支援をするという、非対等な関係性になってしま
う。一方でストレングス・アプローチから学校と地域が協働する場合に
は、家庭や地域がどのような資源を持っていて、それをどう協働にいか
すことができるのかという発想になる。より公正な協働を進めることで、
移民の子どもや家庭が持つ資源が尊重され、文化に対応した教育
（CRP）を実践する学校を増やすことにもつながるだろう（⇒第6章）。
　アメリカでは、さまざまな領域での協働の事例がみられる。例えば、
高校がCBOや大学と協働して、移民生徒の心理的・福祉的ケアを行う
事例が多数ある。CBOが学校でトラウマを抱える生徒へのカウンセリ
ングを実施したり、医療や健康に関する政府のプログラムの情報提供や
手続きの支援をしたり、法律関係団体の弁護士が法的支援を行っている。
学校がCBOと協働することによって、福祉や心理、法律の専門家の資
源にアクセスし、移民の子どもの多様なニーズに対応している。また、
学校がアートに取り組むCBOと協働し、生徒がアート・プログラムに
参加することで、言語を使わずに自己表現ができ、またこれには癒しの
効果もあることが報告されている。さらに、移民高校生の進路・キャリ
ア支援として、高校がCBOや企業と協働し、インターンシップ・プロ
グラムを実施し、生徒の将来の選択肢を広げ、学校での学びと将来の目
標をつなげている（Bartlett & Triana 2023）。
　学校と地域の協働の重要性は頻繁にいわれるが、どのような条件があ
れば意義のある協働は生まれるのだろうか。学校と地域のパートナー
シップ研究では、共通の目標があること、相互に理解し尊重すること、
良好なコミュニケーションがあること、そして、校長のサポートがある
ことが指摘されている（Sanders 2019）。関係するアクターが時間をか
けて継続的に対話を重ね、共にふりかえりを行い、関係性を築いていく
ことが求められている。特に管理職の役割は重要といわれ、校長がマイ
ノリティの子どもや地域の資源を尊重し、エンパワーメントを行い、地

域と協働しながら学校づくりを主導することが鍵とされている。いいかえると、**文化に対応したリーダーシップ**（culturally responsive school leadership）（Khalifa 2018）が求められている。

（2）日本の学校と地域の連携による包括的支援

　日本でも、移民の子ども・若者の支援を充実化するために、学校と地域が連携する重要性がいわれている。学校が単独で支援を行うのではなく、学校やNPO、ボランティア、行政や教育委員会が「公的コミュニケーションの場」を持ち、対等な立場で連携し、移民の支援をすることが求められている（野津 2008）。

　近年の外国人児童生徒に関する教育施策において、子どもを支援する上で多様なアクターが連携する重要性、またその連携を支援する事業が展開されてきた。例えば、令和三年の文部科学省中央教育審議会の「『令和の日本型学校教育』の構築を目指して―全ての子供たちの可能性を引き出す、個別最適な学びと、協働的な学びの実現（答申）」においても、「増加する外国人児童生徒等への教育の在り方について」という項目が入り、「地域の関係機関との連携」の重要性が記載された。具体的には、「外国人児童生徒等の教育を進めるに当たっては、教育委員会と、国際交流部局や福祉部局などの首長部局や、地域のボランティア団体、日本語教室などとの連携が不可欠であり、多様な手段により地域の実情に応じた指導体制の構築が進められるよう、引き続き補助事業を実施し、その活用を促進する」と明記されている（文部科学省 2021）。

　以上のように連携の重要性はいわれているものの、もともと日本は「閉じた組織社会」と呼ばれ、異なる組織や人の間に障壁があり、横のつながりがつくられにくい（野津 2007：8）。一般的に、学校も地域との連携の蓄積はさほどなく、教師は期待される多能性から子どもの学習指導だけでなく生活全般の指導を担うため、学校外の専門家が学校に入りにくい。このことには、教師が学級経営する上で、ひとりひとりの子どもを平等に扱うこと、学級の集団活動を通して子どものニーズに応えていくことが重視されてきた歴史が背景にある（山野 2018）。そのため、

言語・学習・心理・福祉など多様なニーズを抱える移民の子どもが学校に在籍していても、学校外のソーシャルワーカーや地域の日本語支援員・母語支援員などに協力を依頼し、連携支援を進めることは簡単なことではない。また、学校と地域との間に非対等な関係性があるため、地域が学校の補完的役割を担い、地域の強みを十分にいかせず、学校に同化していく課題もある。しかし近年、教師の多忙化が大きく問題化され、貧困家庭の子どもや移民の子どもなど複合的困難を抱える子どもが増加する中で、学校と地域がお互いの実践を補い合いながら、連携して行う**包括的支援**がより一層求められるようになってきた（柏木・武井 2020）。

　学校と地域の連携を進める上で着目されているのが、**コーディネーター**の役割である。異文化間教育学の分野でも、地域ネットワーキングやコーディネーターについて議論されてきた（異文化間教育学会 2008）。コーディネーターは「ネットワーク編集者」であり、「異なるものをつなげる」「対話の場を創出する」「課題を共有し新たな合意を創り上げていく」作業を行う（杉澤 2016：186）。移民の子どもを取り巻く課題は多様で複雑であり、複眼的・包括的な視点から、学校や家族、地域の人・組織などをつなぎ、課題解決に向けて協働を進める必要があり、それらの間に立つコーディネーターの役割は大きい。

　移民の子どもの教育支援においては、自治体がコーディネーターを学校に派遣する取り組みがある。例えば、神奈川県はその先進地域として、2007年度からNPOの多文化共生教育ネットワークかながわ（ME-net）が県教育委員会と協働し、支援経験やネットワークを持ち、多文化教育や日本語教育の専門性のある「多文化教育コーディネーター」を県内の高校に派遣している。コーディネーターは、高校と協議を重ねて、必要なサポーターを学校に配置し、外国につながる生徒の実態把握や日本語・教科支援、居場所づくり、キャリア支援などを行っている（ME-net ホームページ：坪谷・小林 2013）。

（３）事例—高校・NPO・大学の協働による若者の居場所づくり

　学校にいる生徒たちの人生に残るように、ONE WORLD みたいな部活があると、もう少し自信持てる子が多くなるんじゃないかなって思います。（中略）余裕で（日本語で）しゃべれる子ってなかなかいないじゃないですか。それも中学校から来てないと。安心する場所があると、学校内でもあるといいな。

　13歳でフィリピンから来日し、都立定時制高校を卒業した樹理亜さんが当時所属していた多言語交流部（ONE WORLD）の経験をふりかえり、語った言葉である。筆者は、2015年から2020年まで移民の生徒が多く在籍する定時制高校で、高校・NPO・大学と協働して生徒の居場所づくりとエンパワーメントを目指した ONE WORLD の部活動づくりに取り組んだ（詳細は徳永他（2023）を参照）。高校を中退する生徒が多いため、学校内に生徒が集える部活動をつくることで中退予防になるのではないかと顧問の先生に声をかけていただき、協働が始まった。
　部活動の目的や内容も最初から決まっていたわけではなく、高校の教員、移民の若者支援を行う NPO の代表理事、筆者の三者で継続的に対話を重ね、時には外国につながる高校生の「声」を聴き、時には活動に参加した大学の留学生がアイデアを出し、その場や状況に合わせてゆるやかに活動をつくっていった。午前・午後・夜間の三部制の定時制高校であるため、16時30分から約一時間、多いときは週三回ほど活動があった。
　フィリピンやインド出身の生徒が高い英語力をいかし、留学生との英語でのディスカッションの司会を担当し、多文化の場で通訳を担った。アートが得意な生徒が ONE WORLD や文化祭のポスターを率先して作成し、友人ネットワークを持つ日本人生徒が部員の勧誘を行うなど、それぞれの強みをいかして活動を行った。冒頭で紹介した樹理亜さんが「ONE WORLD に入って、いろんなつながりができたんですよね」と語るように、学校が NPO や大学と協働することで、移民の生徒は日常

的に出会うことが少ない、NPO のスタッフ、大学教員、世界各国からの留学生、アーティストなど、さまざまな人々との関係性を持つことができた。このことは NPO による福祉的支援やキャリア支援などにつながり、大学や専門学校に進学する生徒も生まれた。

　人的資源や予算の制限がある中で、学校単独では移民生徒の居場所づくりやキャリア支援を行うのが困難であっても、専門性を持つ NPO やリソースのある大学と協働することで、支援の充実化につながりうる。大学としても、サービス・ラーニングの授業の一環として学生が高校で活動をすることで、大学生が自らの学びを深めることもできる。学校全体での居場所づくりや組織的・持続的な連携体制づくりなどの点において課題はあるが、本事例から学べることは多い。

4. おわりに

　本章では、アメリカと日本を事例として、移民の子ども・若者の複雑で多様なニーズに対応するために、地域の支援団体や、学校と地域の協働による支援について紹介した。言語だけでなく、全人的アプローチが必要な移民の子どもの学びやウェルビーイングを実現するためには、子どもや家族の資源を尊重し引き出すことのできる地域の支援団体の役割、また学校と地域が協働して支援を行うことが必要不可欠になっている。ただ、協働が目的になるのではなく、なぜ協働が必要なのか、協働することで何が実現可能なのか、協働を進める条件と阻害する条件は何かなど、さまざまな問いと共に考えていくことが重要である。

　ここではアメリカと日本の事例を考察したが、それぞれ協働を生み出す社会的・文化的文脈が大きく異なり、概念や視点の単純な応用や比較には慎重になる必要がある。ただ、日本固有の概念である居場所が、アメリカの CBO の子ども・若者に対する新たな役割に光を当て、あるいは、アメリカで生まれた文化に対応した教育の概念が、日本の NPO の取り組みや協働実践のあり方を捉え直す視点を提供するかもしれない。国や文化、言語を跨いで比較検討を重ねることで、世界各国の移民の子ども・若者の包括的支援のあり方を考える新たな問いや視点を生み出し、

それがより充実化した政策や実践にもつながるのではないだろうか。

🔋 研究課題

（1）自治体や NPO、学校のホームページや報告書、文献などを使って、移民の子どもが多く在籍する学校は地域とどのように連携して子どもの支援をしているのか、連携施策や実践事例を調べてみよう。

（2）日本や海外の移民・難民の教育支援をする NPO のウェブサイトや動画、報告書などを参考にして、目的や支援内容、効果を調べてみよう。本書で紹介した概念も使いながら分析してみよう。

（3）学校と地域が協働し、移民の子どもの支援をする上で、どのような障壁や課題があるだろうか。それらはどのように乗り越えることができるだろうか。具体例をあげながら、考えてみよう。

引用文献 ｜ ＊参考文献であげたものは除く。

Bartlett, L., & Triana, C. M. (2023). Strategy 18 Develop community partnerships for social support and civic engagement. In M. Bajaj, D. Walsh, L. Bartlett, & G. Martínez, *Humanizing education for immigrant and refugee youth: 20 strategies for the classroom and beyond*. New York, Teachers College Press.

フレイレ、P.（三砂ちづる訳）（2018）『被抑圧者の教育学 50周年記念版』亜紀書房。

萩原建次郎（2018）『居場所―生の回復と充溢のトポス』春風社。

異文化間教育学会（2008）『異文化間教育』28（特集 地域におけるニューカマー支援と連携―異文化間教育学の視座から）。

Khalifa, M. (2018). *Culturally responsive school leadership*. Harvard Education Press.

McLaughlin, M. (2000). *Community counts: How youth organizations matter for youth development*. Washington, DC: Public Education Network.

ME-net（認定 NPO 法人多文化共生教育ネットワークかながわ）ホームページ

（2024年2月入手、https://me-net.or.jp/service/coordinate/）。

文部科学省中央教育審議会（2021年1月26日）「『令和の日本型学校教育』の構築を目指して—全ての子供たちの可能性を引き出す、個別最適な学びと、協働的な学びの実現（答申）」（https://www.mext.go.jp/content/20210126-mxt_syoto02-000012321_2-4.pdf）。

野津隆志（2008）「ニューカマー支援NPOと学校・教委・行政の連携—神戸の事例より」『異文化間教育』28：10-20。

額賀美紗子・芝野淳一・三浦綾希子編（2019）『移民から教育を考える—子どもたちをとりまくグローバル時代の課題』ナカニシヤ出版。

Sanders, M. G. (2019). School-community partnerships: The little extra that makes a big difference. In J. L. Epstein, M. G. Sanders, S. B. Sheldon, B. S. Simon, K. C. Salinas, N. R. Jansorn, F. L. Van Voorhis, C. S. Martin, B. G. Thomas, M. D. Greenfeld, D. J. Hutchins, & K. J. Williams (Eds.), *School, family, and community partnerships: Your handbook for action* (Fourth Edition, pp. 33-41). Thousand Oaks, California: Corwin, A SAGE Company.

Simpkins, S. D., Riggs, N. R., Ngo, B., Vest Ettekal, A., & Okamoto, D. (2017). Designing culturally responsive organized after-school activities. *Journal of Adolescent Research, 32*(1), 11-36.

Suárez-Orozco, C. (2023). A whole child approach: The key to immigrant origin student thriving. *Educator Brief, 1*(1), Harvard graduate school of education.

杉澤経子（2016）「多文化社会の問題解決に寄与する専門人材の養成—『実践者が行う研究』のあり方とは」佐藤郡衛・横田雅弘・坪井健編『異文化間教育のフロンティア』明石書店、179-193。

住田正樹（2003）「子どもたちの『居場所』と対人的世界」住田正樹・南博文編『子どもたちの「居場所」と対人的世界の現在』九州大学出版会、3-17。

徳永智子（2021）「アメリカのNPOによる中国系移民生徒の教育支援—ストレングス・アプローチから」恒吉僚子・額賀美紗子編『新グローバル時代に挑む日本の教育—多文化社会を考える比較教育学の視座』東京大学出版会、113-128。

坪谷美欧子・小林宏美編（2013）『人権と多文化共生の高校—外国につながる生徒たちと鶴見総合高校の実践』明石書店、172-196。

Valli, L., Stefanski, A., & Jacobson, R. (2016). Typologizing school-community partnerships: A framework for analysis and action. *Urban Education, 51*(7), 719-747.

Weis, L., & Dimitriadis, G. (2008). Dueling banjos: Shifting economic and cultural contexts in the lives of youth. *Teachers College Record, 110* (10), 2290-2316.

山野則子（2018）『学校プラットフォーム—教育・福祉、そして地域の協働で子どもの貧困に立ち向かう』有斐閣。

参考文献 | もっと深めたい人へ。

①柏木智子・武井哲郎編（2020）『貧困・外国人世帯の子どもへの包括的支援—地域・学校・行政の挑戦』晃洋書房。
②野津隆志（2007）『アメリカの教育支援ネットワーク—ベトナム系ニューカマーと学校・NPO・ボランティア』東信堂。
③徳永智子・角田仁・海老原周子編（2023）『外国につながる若者とつくる多文化共生の未来—協働によるエンパワメントとアドボカシー』明石書店。
④落合知子（2012）『外国人市民がもたらす異文化間リテラシー—NPOと学校、子どもたちの育ちゆく現場から』大学図書。

8 | 国境を越えた視点から教育を考える

恒吉僚子

【学習ポイント】 本章では、カリキュラム、教育制度、教科書などを素材として教育について国際比較を用いて考える。そして、日本の教育を軸としながら国を越えた視点からみえてくるものを考える。
【キーワード】 制度比較、内容分析、国民教育、近代学校、グローバル化、半構造化インタビュー

1. 教育の国際比較

(1) 世界中でみられる「学校」

図8-1の写真はどのような場所で撮影されたものだろうか。

多くの人は「学校」だと答えるのではないだろうか。教室に黒板、同じような年齢の子どもが座っているなど、国が違っても一目で「学校」だと分かることが多い。同じくらいの年齢の子どもたちが同じ部屋（教室）にいて、「一人、ないし二人の大人（教師）」がいる。教科書がない場合でも少なくとも教材らしきものがあって、黒板やスクリーンを前に教師が説明をしている。そして子ども達は皆、椅子に座って前を向いている……。

我々は座っている子どもたちの人種や服装などの違いがあっても、こ

図8-1 国境を越えた「学校」像
写真提供 右端）朝日新聞／ユニフォトプレス　その他）ユニフォトプレス

うした特徴があれば「学校」だと認識する。我々が教育改革の議論において、教科内容や指導法（教え方）をどう変えるかとか、カリキュラムを開発したり、教科書を編纂したり、というようなことを国を越えて議論しうるのも、根底にそれらの国々に共有された「**近代学校**」モデルがあるからである。

　筆者は、開発途上国から来日した行政関係者や教師の視察団の研修をしばしば引き受けてきた。そこでは教材・教具が不足していたり、宗教をどうカリキュラムで扱うかなどの文脈の違いはあっても、どの訪問者とも「教科」の話ができ、「カリキュラム」や「教科書」をどうすべきかを議論できていた。教科書が紙媒体から電子媒体になろうとも、教科書の使い方に違いがあろうとも、教科書のイメージそのものは共有しているのである。

　アメリカの研究者、**アルトバック**（Philip G. Altbach）の言葉を借りると、西欧を発祥とする**近代学校・大学**のモデルは、とりわけ植民地支配によって各国の社会や文化的文脈によって変化しながらも世界的に広がり、植民地のもともとの前近代的な教育制度は近代学校に置き換わっていった（Altbach 2005：13）。そして、その近代学校は近代的な国民国家のもとで、**国民教育**を担う役割を与えられてきた。アイデンティティを共有する「国民」という「同質的」な集合体が想定され、実際は国家内に存在する多様性（エスニック多様性など）はその背後に隠されてきた。

　しかし、今日、国家の中での内なる国際化、国境を越えた人々の動き、**グローバル化**や国際化によって、従来の国民国家の枠組みは揺らぎつつある。日本も例外ではなく、2024年現在、国家内が多様化し、「外国人」と「日本人」との共生など、「多文化共生」の議論が聞かれるようになっていることをみた。しかし、以下にみていくように、こうした変化に教育は必ずしもついて行っていない。こうした中、「外国人」（国際的にみると「○○系移民」も含まれる）の進学を視野に入れた選抜制度、就職活動などの制度、教える内容に影響を及ぼす教科書内容など、切り口は多数ありえるが、これらを考えること自体、グローバル時代の日本

社会を考えることであり、そのいくつかを以下に検討したいと思う。

（２）なぜ国境を越えて考えるのか

具体的な検討に入る前に、なぜ国境を越えた視点が必要なのか、特に本章で用いる国際比較の有用性に触れる。

日本一国だけでなく、国境を越えた視点が必要なことは、今日では説明の必要もないかもしれない。経済を含め、人やモノ、情報も国境を越えるグローバル化の中で、グローバル化にじかに関わるテーマを扱う本書が、日本だけをみていてよいはずはない。「多文化共生」に関わるマイノリティの権利保障、移民・難民との共生は、国際的に共有された課題である。現象とそれに伴う課題が複数の国を越え、ボーダーレス、グローバルであり、一国で理解しうることは限られている。

では、国境を越えた視点だけでなく、国際比較をなぜ用いるのか。国際比較は漠然と「国境を越えた」問題に具体性を提供する。無論、あえて国際比較といわず、社会比較、文化比較などともいえるだろうし、以下の例で実質的にはそのようになっている場合もあろう。しかし、グローバル化によって国家の枠組みが意味を失いつつあることが指摘されながらも、軍隊や教育制度などは未だに国家が主たる枠組みとなっていることも否定できない。よって国を単位とする国際比較の観点から教育制度を考えることはそれなりに理にかなっている。

いずれにせよ、比較をするときの軸、類似性、共通点は何なのか、ということと、相違点、違いは何なのかということ、そして、なぜ違うのか、なぜ同じなのかを考えることがより深く本質を掴むきっかけを作る。

一つの国だけをみていると、ある特徴が日本の特徴なのか、他の国々と共有されているのか、例外なのか、国際的にみて強みなのか弱みなのかがよく分からない。複数の例を比較して、はじめてこうした問いに答えられるのである。

こうして、近代学校は基本的な共通性を持ちながらも、それぞれの国が持つ文化・社会、歴史によってヴァリエーションがある。今日、そのような国際比較の視点から日本の教育も学校も論じる必要がある。

2. 教育文化の社会学からみる制度

（1）国際学力テスト—OECD の PISA

　グローバル時代においては、「最も行きたい国ランキング」「最も働きたい国ランキング」など、何でも国別に順位を付ける傾向がある。そして教育も例外ではない。学校教育のランキングで有名な国際学力テストとして OECD の PISA（Programme for International Student Assessment）や高等教育で有名なランキングとしてイギリスの高等教育専門誌（Times Higher Education；THE）の THE 世界大学ランキングの結果は日本のマスコミでも大きく報道されている。

　前者の PISA は義務教育修了段階の15歳の生徒を対象に、単なる教科学力でない生活につながるコンピテンスを測定しようとし、「数学的リテラシー」「科学的リテラシー」「読解力」を、2000年の開始以来、三年ごとに調査してきた。2015年からは筆記ではなくコンピュータを使用した調査（CBT）に移行した。

　PISA の結果は各種大手新聞で報道されるだけでなく、文部科学省や国立教育政策研究所でもその結果を日本語で分析する。PISA の点数は各国で教育の質や政策の是非と結び付けられて議論をされている。そのため、PISA での出来に各国の政策関係者が反応する。PISA の結果が思ったよりも悪かったドイツでは PISA ショックが起き、それがすぐさま政策に反映された。日本でも PISA 型読解力が話題になったことを覚えている人がいるかもしれない。

　2020年以来続いた新型コロナウイルスのパンデミックのために、OECD の PISA は一年実施が遅れ、2021年実施予定であった PISA が2022年に行われた。そこにおいて日本は平均点でみた場合、OECD 加盟国（37カ国）においては「数学的リテラシー」一位、「読解力」二位（一位のアイルランドと統計的な有意差はなし）、「科学的リテラシー」も一位と高い水準を示した（表8−1）。全参加国・地域（81カ国・地域）に広げると、シンガポールが一位を独占したが、そこでも依然として日本の順位は高い。また、アジア、特に東アジアの国・地域とシンガ

表 8 - 1　PISA2022の結果（平均得点）

順位	数学的リテラシー		読解力		科学的リテラシー	
1	シンガポール	575	シンガポール	543	シンガポール	561
2	マカオ	552	アイルランド	516	日本 ＊OECD 加盟国一位	547
3	台湾	547	日本 ＊OECD 加盟国二位	516	マカオ	543
4	香港	540	韓国	515	台湾	537
5	日本 ＊OECD 加盟国一位	536	台湾	515	韓国	528
6	韓国	527	エストニア	511	エストニア	526

出典）OECD（2023：28-29）より。

ポールが全体の上位を占める傾向も続いている。日本は「レジリアント
な」国の一つだとされている（OECD 2023）。

　この PISA では、日本はもともと継続的に「成功している国」として
扱われてきたが（OECD 2012）、2022年の結果からも、同じ路線で評価
される内容となっている。こうした国別ランキングが実際どの程度の意
味を持っているかは別として、それは各国がモデルとして外国から学ぼ
うとするときにも、高等教育において留学生が留学先を選ぶときにも参
照されるものである。また、こうした国際学力テストは色々な国が教育
改革を進めるにあたって参考とされ、日本でも2022年の PISA の結果を
受けて、「主体的・対話的で深い学び」の視点から考える授業改善の推
進、実生活、実社会で活用できる数学などの力の育成、GIGA スクール
構想の推進などが謳われている（文部科学省・国立教育政策研究所
2023：19）。

　他方、大学ランキングにおいては英米を中心に英語圏が上位を占め、
そこにアジアの国などが台頭している構図となっている。

（2）教育の制度比較

日本の教育を国際的な枠組みでみるときに、いくつも切り口がありえ、調べる方法もいくつもありえる。本章ではその中の四つのアプローチを取り上げ、それらを通して日本の教育を考えたいと思う。

まず、**制度比較**、という切り口から、国際的に日本を位置付けて検討した研究を紹介する。「制度」は、人によって作られたものだが、人の行為を方向付け、しばしば自明のものとして、拘束力を持って人に受けとめられる。よって、ある国家、ある社会の広範な教育関連のパターンをみるのに適している。

ここで教育のコア理念である「どのような人間を育てたいのか」ということを軸として、日本や他国の教育制度を論じた例をみてみよう。これは、特定の国の文化的背景に根差しながらも植民地支配などでそれが他国にもトランスファーされた結果、一国を越えた教育制度のパターンとして定着したという主張である。

教育における制度比較の有効性を主張する比較教育学者の**カミングス**（William K. Cummings）は、各国の学校教育制度のコアには育成すべき人間像があり、だれが何をどのように教えるべきかはここから派生している、そして、それぞれのモデルには、それを象徴するような「元祖」学校があるとしている（Cummings 1999）。表 8-2 はカミングスが特定した世界の六つの主たる教育制度のパターンから四つを記載したものである。それぞれに「帝国」を築いたために他国にその制度モデルがみられるという意味で共通点がある。

若干の説明を加えると、表 8-2 では、日本で目指すべき全人的な人間像を最も具現化しているのが「小学校」であり、アメリカの理念を象

> **コラム**
>
> ### 制度（institution）
>
> （中略）細かな行為規則から慣習や法に至るさまざまの水準での社会規範に準じて、それぞれの生活場面でしかるべき行動様式がみられ（中略）この行動様式が社会の様々な側面で複合化し体系化したものが制度である。
> 出典）森岡他（1993：863）

徴するのはさまざまな人々が集まる社会の縮図である総合制高校、それとリベラルアーツ・カレッジであるとされている。フランスではリセとグランゼコール、イギリスではパブリック・スクールが象徴としてあげられている。教育の射程をどこに設定するのか（例：日本は全人、アメリカ、フランスは認知的領域）、どのような体制で教育が提供されるのか、学びの論理もこうした目指すべき人間像と連動しているとされている。特に植民地支配によって強要された制度（例：言語、選抜のシステム、カリキュラム）は現在でも旧植民地に対して影響力を持っていることがしばしばあることも指摘されている。

　後の章で日本の教育の、全人的な枠組みによる教育モデルが海外で注

表 8 - 2　世界の教育モデル

	フランス	アメリカ	日本	ロシア
生成時期 理想	1791-1870 テクニカルエリート	1840-1910 個人の継続的発展	1868-90 集団への効果的な貢献	1917-35 社会主義的達成度
代表的な教育機関	リセ、グランゼコール	総合制高校 リベラル・アーツ大学	初等教育	ジェネラル・スクール
範囲	認知的成長、アカデミックな教科、アーツ・科学	認知的発達、市民性的価値、社会的スキル	全人的な人間、広範囲の教科、道徳的価値、身体的・美的スキル	全人的、広いカリキュラム、テクニカル（技術）面を強調
学習理論 学校・教室機器	精神的規律 授業・講義・試験	到達度と成長 個人化した講義や指導	努力 教師中心、グループの活用、単位としての学校	相互的 集合的学習
行政 行政スタイル 単位コスト 財政源	中央集権的 権威主義的 中 政府（教会）	分権的 マネジメント 不定 地方税	擬似分権的 協力 中 政府	中央集権的 集合的統制 中から高 政府

出典）Cummings（1999：424）

目されていることを考察するが、フランスを筆頭にした「認知的な学習」を強調する国々に対して、「日本」「ロシア」のモデルに影響された国々は「全人的」な教育の枠組みを強調する傾向があることが指摘されている（Cummings 1999：432）。これは、第13章において扱う、日本の公的なカリキュラムが教科だけでなく、教科以外の、特別活動などの領域で人格形成的な内容も入れていることに現れている。そして、英米式の教科中心のカリキュラムと差異化されて、今日、国際的に通用するモデルとして成立していることは、第13章で扱う。

　「どのような人間を育てたいのか」という教育のコア理念はそれが生まれたより広い文化的文脈に根差し、日本のような「戦争」「敗戦と民主主義国家の構築」という激動期を経てもなお、その根幹においては継承されているところが少なくないのである。

（3）教科書制度の国際比較

　教育全体の制度そのものから教育を行う上で使われるツールを考えた場合、最も一般になじみのあるのがおそらく教科書であろう。多くの人が学校で教科書を用いて学んだことを覚えているに違いない。

　各国で近代学校モデルが取り入れられたように、そこにおける教科書、カリキュラム、教科などの存在も各国でみられる。しかし、例えば同じ「教科書」（カリキュラムや教科も同様）でも、内容はもとより、その作られ方や用いられ方はそれぞれの国の文化・歴史的文脈によって異なる。

　例えば、教科書制度の観点からみるならば、教科書の認定の方法が様々である。公益財団法人教科書研究センター（2020）の調査によると、教科書の発行者を国（国定）／民間／「検定」／「認定」に分類すると、オーストラリア、ニュージーランド、アメリカ、カナダに加え、欧州先進国であるイギリス、オランダ、ドイツ、フランスなどは教科書発行に「国」（国定）がなく、「民間」にゆだねている。一方、アラブ首長国連邦、イラン・イスラム共和国、カタールの中東諸国は全て国定教科書がある（一部「民間」もある国もある）。アジアにおいても、「民間」もあ

る国もあるが、多数の国が「国定」であるとされている（公益財団教科書研究センター 2020）。こうした各国の制度の違いの背後には、どの程度国が学校で教えられる内容に関与しているのか、教える内容を左右する力があるのか、官と民の関係の違いなどが示唆されている。

　教科書制度は、時代によっても教科によっても違うヴァリエーションがある。日本を例にとっても、戦前、内容をより国が統制していたときには国定教科書が用いられていた。また、より国家戦略的に価値観を教えるとされる教科（例：歴史、道徳）は国によっては国定教科書が使用され、検定制度と併用されている場合もある。教科書の用い方も違い、日本は教科書「を」学ぶために、教科書が薄く、教科書内容全体を網羅できるようになっている。一方で、アメリカでは社会科教科書も参考書のような厚い教科書であり、教科書「を」学んでいるのではなく、教科書「で」学んでいることが分かる。

（4）選抜制度の国際比較

　学校は単に子どもが通って時間を過ごすところではない。そこには評価、選抜、というような機能が通常ある。そうした中で、東アジア地域はその結果によって重大な帰結になりうる「ハイ・ステークス（high-stakes）」な大学入学試験によって進学が決まる象徴的な例として用いられてきた。

　中国の普通高等学校招生全国統一考試、韓国の大学修学能力試験、台湾の大学学科能力測験、そして日本の大学入学共通テストなどがその代表であろう。試験当日の試験会場の前で人だかりができ、受験生を応援している光景は、言語が違うという点を除けば東アジアでは共通してみられる。韓国で、試験の開始時間に遅れた受験生を運ぶためにパトカーが協力したとか、親が子どもの受験合格を祈願するといったことは、日本でもしばしば韓国の受験戦争の激しさを示すニュースとして報道されてきた。しかし、その日本でも、雪が降ったとして試験の開始時間を遅らせ、護衛付きの車で入試問題用紙が会場に届けられるような光景は、欧米からは韓国とほぼ同じものに映るだろう。

教育文化の枠組みからみると、こうした選抜制度は、学校の外での生徒の活動にもまた影響する。例えば、学校の時間外の私的な補習的学習（塾など）は世界中に広がっているが、東アジア地域は試験目的のためのそれを発達させてきた、象徴的な地域であるとされている。国際的な枠組みから塾のような私的補習教育をみてきた研究者にブレイ（Mark Bray）がいる。「補習教育（supplementary education）」とは、「学校の学習を補足する目的で通常は正規の教育の外側で別に存在する多少なりとも制度化され、構造化された指導の形態である」（OECD 2014：88）。二つの主要な形態があり、一つは家庭教師であり、もう一つがブレイが「影の教育」と呼ぶ、学校の学びを影のようになぞらえ学校の学習内容が変わればそれに合わせて変わる塾的存在である。

　こうした私的補習教育にはしかしながら、ヴァリエーションがある。例えば、学校の教師が同時に私的補習教育も教えられるのかによっても、私的補習教育が学校教育そのものにどのように、またどの程度、影響を及ぼすかが変わってくる。こうして、学校の教師が影の教育の教師を兼務できない国々（日本、韓国など）と、できる国々（タイ、フィリピンなど）とが出てくる。そして、こうした制度の違いは例えば、学校で教師が何を教えるかに影響することもある。例えば、学校の授業で教える教師が学校外でも私的補習を行う国では、私的補習の需要を高めるために、学校の授業での履修範囲を狭める動機付けがあることが指摘されている（ブレイ・クウォ 2019：33）。

　OECD（2014）のまとめでは、多くの東アジアの国々は「高度に制度化された補習教育システムが顕在化し、参加も広範である」（p.88）とされている。東アジアでは、「世代間の社会的流動性はほとんど教育に依存する」（p.88）という教育に対する観念があり、「努力」信仰による非常に序列化された大学体系によっても特徴付けられるとされている。ある意味、こうした状況の中では塾通いの効果は自明視されているのである。

　一方、**ヨーロッパの多くの諸国**は東アジアとは対極に位置付けられ、私的補習教育への参加率は従来は低いという。しかし、近年では増えつ

つあり、それが問題視されている。

　ブレイ（Bray 2011）によると、ヨーロッパでは、参加率が比較的高い東と南ヨーロッパ、参加率が低い西ヨーロッパ、そして、非常に低い北欧の国々に分けられる。東ヨーロッパと中央アジアでは補習教育は普及しているものの、多くは学校の教師が報酬を得て放課後に指導をする形である。このことによって教師は低い給料を補うことができるが、同時に不正を招いたり学校でのパフォーマンスが落ちる危険性も指摘されている（OECD 2014：88；Bray 2011）。

　そして、私的補習教育が増えてきたヨーロッパの実態に関してブレイが以下に述べていることは、塾通いが広範に行われていてその効果が自明視されていると指摘されてきた東アジアの国の一つである日本への警鐘となりうる。ブレイは以下のようにほとんどの加盟国で増えている私的補習指導（private supplementary tutoring）は全 EU の課題であるとしている。

　　深刻な経済的、社会的、そして、教育的意味がある。それは公平性にとっても、主流の学校活動にとっても、そして、子どもやその家族の生活にとっても大きな影響を与える。それはまた、主流の教育のあり方に対してメッセージを出している。（Bray 2011：7）

　より最近の私的補習指導の教育に対しては、それが持つ負の面に対する認識も必要だが、色々な教育イノベーションを学校よりも早く取り入れてゆくといった、ある意味で教育の実験場としての性質にも目が向けられるようになっている。例えば、コロナ禍において、各国がオンラインで授業を提供することを求められたときにも、私的補習教育の方が学校よりもテクノロジーを早くから取り入れ、少なくともその当初はデジタル指導において先行していたことが中国他の例であげられている（Zhang & Bray 2020：330）。

3. 制度の内側に迫る

（1）制度の中の人

　前節では、国際比較の中で、マクロな、主として制度化されているもの——例えば、国際学力テストや教科書制度、塾制度とそこからみえてくる選抜制度——の比較をみてきた。だが、その制度化された仕組みの中では、個々人がさまざまな経験をし、学んでいる。制度によって方向付けられているものの、その経験は一様ではない。その人がマイノリティであるのか、その人がどのような「文化」の中で育ってきたのかなど、教育に関連した制度との関係の中で、個人の経験は形成されてゆくのである。次に、個人が、さまざまなことを考え、行動したり、メッセージを発信している「制度の中」を以下にみてゆくこととする。

（2）日本と台湾との就職活動の比較—当事者の語り

　制度のあり方が、その中にいる児童生徒や家族の経験を方向付けるのは教育制度に限定されない。例えば、日本の就職活動の制度についても、同じことがいえる。

　台湾の研究者である譚（2021a、2021b）は、日本の就活経験（新卒採用の就職活動経験）を持つ30名の文系を中心とした日本への留学生・元留学生（台湾、中国、韓国）にいくつかのあらかじめ用意した質問以外は柔軟に質疑応答する**半構造化インタビュー**（⇒第15章の参考文献①）を通して、異なる文化的背景を持ちながら日本の就職活動に参加した経験を、当事者たちの視点からまとめている。そこでは、自分が育ってきた台湾などでの社会化によって身に付けた知識や経験と、日本の就職活動で暗黙のうちに求められているものとが違うのだと留学生が気付いてゆく過程が描かれている。さらに、留学生たちが内定を獲得するために面接などにおいて、その日本企業が求める人材に適合するように自分の語りをすり合わせてゆく経験や、自分の経験を捉え直し新しい自己像を意識するようになる過程などが報告されている。

　就職活動の当初、留学生たちは自分がいかに勉強してきたか、英語な

ど、どのようなスキルがあるのかをアピールしようとするが、その過程でそれが日本の（大手）企業が求めている能力とどうも食い違っていることを発見する。そして、他の日本人は面接にあたってストーリーを作り上げていることに気付くのである。周囲の日本人は、「夢」を持ち、「お金のためでな」く夢を叶えるためにこの仕事をしたい・頑張りたい、というストーリーを語っていたのだ。

　留学生たちは就職活動で失敗を繰り返すうちに、自分の文化と日本との文化の違いに気付き、他の日本人たちと同じように、「夢の実現のため」「みんなと一緒に頑張る」「縁の下の力持ち」といったトピックを、それを象徴するようなエピソードを用いながら語るようになる。日本の企業が就職活動で重視する人物評価に自分を適合させるようにふるまうのである。他にも、留学生たちの葛藤や矛盾、日本の就職活動を離脱した者などについても言及されている。

　新卒一括採用、面接での人物評価など、日本の就職活動制度の特徴だとされているものが、その渦中にある人の経験として、本人たちの語り、インタビューを通して明らかになっている。

（3）日本の小学校社会科教科書にみる異文化的背景の人々

　教科書を制度の観点からではなく、生徒がどのような内容に触れるのか、教育内容という観点から分析することもできる。教科書や新聞、雑誌、歴史的文書、テレビ、映画などの映像、絵本、写真、インタビュー記録などの内容を体系的に分析する方法として**内容分析**（content analysis）がある。ある言葉、テーマの出現頻度をみたり、テーマ間の関係、あるいは言葉やテーマがどのように扱われているかを考察しながら、分析をしてゆく。教科書の場合は、ある言葉やテーマ、題材を扱っているのかいないのか、どのような時に、どのように扱っているのか、偏りや児童生徒に発せられるメッセージなどが焦点の一つとなってきた。

　筆者らが日本における「外国人」「外国」がどのように描かれているかを2023年度現在使われている二社の小学校社会科教科書の一〜六年の分析を行った結果、以下のことが分かった（恒吉他 2024）。

１）全体として、「国際交流」「国際親善」「国際貿易」「国際協力」というような外向きで国単位の「国際○○」のレンズを持って、日本社会や日本社会の貢献を語っている。この枠組みは以前に筆者が同じ教科書の分析を行った20年前から変わっていない（Tsuneyoshi 2007）。

２）先住民のアイヌ民族、オールドカマーに関しては在日コリアン、ニューカマーに関しては在日ブラジル人を意識していることが教科書に取り上げられる例からうかがえる。他の「外国人」、国際結婚家庭、移民、難民に関しては、民族名の記述がほぼない。

３）ブラジルに渡った「日本人」が日系人として語られるが、外国としてのブラジルと関連付けられ、多文化の共生にはつなげにくい。日本とのつながりが強い国として、「アメリカ」「韓国」などが取り上げられ（「ブラジル」も時に取り上げられている）、韓国に関しては例えばその風習や食事、キムチとかが紹介され、あくまでも外国の文化の紹介であり、何世代にもわたって在日コリアンが住んできたという日本社会内の現状における共生の視点へとつなげにくい。焦点は外国としての現在の韓国やブラジルの話である。

４）日本史の分野では、人権や差別の視点から在日コリアンへの差別に触れるところはあるが、現在の多文化共生に明示的につなげていない。また、ニューカマーの在日ブラジル人では、日本史の中でも移民史が位置付けられていないなど、ブラジルへと渡ってあちらで日系人となった人々の話と、現在の日本社会内の在日ブラジル人コミュティの話がつながりにくい。

５）「外国人」という言葉が用いられ日本国籍がないことが示唆されている。今日、日本国籍を持っていたり、長期にわたって住んでいる異文化的背景の人々、国際的には、「○○系移民」の人々が明示されていない。結果的に「日本国民」のための国民教育の教材として射程が限られ、エスニシティの観点からは、文化的には多文化の共生につなげにくい構成になっているようにみえる。

第8章　国境を越えた視点から教育を考える　｜　**149**

こうした、教科書が時として意図せずに出しているメッセージをみせてゆくのが、教科書の内容分析の一つの目的であるといえよう。

4. 制度の中の人々―貧困地帯を訪れて

今までみてきた制度のレベルから人の顔がみえる個人レベルにまで降りてくると、そこには制度に方向付けられながらも生きている人々がいる。こうしたミクロなレベルに立って人々の中に入って調査する方法として、観察を伴うものがありうる。

第5章で問題提起したポイントとして、異なる人種間の共生が大変であるのは、それが単なる肌の色の違いだけではなく、階層や文化（宗教、言語、価値観など）と絡み合っているからだということをみた。特にアメリカでは、階層差が人種差と目にみえる形で結びついていた。

アメリカのアフリカ系アメリカ人は視覚的にマイノリティであると分かる「みえるマイノリティ」である。それはかつて、アメリカの白人（＝人種的マジョリティ）が違う人種の人々を奴隷化したからである。一方、日本の人種／エスニック・マイノリティは一目ではマジョリティと区別がつかない「みえないマイノリティ」である。それは、日本のエスニック・マジョリティが自分たちと似たようなみかけや文化の国々を植民地化したからである。

このことは、制度のもとにある「人々」をフィールドワークする過程では、生きた人々の苦悩として目の前に現れてくる。例えば、図8-2をみてほしい。何の写真だか分かるであろうか。アメリカ・メリーランド州・ボルティモア市の貧困地帯のマイノリティ校（小学校）に行ったときに、学校の周辺を車の中から撮影したものである。

都市貧困地域に共通してみられるように、空き家が多い。だが空き家にしていると麻薬売買人やギャングなどに悪用される危険性があるのだろう、人が入れないように板で入り口をふさいでいる。そのため、写真のような光景が都市貧困層の多い地帯では多くみられるのである。

だが、フィールドワークを伴う調査では、車の中の安全地帯から離れ、対象の中に入り、人々の日常の姿をみることが必要になってくる。筆者

図 8-2　小学校の周辺の家々
出典）筆者撮影（2006年、メリーランド州ボルティモア市）

はアメリカの大学院博士課程に留学したが、在学中に、第15章でみるエスノグラフィーという観察を軸とした調査方法でしばしばスラムの学校を訪れた。教育の真価が試されるのは、まさにこうした学校だからである。

　当時の筆者は大学院生であり車を買う余裕はなかったので、調査地と自宅の間をタクシーで行き来しようと単純に考えていた。当日、往路は私が所属していたプリンストン大学のある高級住宅地からタクシーに乗って学校に向かった。だが、貧困層の多い地域の学校から戻ろうとするときに、大変な事態に気付いた。タクシーが来てくれないのだ。何度タクシー会社に迎車を依頼しても、「今向かっているところだ」と繰り返すばかりで、待てども、待てども、タクシーは来ない。そのうち、タクシーは来るつもりなどないのだと気付かされた。

　周囲は治安の悪さで知られている地域で、学校の生徒も地域住民もほぼ全員がアフリカ系アメリカ人であった。アジア系の私はすぐ外者だと分かる。しかも筆者は女性であり、学校訪問のために動きにくいスーツ姿である。そのとき、筆者はこの地域の住民の日々の現実を突きつけら

れたように思った。タクシーも来ない。「向かっている」といいながら来るつもりはない。このとき、取り残された恐怖、軽んじられているという屈辱感、そしてこの状況をどうすることもできない無力感……など、地元住民が毎日直面する状況の一端を実感した。

　この後、こうした地域にはタクシーは来ないと考えを改め、その状況を大学院の講義でのリーディングスでも確認した。学校はスラムにあっても、教えている教師の多くはその地域の外に住んでいることが多く、以後は帰宅時はだれかの車に乗せてもらうようになった。そして、今日に至るまで、このときの教訓は生きている。スラムに生きる子どもたちは毎日、あのような扱いを受けながら育つ。一つ違うことは、彼らは、筆者と違って、戻れる安全地帯がないことだ。人種／エスニック・マイノリティ、下位の階層、貧困……社会的立場が弱い人々が集住しているところに集中的に社会のひずみが現れる。「多文化共生」の難しさが浮き彫りになるのはこうした地域においてである。

　同時に、こうした地域では教員であったり、支援をする NGO スタッフであったり、放課後の学習支援者であったり、民主的な多文化社会のヴィジョンを追い求めて努力している人々も活躍している。そしてそこには彼らの使命感があり、希望がある。いわゆる「多文化共生」というのはこうして、終わることのない社会ヴィジョンに向かって歩む、「希望や理想」と現実の難しさとの両方を内包したものであろう。

研究課題

（1）インターネットで日本と他の国々の写真をみてみよう。共通点は何だろうか。相違点は何だろうか。比べてみよう。

（2）カミングスの世界の教育モデルの表8-2（p.141）から二カ国を選び、それぞれについて「代表的な教育機関」について、情報を集めてみよう。

（3）国際比較や国を越えた視点によって、何が分かるか考えよう。

引用文献 ＊参考文献であげたものは除く。

Altbach, P. G. (2005). The past and future of Asian universities: Twenty-first century challenges. In P. G. Altbach, & T. Umakoshi (Eds.), *Asian universities: Historical perspectives and contemporary challenges* (pp.13-32). Baltimore: Johns Hopkins Press.

Bray, M. (2011). The challenge of shadow education: Private tutoring and its implications for policy makers in the European Union. European Commission, Brussels. https://nesetweb.eu/wp-content/uploads/2019/06/2011-The-Challenge-of-Shadow-Education-Private-Tutoring-and-its-Implications-for-Policy-Makers-in-the-European-Union.pdf

Cummings, W. K. (1999). The institutionS of education: Compare, compare, compare! *Comparative Education Review, 43*(4), 413-437.

公益財団法人教科書研究センター (2020)「海外教科書制度調査研究報告書」(https://textbook-rc.or.jp/wp-content/uploads/2023/11/kaigaihoukoku2023.pdf)。

文部科学省・国立教育政策研究所 (2023)「OECD 生徒の学習到達子調査 PISA 2022のポイント」(https://www.nier.go.jp/kokusai/pisa/pdf/2022/01_point_2.pdf)。

森岡清美・塩原勉・本間康平編 (1993)「制度」『新社会学辞典』有斐閣。

OECD. (2012). *Lessons from PISA for Japan, strong performers and successful reformers in education*. Paris: OECD Publishing. http://dx.doi.org/10.1787/9789264118539-en

OECD. (2014). Supplementary education in East Asia. In *Lessons from PISA for Korea*. Paris: OECD Publishing. https://doi.org/10.1787/9789264190672-en

OECD. (2023). Executive summary. In *PISA 2022 results (volume I): The state of learning and equity in education*. Paris: OECD Publishing.

譚君怡 (2021a)『日本高等教育における「グローバル人材」育成力―留学生の人材自己形成過程の視点から』東信堂。

譚君怡 (2021b)「『日本的グローバル人材』の形成―留学生の就職活動経験からみた人材の同質化過程」恒吉僚子・額賀美紗子編『新グローバル時代に挑む日本の教育―多文化社会を考える比較教育学の視座』東京大学出版会、68-78。

Tsuneyoshi, R. (2007). The portrayal of "foreigners" in Japanese social studies textbooks: Self-images of mono-ethnic pluralism. *Education Studies in Japan International Yearbook, 2*, 31-44.

恒吉僚子・ヨシイ、R.・上原菜緒子・恒吉藍 (2024)「小学校社会科教科書の内容分析―多文化社会日本を探る」一般社団法人グローバル多文化社会研究所。

Zhang, W., & Bray, M.（2020）. Comparative research on shadow education: Achievements, challenges, and the agenda ahead. *European Journal of Education, 55*（3）, 305–470.

参考文献 ＊もっと深めたい人へ。

①ブレイ、M.・クウォ、O.（森いづみ・早坂めぐみ・佐久間邦友・田中光晴・高嶋真之・大和洋子訳）（2019）『塾―私的補習ルールの国際比較』東信堂。

② OECD（各年）「図表で見る教育各年版」OECD iLibrary（https://www.oecd-ilibrary.org/education/education-at-a-glance_19991487）から年刊 *Education at a Glance* を閲覧できる。Country notes（Japan）は日本語で読むことができる。

③恒吉僚子（1992）『人間形成の日米比較―かくれたカリキュラム』中央公論新社。

9 | 「国民」意識の形成と文化—東南アジアの事例から

北村友人

【学習のポイント】 本章は、「国民」としての意識が形成される過程で、教育（とりわけ学校教育）が重要な役割を果たしていることについて論じる。その際、教育を通して伝達される知識やスキルが、国や社会の「文化」の影響を色濃く受けていることに注意を払う必要がある。そうした観点から、社会的・文化的に非常に多様な東南アジア諸国を具体的な事例として取り上げ、多文化社会の東南アジア諸国でいかにして「国民」意識が形成されてきたのかについて理解を深める。さらには、グローバル化が進む今日の世界で、国という枠組みにとどまらず、いかにしてグローバルな視野を持つ「地球市民」を育てることができるのかについても考えてほしい。

【キーワード】 国民国家、宗教、植民地、言語、ASEAN 共同体

1. はじめに—教育と文化

　教育と文化は複雑に結びついている。すなわち、教育そのものが文化的な活動であると共に、教育は文化を生み出し、継承・発展させる機能も持っている。教育によって私たちは知識やスキルを身に付け、同時に価値観や思考方法も形成する。学ぶ内容は社会に固有なものもあれば、国や時代を超えて共有されるものもある。いずれにせよ、知識やスキルを形作る「知」は、国や社会の「文化」の影響を色濃く受けている。

　そして、このような文化的な影響を受けた「知」を獲得するための教育活動自体も、国や社会の「文化」の影響を強く受けている。例えば、学校教育において、教室内での教師と生徒の相互作用を通じて、文化的な差異が教育過程に影響を与えていると指摘する研究が数多くある（額賀 2003；Tsuneyoshi 2013）。

　こうした「知」の伝達を通して、人々は「**文化化（enculturation）**」

され、「**社会化（socialization）**」されるのである。メイズマン（Vandra L. Masemann）によれば、「文化化」は「特定の文化あるいは集団の有能なメンバーになる方法を学習する過程」であり、「社会化」は「人間の文化を学習する一般的な過程」である（メイズマン 2014）。言い換えれば、人間がある社会の一員になるためには、その文化や規範、価値観を学び、社会に適した行動ができるようになる必要がある。そして、教育は「**知の伝達**」を通じて、このようなプロセスを可能にしている。

　ただし、この「知の伝達」は人類の歴史を通じて行われてきたものであり、コミュニティの規範を次世代に伝える社会的な活動や、宗教的な目的にもとづく教育など、多岐にわたる（山本 2012）。とりわけ、印刷術の発明によって大量の書物が出版されるようになったことで、教育の効率が大幅に向上し、「知の伝達」がよりスムーズに、かつ幅広い人々に届けられるようになった。何よりも、19世紀以降、西欧諸国を中心に近代的な学校教育が制度化され、「知の伝達」の効率が飛躍的に向上したことは明らかである（辻本 2010）。そして、20世紀後半から21世紀にかけて、インターネットに代表される情報コミュニケーション技術（ICT）の飛躍的な発展により、学校教育も ICT を積極的に導入することで、「知の伝達」がより活発に、そしてより広範にわたって行われるようになった（Anderson & van Weert 2002）。

　また、このような「知の伝達」のあり方を考えるためには、教育のグローバル化の影響にも目を向けることが重要である。今日の社会では、ICT の発達によって海外の情報へのアクセスが格段にしやすくなり、国境を越えた知の共有化が急速に進んでいる。また、人の移動も活発化し、日本においても移民が増え、学校では外国にルーツを持つ子どもたちが増えている。もともと学校教育には「**国民**」を育てるという役割が期待されてきたが、グローバル化が進展する中で、その役割も変容していくことは必然である。これまでの国民教育としての役割に加え、グローバルな視野を持った地球市民を育てるという役割も求められるようになっているからである。

　本章は、こうした今日の状況を踏まえ、教育（特に学校教育）を通し

てどのように「国民」としての意識が形成されてきたのか、について論じることを目指している。そのために、社会的・文化的に大きな多様性がある東南アジア諸国を具体的な事例として取り上げ、多文化社会の東南アジア諸国でいかにして「国民」意識が形成されてきたのかを概観したい。それと同時に、グローバル化の影響を受けながら、いかにしてグローバルな視野を持つ「**地球市民**」を育てることができるのかについても考えてみたい。（なお、本章の一部は、北村他（2021）に大幅な加筆修正を行ったものである。）

2. 教育を通した「国民」意識の形成

（1）国民国家の形成と教育の役割

　19世紀以降、世界各地において国民国家が形成されている中で、教育に求められてきた役割は多岐にわたるが、大別すると次の三つの観点に分類することができる。第一に、経済開発の観点から、社会の経済成長を進めるために必要な人材を育成する役割である。第二に、社会開発の観点から、社会の担い手となる「**市民**」や「**国民**」を育てるという役割である。そして、第三に人間開発の観点から、それぞれの人が自分らしく生きるために必要な能力や資質を育むという役割である。とはいえ、これら三つの観点はそれぞれ個別のものではなく、相互補完的な関係にある。すなわち、自分らしく生きるためには、自立した生活を営むために必要な能力を身に付けることが必要であると共に、社会の一員である「市民」や「国民」として責任ある行動をとるための公共的な心性を育むことも欠かせない。

　これら三つの役割を果たしていく上で、教育がそれぞれの社会に特有な「文化」の影響を色濃く受けることは明らかである。経済的な活動であれ、社会的な活動であれ、人が自立した市民として生活をしていくにあたっては、先述のようにそれぞれの社会にふさわしいふるまいができるようになるための「文化化」と「社会化」が欠かせない。こうした教育における「文化化」や「社会化」の機能は、「国民」を育てるために大きな影響力を発揮するが、その際、どのように「国民」としての意識

（すなわち、ナショナル・アイデンティティ）が形成されているのかを検討することが必要である。

　政治学者のアンダーソン（Benedict Anderson）は、ナショナリズム研究の古典ともいえる『想像の共同体』という著書の中で、「国民（nation）」としてのアイデンティティがしばしば「**想像された政治的共同体（imagined political community）**」を通して形成されると論じている（アンダーソン 1997）。アンダーソンは同書で「**出版資本主義（print capitalism）**」という概念を提唱し、オランダによる植民地支配後に実現したインドネシアの建国を例として取り上げ、地域言語のメディアを通じて独立の機運や愛国心が高まることによって、ナショナル・アイデンティティが醸成されたことを指摘した。この過程において、新聞や雑誌、政治的なパンフレット、チラシなどが重要な役割を果たしてきたという。そして、これらの活字メディアに加えて、「**教科書**」も大きな影響力を持つ出版メディアとしてあげることができる。

　例えば、学校教育において、次世代の子どもたちに対して組織的かつ体系的に「国民」としてのアイデンティティを形成するために、教科書は用いられている。そして、教科書の基盤となるカリキュラムは、個人のアイデンティティを育みながらも、社会の一員として必要な市民性や公共性を醸成するために構成されている。教科書は、国家の歴史や文化、価値観を伝えることによって、学習者たちが共同体への帰属意識を高める上での重要なツールとなっている（Hutchins 2016）。

　また、国民国家とアイデンティティ形成に関する研究で国際的に広く知られているタイ人の歴史学者ウィニッチャクン（Thongchai Winichakul）は、**国民意識**がしばしば政治的・社会的・文化的な影響を受けた歴史的プロセスを通して形成されることを指摘している。ウィニッチャクン（2003）は、国家の歴史が国民意識を形成する上での重要な要素であることを、タイを事例として詳細に検証した。また、そうした歴史の中で、外部の脅威や国内の危機に対する反応として国民意識が形成されることも明らかにした。

　ただし、特定の歴史的な出来事や人物がしばしば神話化され、国民意

識の核となる「物語」に編み込まれることに留意する必要がある。これらの物語は、国民の間に共有された過去とアイデンティティを作り上げる役割を果たす。そして、とりわけ学校教育を通じて、国の歴史、文化、価値観が次世代に伝えられていく。さらには、芸術や文学、メディアといったものも、国民意識を広め、強化することに寄与する。例えば国旗、国歌、記念日などの象徴も、国民の一体感を育むのに役立つ。

（2）学校教育に対する「文化」の影響

　学校教育の重要な目的が「国民」を育てることにあるのならば、それぞれの国や社会に固有な「文化」の影響を強く受けることは明らかである（Fyre 2017）。しかしながら、それと同時に、先述のようにグローバル化が進む今日の社会においては、学校教育に関する理念・政策・制度・実践の諸側面が、必ずしも自国の「文化」の影響だけを受けているわけではない。むしろ、均質で標準化された価値観や考え方が、学校教育を通して世界中に広まっているという指摘が、**世界教育文化論**（World Education Culture Theory）の提唱者たちによって行われている。

　世界教育文化論においては、グローバルに共通した教育実践があり、全ての文化が「ゆっくりと一つのグローバルな文化に統合されていく」と説明されている（スプリング 2023）。世界各地における学校教育のための理念・政策・制度・実践において、政策立案者たちや教育実践者たちはこの世界文化を利用していると、この理論の支持者たちは考えている。世界教育文化論に関する重要な研究として、ジョン・メイヤー、デヴィッド・カメンズ、アーロン・ベナボットによる『大衆のための学校知識—20世紀における世界モデルと国家的初等カリキュラムカテゴリー』や、デヴィッド・ベイカーとジェラルド・ルタンドルの『国家の差異、グローバルな類似—世界文化と学校教育の未来』をあげることができる（Mayer et al. 1992；Baker & LeTendre 2005）。

　例えば、『大衆のための学校知識』の著者たちは、国民国家という西洋の概念が世界的に普及した結果、「世界文化」が作られたと指摘して

いる。国民国家の概念には、政治的な安定と経済的な成長に寄与することのできる市民を教育すべきであるという信条が含まれていると、彼らは論じる。そして、19世紀後半までに「西洋の政策が徐々に正当化されるに従い、20世紀になるころには近代的なカリキュラムが当たり前の『モデル』になった」という。そのように国民国家という西洋の概念が広まる中で、「カリキュラムの標準モデルも、世界中に広まってきた。すなわち、カリキュラムという仕組みが、世界的に均質なものになっているのだ」と主張している（Mayer et al. 1992：72）。

　これは、今日の国際社会で、一定の説得力を持った議論になっている。例えば、21世紀になる前後から、多くの国や社会で認知的スキルに加えて社会情動的スキルの重要性が強調されるようになっている。知識や思考力などの力を意味する認知的スキルと、他者と協働したり、感情をコントロールしたりする力である社会情動的スキルは、変化が激しく、先を見通すことが難しいこれからの社会を生き抜いていく上で、どちらも大切な力であると考えられている（OECD 2018）。これらのスキルを育むことを目指した教育実践が多くの国や社会で取り組まれているが、そこには経済協力開発機構（OECD）による「コンピテンシーの定義と選択（DeSeCo）」プロジェクトで提示された「キー・コンピテンシー」の概念や、キー・コンピテンシーも含めて測定しようとする「**生徒の学習到達度調査（PISA）**」（⇒第8章）をOECDが実施してきたことの影響を色濃くみることができる。こうした能力観が国際的に共有されている現象は、まさに世界教育文化論者たちの主張を裏付けるものになっている。

　しかしながら、このような世界教育文化論者たちの主張に対して、批判的な議論も活発に交わされている。例えば、比較教育学者の高山敬太は、世界教育文化論者たちが実は欧米の比較教育研究者たちを中心とした狭いコミュニティの中でのみ議論しており、世界各地で展開されている比較教育学の研究の蓄積にきちんと目を向けていないと批判している（Takayama 2015）。すなわち、本来は国際的な視点から、異なる社会における教育のあり方の相違に関して強い関心を抱いているはずの比較

教育研究者たちであるにもかかわらず、世界教育文化論者たちは欧米中心の視点に拠って立ってしまっているといえる。

　実は、このような欧米中心的な視点は、各国の教育（とりわけ学校教育）の中にも無意識のうちに埋め込まれていることに留意する必要がある。例えば、「古典音楽の作曲家の名前をあげてください」と問われたときに、多くの日本人はバッハ、モーツァルト、ベートーヴェンなどの名前をあげるのではないだろうか。しかし、『六段の調』などを作曲した八橋検校の名前をあげる人は、ほとんどいないと推察する。私たちの多くは、「古典音楽」といわれると、西洋の古典音楽（クラシック音楽）を反射的にイメージしてしまい、邦楽（和楽）を考えることは稀であると思われる。

　これは、日常生活の中で耳にする頻度の差もあるだろうが、特に学校での音楽教育を通して、主にクラシック音楽を学んできたことの影響が大きいと考えられる。実は、音楽の教科書では『六段の調』などの和楽も取り上げられているのだが、西洋の古典音楽について学ぶ比重の方が圧倒的に大きい。こうした経験の積み重ねを通して、西洋的な文化を半ば無意識のうちに受容すると共に、何となく西洋の古典音楽の方が「高尚な文化」であるような感覚すら抱くようになっている面があるのではないだろうか。

　ちなみに、文化の中にもある種の序列が存在することを指摘しておきたい。社会的な優位性を持つ「文化」と、社会的な周縁や下位に位置付けられる「文化」が存在する。前者はしばしば上位文化（high culture）やメインカルチャー（main culture）と呼ばれ、後者は対抗文化（counter culture）、大衆文化（popular culture）、サブカルチャー（subculture）などと呼ばれる。そして、より優位な立場にあるとされる「文化」の中には、欧米諸国の影響を歴史的に受けてきたものがしばしばみられ、クラシック音楽はその一例である。すなわち、クラシック音楽が「高尚な文化」であると感じられるのは、学校教育のカリキュラムの中に埋め込まれていることで、より正統な地位が与えられているとみなされ、文化の序列の中で上位に位置付けられると広く認識されてき

たことが一因として考えられる。

　ここで論じたような西洋中心主義の影響がもたらす「文化」の階層性
は、多くの国で教授言語の問題として浮き彫りになっている。アンダー
ソンが指摘したように、現地語のメディアが愛国心を形成する上で大き
な影響力を持っていることは先述した通りであるが、文化の階層性を考
える際にも、特に言語は極めて重要な要素となる。世界中を見渡すと多
くの国において多様な民族や文化が共存しており、日常生活だけでなく
公用語としても複数の言語が使用されている状況は珍しくない。そうし
た状況では、学校教育でどの言語を教授言語とするかについて、アイデ
ンティティ形成の観点からも考慮する必要がある。

　また、学校教育における**教授言語**として、英語が国際的に享受してい
る優越性にも留意すべきである。現代において、多くの国では英語学習
の重要性が強調されている。一定の社会経済的な階層に属する子どもた
ちは、比較的早い段階（特に中等教育段階）から英語圏の国に留学した

コラム

フィリピンのバイリンガル教育

　フィリピンでは、長らく学校教育でフィリピノ語と英語が併用されてきたが、
1990年代後半から2000年代初頭にかけて改革のニーズが浮き彫りになった。初
等教育では、一年生から英語、算数、理科の三科目が英語で教えられ、他の科
目はフィリピノ語で授業が進められてきた。しかし、多くの児童がこのバイリ
ンガルな状況に苦しみ、彼らにとって特に算数と理科の学習が大きな課題と
なっていた。そのため、フィリピンの教育省は小学校四年生まで全ての科目を
フィリピノ語で教えるという改革を提案した。しかし、小学校の低学年や中学
年の教育内容にはもともと英語で導入された数学用語や科学用語が多数含まれ
ていたため、フィリピノ語には対応する用語が不足しているという問題が浮か
び上がった。当初はそれらの用語のフィリピノ語への翻訳も検討されたが、膨
大な数の用語が存在するため実現不可能であるとの結論に至った。このフィリ
ピンの事例は、「知」の領域における言語の階層性という問題を象徴している。
出典）このコラムは、筆者が2007年にフィリピンの教育省で行ったインタ
　　ビュー調査にもとづく。なお、フィリピンの教授言語のあり方については、
　　金（2004）を参照のこと。

り、インターナショナル・スクールに通ったりするという現象も、幅広くみられる。そもそも、学校教育が社会的・文化的な再生産の機能を果たすことは、1970年代以降、ピエール・ブルデューをはじめとする多くの教育社会学者たちによって指摘されてきた通りだが、そうした状況を英語による教育機会を求める就学パターンの中にもみてとることができる（ブルデュー・パスロン 1991）。

3. 東南アジア諸国における「国民」意識の形成

（1）「国民」意識形成の諸要因

　東南アジア諸国は、民族的、宗教的、言語的な多様性を持つ地域として知られている。これらの国々において「国民」意識が形成されてきた過程に、さまざまな歴史的・社会的な要因の影響をみることができる。また、東南アジア諸国は、古くから異なる王国や帝国の支配を受けてきた。それらの支配によって異なる文化や宗教がこの地域に持ち込まれ、混合されることで、人々のアイデンティティが形成されてきた側面がある。

　とりわけ、東南アジア諸国が多様な宗教を受容してきたことは、教育と文化の関係を考える上でも重要な意味を持つ。仏教、ヒンドゥー教、イスラム教、キリスト教などが広まり、これらの宗教は人々の価値観や生活様式に影響を与えてきた。例えば、インドネシアはイスラム教が主たる宗教ではあるが、スマトラ島の一部は歴史的にインド文化圏との交流が深く、仏教やヒンドゥー教の影響をみることができる。また、タイは敬虔な仏教国として知られるが、マレー系住民が多く住む深南部では一定数のイスラム教徒たちも暮らしている。こうした複数の宗教の信者たちが共存しながら、国民国家を形成しているため、その「国民」意識も複雑なものになることは自然なことである。

　本節では、歴史的・文化的な背景を踏まえつつ、東南アジア諸国における「国民」意識の形成に影響を与えた諸要因について考えてみたい。なお、東南アジア諸国の間には民族的・宗教的・言語的な多様性があるため、「国民」意識の範囲や強度は国によって異なることに留意する必

要がある。

　東南アジア諸国における「国民」意識の形成に関して、まず何よりも重要な要因が、**植民地支配**の影響である。東南アジア地域は、過去に多くの国々による植民地支配を経験してきた。そうした状況の中、異なる地域や民族が同じ国境内に取り込まれることが多くなり、植民地支配下での共通の経験や抵抗が「国民」意識の形成に寄与してきた。例えば、島嶼国であるインドネシアでは、多様な民族が数多くの島に分かれて暮らしてきたが、オランダの植民地支配に対する抵抗運動を通じて国民意識が形成された（村井 2013）。

　次に、独立運動と**ナショナリズム**の影響である、東南アジア諸国の多くは植民地支配からの独立運動を経験している。「植民地体制の崩壊は、第二次世界大戦後の国際政治の大きな変化だが、東南アジアは、独立の動きが世界でも最も早く顕在化した地域の一つであった」と、ベトナム現代史研究者の古田元夫は指摘する（古田 2021：177）。英仏の緩衝地帯として植民地化を免れたタイを除いた東南アジア諸国では、宗主国からの独立という経験を通して、人々の間に共通の目標を追求し、結束する機会が生まれた。そして、独立運動を通じて形成されたナショナリズムは、国民意識の基盤になったといえる。

　さらに、言語政策の影響である。言語は国民意識の形成において重要な役割を果たすことは、すでに論じた通りである。一部の国では共通の公用語が採用され、言語を通じて国民の結束が図られてきた。また、地域ごとに異なる言語を話す人々が共通の言語を学ぶことで、コミュニケーションが容易になり、国民意識の形成が進んだと考えられる（池田 1993）。

（2）「国民」意識形成への教育の役割

　本節であげた「国民」意識形成の諸要因は、あくまでもいくつかの例に過ぎず、実際の「国民」意識は非常に複雑な要因が組み合わさって形成されていることを強調しておきたい。その上で、これらの要因と密接に関連しているのが、教育が果たしてきた役割であることを指摘したい。

164

表9-1　東南アジア諸国における教育の役割

インドネシア	独立後に「パンチャシラ」という国是を教育の中心に据えた。これは、多様な民族、宗教、言語が共存する国家において、共通のアイデンティティと国民統一を目指すものであった。また、教育を通じてインドネシア語の普及が進み、多様な文化を有しつつも国家としての一体感を醸成した。
カンボジア	ポル・ポト政権下で起こった社会的な破壊からの回復として、「国民」意識の再構築に教育が大きな役割を担っている。教育を通して、歴史の理解と国家再建のプロセスが強調されている。
タイ	国王および仏教に対する敬愛が、教育を通じて強調されている。これは国民意識の重要な構成要素となっており、統一されたアイデンティティの形成に寄与している。また、タイ語による教育は、国民統合の重要な手段となっている。
シンガポール	多民族、多言語の社会であるシンガポールでは、英語を共通言語として使用し、教育を通して国際的な視野と「国民」としてのアイデンティティを育んでいる。また、各民族の言語と文化も重視され、多様性を尊重する意識・姿勢を形成している。
東ティモール	2002年のインドネシアからの独立後、教育は国家再建と社会的統合の鍵となる分野の一つとされてきた。テトゥン語（国語）とポルトガル語（共同公用語）を中心とした多言語教育が推進されている。この多言語政策を通して、文化的多様性を尊重すると共に、国家としての統一感を醸成することを目指している。
フィリピン	アメリカの植民地時代の影響で、英語教育が重視されている。それによって、英語を公用語の一つとし、国際的なビジネスや交流において有利な立場を確保している。また、フィリピンの教育は、国民が民主主義への理解を深め、市民意識を育むことを重視している。
ブルネイ	教育においてイスラム教の価値観と国家の伝統が重視されている。また、英語とマレー語の双方を教育に取り入れることで、人材における国際的な競争力を高めると共に、国内の統一を目指している。
ベトナム	社会主義国としてのアイデンティティを反映した教育を展開している。歴史教育においては、独立戦争と社会主義革命の重要性が強調され、「国民」意識の形成に影響を与えている。
マレーシア	多民族国家としての特性を反映した教育政策が特徴的である。マレー語、中国語、タミル語などの言語に対する教育があり、それ

	それの民族の文化とアイデンティティを尊重しつつ、マレーシア人としての意識を育むための取り組みが行われている。
ミャンマー	民族的な多様性と政治的変動が、教育に大きな影響を与えている。各民族言語の教育に加えて、ビルマ語の普及による国民意識の統合を目指している。しかし、政治的不安定さが教育への挑戦をもたらしている面もある。
ラオス	社会主義国であり、教育は国家アイデンティティと社会主義的価値観の普及に焦点を当てている。また、多民族国家としての特性を反映し、各民族の言語と文化も教育に取り入れられている。ただし、自らの母語で教育を受けることができない少数民族が一定数いることにも、留意する必要がある。

出典）村田（2001）、大塚・牧（2021）、Ożóg（1996）、山田（2006）を参照し、筆者作成。

東南アジア諸国では、植民地からの独立を果たし、**近代化**を進める中で、教育が国民意識の形成に大きな影響を及ぼしてきた。すなわち、教育を通じて共通の歴史や価値観が教えられ、国民のアイデンティティ形成が促進されてきた。

　表9-1に概要を示したように、東南アジア諸国では教育が「国民」意識の形成において重要な役割を果たしており、それぞれの国の歴史的・政治的・文化的な背景に根ざした特有のアプローチをみることができる。教育は、共通のアイデンティティの構築、民族間の和解、国際的な競争力の向上など、多岐にわたる目的で「国民」意識の形成に寄与していることが分かる。こうした教育の役割をみたとき、とりわけ歴史教育が重要な役割を果たしてきたことを指摘したい。そこで、次節では東南アジア諸国の歴史教育について考えてみる。

4.　東南アジア諸国の歴史教育

　東南アジアほど多様性に富んだ地域は、世界的にみても珍しいだろう。人種、言語、宗教といった社会文化的な面での多様性のみならず、政治体制や経済レベルといった面でも異なる状況にある国々が隣り合って存在している。歴史的にみても、そういった多様性がまじりあうことで文化的に豊かな社会を作り出す一方、お互いの差異がさまざまな衝突の原

因ともなってきた。とはいえ、それだけ多様であるにもかかわらず、この地域はある種の一体感を持っている。そうした一体感の一つの帰結が、2015年に立ち上がった「**アセアン共同体（ASEAN Community）**」である。

　東南アジアの歴史は、共生と反発の繰り返しであり、自立と収奪のせめぎ合いであった。今日の国民国家の国境線が引かれる前から、この地域では大きな権勢を誇った勢力による支配と、数多くのより小さな集団の粘り強い独立が、共に起こってきた。戦争、占領、植民地化など、さまざまな形態の紛争を経験してきた東南アジアの国々は、そうした歴史のアップダウンに対するレジリエンス（＝対応力や強靭さ）を高めてきたともいえる。アセアン共同体は、政治的な妥協をしつつ、経済的な繁栄を目指し、その中で、文化的な共生を実現するための統治メカニズムとして生み出された、この地域の「知恵」の結晶体といえるかもしれない。

　こうした東南アジアの文脈を踏まえて、教育と文化の問題を考えるにあたり、本節では**歴史教育**のあり方に注目してみたい。東南アジアの国々がどのようにこれまでの歴史を認識し、それを次の世代に伝えようとしているのかを知ることによって、「国民」意識の形成と文化の関係についての理解を深めることができると考える。もちろん、筆者の能力と紙幅の関係から、本節で東南アジアの全ての国を対象にすることはできないが、ここで述べることはさまざまな意味で、本稿では取り上げない東南アジアの国々についても共通の論点を教育（特に歴史教育）の中にみることができることを、指摘しておきたい。

　例えば、タイにおける国民としてのアイデンティティの形成は、歴史的な経緯や文化、宗教、王室への敬意など、さまざまな要因の影響を受けてきた。そこでは、「統一されたタイ族」というナショナリスト的な視点と、モン族、クメール族、ラオ族などの諸民族の文化の多様性を重視する視点が、せめぎ合っている。加えて、トンチャイ・ウィニッチャクンが「地域的覇権主義」と呼ぶように、ラオス、カンボジア、ミャン

マーなどの近隣諸国との関係性の中で歴史を解釈することの重要性も指摘されている。こうした歴史をめぐる多様な視点を踏まえつつ、タイの教科書には「Chon Chat（nationality）」という言葉が頻繁に使われ、歴史教育を通じて「タイ人」としてのアイデンティティを形成しようとしている。人種、国家、民族の複雑な関係性を説明することで、「Chon Chat」の概念の独自性が浮かび上がる（Phuaphansawat & Brehem 2022）。

　また、ベトナムでは、市民性の概念に関する論争が大きな変革の前後で起きている。ベトナムにおける社会主義市民概念と政治的アイデンティティは歴史教育においても重要なテーマであり、特に市場経済への転換（ドイモイ、Đổi Mới：刷新政策）以前と以後で、市民のあり方が大きく変わったことがわかる。

　他の東南アジア諸国と同様に、ベトナムでも「ベトナム人」としてのナショナル・アイデンティティは、伝統や神話、伝説、歴史によって構築されている。そして、ドイモイ以降の学校教育では、「バランスのとれた市民（well-rounded citizens）」や「市場経済と社会主義的市民のための人間開発」を重視する言説が明確にみられる。ただし、これは社会主義国家の理念と必ずしも一致しない。過去の学校教育では「労働者」としてのアイデンティティが強調されていたが、市場経済の発展に伴い、「起業家精神」や「人的資源の開発」といった側面が重要視されるようになってきた。同時に、政治的なアイデンティティ形成においても、冷戦時代にみられたような資本主義への対抗ではなく、「バランスのとれた市民」の大切さが強調されている（Duong 2022：108-112）。

　なお、経済や政治、そしてイデオロギーの視点は、時代の変遷に伴って変化することが、多くの国でみられる。それは、ある意味で「パラダイムのせめぎ合い」とみることもできる。東南アジア諸国の歴史をふりかえると、正統化と非正統化が繰り返されており、その典型的な例としてカンボジアをあげることができる。1954年のフランスからの独立後、カンボジア王国では、クメール文化の伝統を重視した教育が行われていた。しかし、1975年にポル・ポトが率いるクメール・ルージュが権力を

奪い、民主カンプチアが成立すると、クメール文化は否定され、教育を
はじめとする多様な文化的営みが禁止された。その後、社会主義国家と
してのカンプチア人民共和国が樹立された1980年代になると、クメー
ル・ルージュによって否定されたクメール文化の重要性が、学校教育の
中で再び正統視されるようになった（Hagai et al. 2017）。

　こうした正統化、非正統化、再正統化の歴史的な変遷を説明する試み
が、カンボジアのみならず多くの東南アジア諸国の歴史教育において積
み重ねられてきた。ただし、各国の過去の出来事やその意味を理解する
ことは容易ではない。そのため、人々の「記憶」を丁寧に集め、過去の
「事実」をホリスティックに理解しようとする姿勢が、歴史教育におい
て極めて重要である。例えば、ミャンマーの歴史教育に対しては、ゾン
ゴロウィック（Zongollowicz 2022）が批判的な視点を提示している。
彼女は、「公立学校は政府が国民に歴史を伝える上での理想的な場所で
ある」と指摘し、学校での学びを通じて生徒たちに教えようとしている
のは、歴史的な事実よりもむしろ政府が強調している「統一と栄光に焦
点を当てた主要なメッセージ」であると述べている。具体的な例として、
1988年の全土での民主化運動（1988 Uprising）の後、その出来事その
ものについては十分な説明をすることなく、「ミャンマー化」の重要性
という国家の主張が歴史教育でも強調されたと指摘している
（Zongollowicz 2022：140-141）。

　もちろん、どの政府も自らの正統性を確立するために歴史を利用する
のは一般的なことである。これは東南アジア諸国のみならず、この地域
外の多くの国でもみられる現象といえる。しかし、それと同時に、国家
による**正統な歴史**とは異なる「歴史の真実」が存在するということ
も、多くの市民が認識している。そして、歴史教育に関する議論を通じ
て、各国の政治的・経済的な状況を考慮しながら、「正統な歴史」とし
て提示されるものを修正するという作業が行われることもある。

　例えば、1990年代に、カンボジアは一定の平和を取り戻し、教育制度
が再構築された。この時期、国際的な言説と国内の政治・社会の状況の
バランスをどうとるかということが、歴史教育において大きな問題で

あった。例えば、1990年代のカンボジアでは、教科書で「人権」という概念を避ける傾向がみられた。しかし、2000年代に入り、経済成長が進む中で政治的・社会的な状況が安定し、さらには国連主導で行われたクメール・ルージュに対する特別法廷の裁判が始まったことから、2007年に改訂された教科書では「人権」の問題が取り上げられるようになった（Brehm 2022：57）。その一方、カンボジアでは現在も「人権」の問題についての論争が絶えず、国際的な基準に比べて学校教育での取り扱いが不十分であるとの批判が根強くあることにも留意する必要がある。

　本節では、東南アジア諸国における「国民」意識の形成に関して教育が果たしてきた役割を考察するには、まず地域全体の歴史的背景と多様な文化的要素を理解する必要があることを指摘した。この地域は、植民地時代の影響、多民族・多言語社会の存在、そして独立後の政治的・経済的発展といった独特の歴史を持っている。その中で、各国において**「公式な歴史（あるいは正統な歴史）」**が歴史教育を通して伝えられてきた。

　そうした「公式な歴史（あるいは正統な歴史）」は、集団の歴史の記憶にもとづいている。ズオンの指摘によれば、この「公式な歴史」は、「構成された物語が、メンバーが自らの文化、民族、祖先、または歴史を所属するグループの一部とみなす、共通のアイデンティティの形成を促進する」（Duong 2022）。そして、このような歴史の物語を構築する際に、ナショナリズムが大きな影響を与えてきた。従って、東南アジアの国々で歴史を語る際には、ナショナリズムがどのように生まれ、それが教育においてどのように伝えられてきたか、そして、これに対抗する議論がどのように提示されてきたかといったことを明らかにすることが、非常に重要である（Duong 2022：108-112）。

　なお、そうした国レベルならびに地域レベルでの「公式の歴史」を構築する作業を行っていく上で、一つ大きな課題が残されていることを、最後に指摘しておきたい。「公式の歴史」を通して提示される物語は、しばしば男性（あるいは権力者）の視点で記述されてきたことを忘れて

はならない。すなわち、「彼の物語（his story）」としての歴史（history）は、基本的にその社会のメインストリームにいる人々によって構築されてきたものが主であり、女性をはじめとする社会的に弱い立場にある人々（＝女子・女性、障がいを持つ人々、少数民族など）が物語を紡ぐ余地を、非常に限定的にしか与えずにきた（スコット2004）。そのため、今後の東南アジアにおける国レベルそして地域レベルでの歴史を、どのように次世代に伝えていくかということを考える際に、社会のメインストリームとは異なる立場にある人々の視点から捉え直していくことが、極めて重要である。

5.　おわりに

　教育は、自立した「市民」を育てる上で、重要な営みである。何よりも、一人の人間として、自らの能力を十分に発揮できるようになるために、教育は欠かせない。しかし、その教育は、人々が生きる国や社会の影響から逃れることもできない。特に、学校教育は、自立した「市民」を育てると共に、その国の担い手となる「国民」を育てる役割も負っている。そうした「国民」を育てるにあたっては、その国が有する「文化」の影響を受けることは、本章で概観した通りである。

　また、本章の冒頭で指摘したように、教育には「国民」を育てるという役割に加えて、グローバルな視野を持った地球市民を育てるという役割も求められている。そうした教育の役割を理解した上で、これからの教育のあり方を考えていくことが欠かせない。本章で論じたように、人々の意識に影響を及ぼすのは、国レベルにおける「文化」だけではない。世界教育文化論者たちが主張するような国際的なレベルでの「文化」、さらには東南アジアといった地域レベルでの「文化」が、一定の影響を持っていることにも留意しなければならない。そのような複層的な意識が、教育を通してどのように形成されているのか、今後さらに検証していくことが必要であることを指摘して、本章の結びとしたい。

第 9 章 「国民」意識の形成と文化—東南アジアの事例から | **171**

🔓 研究課題

（１）東南アジア諸国の中から一カ国を選び、「国民」意識の形成と教育
　　の関係について調べてみよう。
（２）日本において「国民」意識の形成に学校教育がどのような影響を
　　及ぼしてきたか、特定のテーマに焦点を絞って調べてみよう。テーマ
　　例としては、歴史教育、道徳教育、学校行事などをあげることができ
　　るが、それ以外にも探してみよう。
（３）世界教育文化論者たちが主張するような教育の「均質化」が、日
　　本の学校教育で起こっているかどうか、考えてみよう。

引用文献 ｜ ＊参考文献であげたものは除く。

アンダーソン、B.（白石さや・白石隆訳）（1997）『増補 想像の共同体—ナショナ
　　リズムの起源と流行』NTT 出版。
Anderson, J., & van Weert, T.（Eds.）.（2002）. *Information and communication
　　technology in education: A curriculum for schools and programme of teacher
　　development*. Paris: UNESCO.
Baker, D. P., & LeTendre, G. K.（2005）. *National differences, global similarities:
　　World culture and the future of schooling*. Palo Alto, CA: Stanford University
　　Press.
ブルデュー、P. ・パスロン、J-C.（宮島喬訳）（1991）『再生産—教育・社会・文
　　化』藤原書店。
Brehm, W. C.（2022）. Regional memory in contemporary Cambodia: "Cautious
　　resistance and calculated conformity." In W. C. Brehm, & Y. Kitamura（eds.）,
　　Memory in the Mekong（pp.47-71）.
Brehm, W. C., & Kitamura, Y.（eds.）.（2022）. *Memory in the Mekong: Regional
　　identity, schools, and politics in Southeast Asia*. Teachers College Press.
Duong, B.-H.（2022）. Vietnamese citizenship in transition: State curricula pre- and
　　post-Doi Moi. In W. C. Brehm, & Y. Kitamura（eds.）, *Memory in the Mekong*
　　（pp.103-129）.
Frye, M.（2017）. Cultural meanings and the aggregation of actions: The case of

sex and schooling in Malawi. *American Sociological Review*, *82*(5), 945–976.

古田元夫（2021）『東南アジア史10講』岩波書店。

Hagai, S., Ratha, K. V., Kitamura, Y., & Brehm, W. C. (2017). Ideologies inside textbooks: Vietnamization and re-Khmerization of political education in Cambodia during the 1980s. In M. J. Bellino, & J. H. Williams (eds.), *(Re) constructing memory: Education, identity, and conflict* (pp.49–73). Rotterdam: Sense Publishers.

Hutchins, R. (2016). *Nationalism and history education: Curricula and textbooks in the United States and France* (1st ed.). Routledge.

池田充裕（1993）「シンガポールにおける言語教育政策の展開と国民意識の変容―言語使用に関する調査・分析を手がかりとして」『比較教育学研究』19：5-16。

経済協力開発機構（OECD）（2018）『社会情動的スキル―学びに向かう力』明石書店。

金美兒（2004）「フィリピンの教授用語政策―多言語国家における効果的な教授用語に関する一考察」『国際開発研究フォーラム』25：99-112。

北村友人・荻巣崇世・芦田明美（2021）「SDGs 時代における『学び』のあり方を『文化』の視点から捉え直す」関根久雄編『持続可能な開発における〈文化〉の居場所―「誰一人取り残さない」開発への応答』春風社、91-114。

メイズマン、V. L.（2014）「文化と教育」アーノブ、R. F.・トーレス、C. A.・フランツ、S. 編著（大塚豊訳）『21世紀の比較教育学―グローバルとローカルの弁証法』福村出版、183-208。

Mayer, J., Kamens, D., & Benavot, A. (1992). *School knowledge for the masses: World models and national primary curricular categories in the twentieth century*. Bristol, PA: Falmer Press.

額賀美紗子（2003）「多文化教育における『公正な教育方法』再考 日米教育実践のエスノグラフィー」『教育社会学研究』73：65-83。

大塚豊監修、牧貴愛編（2021）『アジア教育情報シリーズ 2 巻 東南アジア編』一藝社。

Ożóg, A. C. K. (1996). The unplanned use of English: The case of Brunei Darussalam. In P. W. Martin, C. Ożóg, & G. Poedjosoedarmo (eds.), *Language use and language change in Brunei Darussalam* (pp.156-172). Athens, OH: Ohio University Center for International Studies.

Phuaphansawat, V., & Brehm, W. C. (2022). Whose kingdoms and whose settlement? Hegemonic national memory inside Thai textbooks. In W. C. Brehm, & Y. Kitamura (eds.), *Memory in the Mekong* (pp.75-102).

スコット、J. W.（荻野美穂訳）（2004）『ジェンダーと歴史学』平凡社。

Shimahara, N., & Sakai, A. (2018). *Learning to teach in two cultures: Japan and the United States*. London and New York: Routledge.

スプリング、J.（北村友人監訳、山田雄司・鈴木耕平翻訳代表）（2023）『教育グローバル化のダイナミズム—なぜ教育は国境を超えるか』東信堂。

Takayama, K. (2015). Provincialising the world culture theory debate: Critical insights from a margin. *Globalisation, Societies and Education, 13*(1), 34-57.

辻本雅史（2010）『知の伝達メディアの歴史研究—教育史像の再構築』思文閣。

Tsuneyoshi, R. (2013). *Japanese model of schooling: Comparisons with the US*. Routledge.

ウィニッチャクン、T.（石井米雄訳）（2003）『地図がつくったタイ—国民国家誕生の歴史』明石書店。

山田満（2006）「多言語の下での『国民』形成—21世紀最初の独立国家の国民統合問題」山田満編著『東ティモールを知るための50章』明石書店、110-114。

山本正身編（2012）『アジアにおける「知の伝達」の伝統と系譜』慶應義塾大学出版会。

Zongollowicz, A. (2022). Thinking With History in Pursuit of Truth in Myanmar. In W. C. Brehm, & Y. Kitamura (eds.). *Memory in the Mekong* (pp.133-152).

参考文献 ｜ ＊もっと深めたい人へ。

①村田翼夫編著（2001）『東南アジア諸国の国民統合と教育—多民族社会における葛藤』東信堂。
②平田利文編著（2017）『アセアン共同体の市民性教育』東信堂。
③佐藤学・秋田喜代美・志水宏吉・小玉重夫・北村友人編『岩波講座・教育：変革への展望 第7巻 グローバル時代の市民形成』岩波書店。

10 | 高等教育の国際化を通した「知」の伝播—東アジアの文脈で考える文化としての「知」

北村友人

【学習のポイント】 本章では、「文化」としての「知」が、いかにして創出され、国境を越えて共有されているのかについて、アジアを事例としながら検討することを目指している。とりわけ、高等教育の国際化が進む中で、「知」の国際的な共有が進んでいるが、そこには「知」の階層性という問題がある。すなわち、より高い価値付けをされる「知」を生み出す、主に先進国の高等教育システムが優位性を持っているという問題である。こうした問題について、「知識外交」という概念も踏まえながら、理解を深めることが期待される。
【キーワード】 高等教育の国際化、国際連携、留学、「知」の創出・共有、知識外交、ソフト・パワー

1. はじめに

　グローバル化が進む今日の世界において、国境を越えた連携が高等教育分野においても活発化している。大学の**国際化**は、多くの国の高等教育政策の中で優先課題の一つにあげられ、留学生や研究者の受け入れや送り出しを始め、海外の大学との共同教育プログラムの開発、国際共同研究の推進など、多様な取り組みが行われている。こうした高等教育の国際化を通して、いかにして「文化」が伝播しているのかについて、本章では考えてみたい。

　ただし、こうした観点から考えるとき、本章における「文化」とは、大学や研究機関における多様な学問分野で生み出されている研究成果としての「知（knowledge）」のことを意味する。高等教育分野において創出された「知」は、長年にわたり国境を越えて共有されてきた。その

意味で学術の世界はもともと国際的な場であったのだが、近年、グローバル化が加速度的に進展する中、国際的な「知」の伝播も急速に進んでいる。

特に、これまで北米と欧州を中心に発展してきた高等教育分野において、現在はアジアの大学の存在感が高まっており、アジア（特に東アジア）における高等教育の国際化が「知」の伝播に及ぼす影響の大きさを理解することが必要である。そこで、本章では、国境を越えた「知」の創出ならびに共有を推し進める中で、東アジアの高等教育がどのように国際的な連携を図ってきたのか、「**知識外交**」という概念も当てはめながら分析してみたい。（なお、本章の一部は、北村他（2021）ならびに北村（2023）に大幅な加筆修正を行ったものである。）

2. 文化としての「知」をめぐる国際的な階層構造

西洋における大学の起源は、11世紀に創設されたと推測できるイタリアのボローニャ大学をはじめ、現在のイタリア、フランス、スペイン、イギリスなどで12世から13世紀にかけて設立された中世の大学にさかのぼることができる。これらの大学は、ラテン語や法学、医学などを志す人々が都市に集い、共に暮らし学ぶところから始まったといわれる（横尾 1992）。そうした中世の大学には、国を越えて人々が往来し、国際的な「知」の伝播が起こっていた。その意味で、大学という場は、もともとの成り立ちから国際的なものであったといえる。

そうした国際的な場としての大学は、近代に入るとさらに幅広い地域から人々を受け入れるようになった。近代的な大学のモデルは、「研究と教育の一致」を掲げて1810年に設立されたドイツのベルリン大学であったといわれる。こうした大学モデルを提起したのが、ドイツの言語学者であり外交官でもあったヴィルヘルム・フォン・フンボルトであるといわれている。

フンボルトは「知識とはすでに出来上がって完成したものではなく、まだ研究の余地があるものだ」と捉えていた。すなわち、大学での学問は、未だ解決されていない問題を取り上げ、そうした問題を研究し続け

る営みである。そのため、それまでは主として教えることを職務としてきた大学教員たちに対して、大学教員の職務は自らの研究の成果を学生たちに教育することであると主張したのである。その際、学生たちも研究に参加し、そうした研究の過程を通して学生たちを教育していくことの重要性も指摘した（森　2012：94）。こうした考え方が、後にアメリカの大学に引き継がれ、研究大学（Research University）における大学院教育として具体化されていった。

　なお、このフンボルト理念ならびにベルリン大学モデルは、20世紀になってから創作された「神話」にすぎないという、ドイツの歴史学者であるシルヴィア・パレチェクの指摘もある。この指摘は、必ずしも学説として確立されてはいないが興味深い指摘である（Paletschek 2001）。とはいえ、パレチェク自身、19世紀にドイツの諸大学が国際的な学術の中心となったことは否定していない。なお、森（2012）が概説しているように、近代大学モデルをどのように捉えるかは、諸説あるのが実状である。

　いずれにしても、19世紀を通して、ドイツの大学が先端的な「知」を創出する国際的な拠点として発展を遂げて行ったことは事実である。しかしながら、20世紀に入り、特に欧州を舞台に2度の世界大戦が起こり、大学も含めた社会的基盤が大きな被害を受けることになった。加えて、ナチスによるユダヤ人の迫害は、多くのユダヤ系知識人たちが欧州を離れ、主に米国へと移住していくことを促した。20世紀を通して米国は政治的・経済的に大きな力を備えるようになったが、高等教育においても国際的な拠点としての強固な地位を確立することになり、今日へと至っている。

　このように発展してきた大学は、「知」という文化を伝達するだけでなく、「知」そのものを創出する場でもあることを、改めて強調しておきたい。

　そして、アメリカの社会学者であるイマニュエル・ウォーラーステインが提唱した「**世界システム論**」が示した「**中心（center）**」と「**周縁（periphery）**」の関係性にみられるように、高等教育分野においても国

際的な「知」のヒエラルキー（階層構造）が歴史的に形成されてきた。すなわち、世界の「中心」に位置する先進諸国の大学が「知」の主たる生産者であり、「周縁」に位置する途上国や中進国の大学はそれらの「知」の受容者としての立場に甘んじてきた（ウォーラーステイン、1993）。

　こうした「知」のヒエラルキーについて、スタンフォード大学の教育政治学者であるハンス・ワイラーは、国家の枠組みの外側でグローバルな組織によって構築された制度などによって、「知」の優位性が正当化されていると指摘している（Weiler 2006）。ここでいうグローバルな組織とは、大学や研究機関に加えて、国際的な学術出版社やテスト・サービス会社（例えば TOEFL を実施している ETS 社）などである。

　近代以降、欧米諸国をはじめとする先進国が創出してきた「知」は、科学的な検証や論理的な思考を人類が積み重ねてきた成果であり、多くの国で経済的・社会的な発展の基盤を形成してきた。しかしながら、そうした近代的な「知」が万能ではないこともまた明らかである。むしろ、気候変動や生物多様性といった近年の地球規模課題への対応を考えるにあたっては、そうした問題がより身近に起きている途上国の方が、優れた知見や経験を有しているという考え方もある。そこでは、途上国社会で長年にわたって受け継がれてきた「**在来知**（indigenous knowledge）」をいかに活用すべきかといった議論が、人類学をはじめとする多様な学問領域で積み重ねられている（奈良・伊勢田 2009；羽生 2018）。

　こうした途上国における「在来知」に関する実証研究の蓄積は、世界システム論が指摘してきたような、「中心」によって生み出された近代的な「知」が「周縁」へと伝播していく中で構築された国際的な「知」のヒエラルキーや「知」のヘゲモニーを、劇的に転換する可能性を秘めている。また、「在来知」が近代的な「知」との間に相互補完的な関係性を作り上げたり、さらには、「在来知」を近代的な「知」よりも優位な「**対抗知**（counter knowledge）」へと転換したりする可能性があることも指摘しておきたい。

　とはいえ、そうした相互補完性の構築や「対抗知」への転換は、途上

国における研究者たちの存在を抜きにしては、基本的には起こりえない。自らも近代的な「知」について理解している途上国の研究者が、「在来知」を有する現地の人々と協働し、なおかつ、場合によっては先進国の研究者と連携することによって、こうした相互補完や「対抗知」への転換を実現することができる。それこそが、近年重要性が指摘されている、**トランス・ディシプリナリー（trans-disciplinary）** な研究の一つのあり方でもある。

こうした問題意識に立った上で、どのような研究者の存在が、「在来知」を「対抗知」へと転換させることを可能にするのかを明らかにすることが、これからの高等教育のあり方、ならびにそこで行われる研究活動のあり方を考えていく上で重要である。途上国の研究者たちが「在来知」と近代的な「知」の間に相互補完的な関係を構築し、「対抗知」へと転換するためには、何よりも「知」のヒエラルキーを崩す必要がある。そのためには、これまで以上に大学間の国際連携や学生・研究者たちの国際移動が活発化することによって、国境を越えた「知」の共有や共創が進むことが期待される。そうした観点から、次節以降では、特に東アジアに焦点を当てながら、高等教育の国際化について考えてみたい。

3. 東アジアにおける高等教育の国際化と多国間ネットワークの形成

東アジアでは、ここ数十年の間に高等教育システムが急速に拡大している。ここでいう東アジアとは、北東アジアと東南アジアという二つのサブ地域を合わせた地域であり、国や社会による多少の差はあれども、着実な経済成長を実現している地域である。そうした経済成長の結果、近年、中産階級が拡大し、これらの人々の間で高等教育への進学意欲が高まり、この地域の大学やカレッジに進学する学生が急速に増えている（杉村 2008）。なお、この短い章で広大なアジアの全域をカバーすることは不可能であるため、基本的に北東アジアと東南アジアという2つのサブ地域を合わせた、広義の「**東アジア（East Asia）**」に焦点を当てる。

近年の東アジアでみられる高等教育システムの拡大という現象は、女

子・女性、障がい者、エスニック・マイノリティといった社会的弱者の高等教育へのアクセスを高め、より公平な就学機会を実現してきた。しかし、その一方で、東アジアにおける高等教育システムの拡大は、異なるタイプの高等教育機関に通う学生グループ間の格差の拡大をもたらしている。この地域の大学やカレッジは多様であり、提供される教育の質は大学ごとに大きく異なっている。例えば、典型的な現象としては、ここ数十年の間に新設された私立大学の急激な増加があげられる。そうした私立大学の中には、学生に適切な質の教育を提供することが困難な大学も少なくない（Chealy 2009）。

このような高等教育の質に関する複雑な状況に対応するために、東アジア諸国の政府は、後述する東南アジア諸国教育大臣機構（SEAMEO）の高等教育開発地域センター（RIHED）が主導する取り組みなど、いくつかの多国間の枠組みを通じて協力してきた。また、「ASEAN + 3 高等教育の流動性・質保証に関するワーキング・グループ（APTWG）」のような多国間の政府連携も行われている。こうした連携の背景には、2015年に ASEAN 共同体が発足したことで、集団的な取り組みが強化されていることに注目したい。

本節では、このような国際連携の取り組みが、東アジアの高等教育の公平性を促進し、質を確保しようとする試みであることを論じたい。その上で、東アジアで共同体を形成していくための基盤を形成するにあたり、高等教育の国際的な連携にはどのような可能性があるのかについて検討したい。

急速な経済成長に伴う中産階層の増大などの影響を受けながら、東アジア諸国の高等教育システムは拡大を続けている。そうした高等教育システムの拡大に伴い、近年、いままで以上に広くみられるようになった現象が、大学間の国境を越えた国際連携によって促進される、高等教育の「**国際化（internationalization）**」である。高等教育の「国際化」とは、「教育機関、学生、研究者、知識、プログラム、提供方法（システムとプロバイダー）の間の国境を越えた移動や接続を通じて、中等後教

育の空間性を意図的に拡大すること」（Williams et al. 2021：69）である。

　中でも、高等教育の国際化を最も象徴する現象が、留学（ならびに、それに伴う学生の国際移動）である。もともと、東アジア地域の学生たちにとって、人気のある留学先は、北米、オセアニア、そして欧州の主に英語圏の国々である。このこと自体は、今日においても、基本的に変化はない。しかしながら、図10－1が示すように、そうした学生たちの国際移動の状況に関して、顕著な変化もみられる。それは、東アジア域内での学生移動が急速に増加している、ということである。

　例えば、ASEAN諸国から米国とオーストラリアへの留学生数は、この20年間で1.2倍ほどしか増えていないのに対して、ASEAN諸国から中国・日本・韓国への留学生数は、大きく増加していることが分かる。それは、増加率だけでなく、実際の留学生数が、米国やオーストラリアの倍近く（あるいは、国によっては倍以上）に増えていることからも、こうした東アジアの国々がASEANの学生たちにとって、留学先として人気が高いことの証左である。（もちろん、北米などを第一志望にしながら、それが上手くいかなかったために、東アジア域内での留学を選択した、といったケースもあるとは思われる。）

　このように東アジア域内における留学生数の増加は、各国・地域の高等教育を変容させてきた。その変容を表す言葉が、「国際化」である。高等教育の国際化は、さまざまな観点から考えることができる。その中でも、特に2000年代以降の新しい動向として、地域内における**国境を越えた教育プログラム**（cross-border education programs）の開発が活発化したことを、重要な現象としてあげたい（Yonezawa et al. 2014；Kuroda et al. 2018）。

　東アジア域内で学生たちの国際的な流動性が高まった理由としては、学生たちの個人的な要因に加えて、大学の組織的な要因も大きい。個人的な要因とは、すでに指摘したように、中産階層の学生たちが増えたことによって、これまで留学をすることができなかった階層の学生たちにも、留学を実現するだけの財政的な資源を得ることができるようになっ

第10章 高等教育の国際化を通した「知」の伝播――東アジアの文脈で考える文化としての「知」　　181

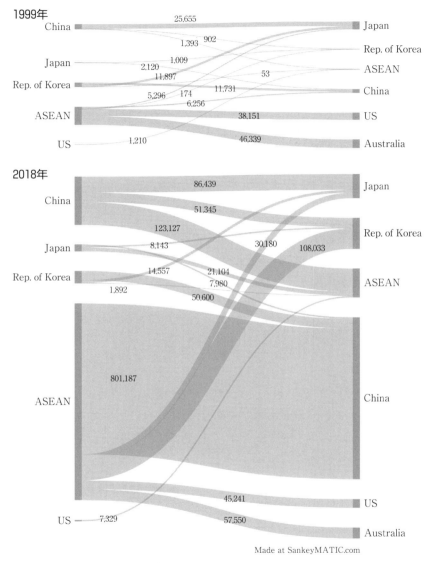

図10-1　東アジアの高等教育における学生移動の変化
（1999年・2018年の留学生数）

注1）図の左側が送り出し国・地域であり、右側が受け入れ国・地域である。
注2）1999年の日本からASEANへの送り出しに関しては、データを入手することができなかった。
出典）The World Bank: DataBank（https://databank.worldbank.org/）、Lee & Healy（2006）、各国の教育省・高等教育省・政府統計局のホームページから、2021年6月にデータを収集した。

たことである。

　とはいえ、シンガポールを除く東南アジア諸国の学生たちにとって、一部の優秀な学生たちを除いては、奨学金の機会も限られるために、欧米諸国への留学は必ずしも容易なものではない。しかし、東アジア域内であれば、渡航費・滞在費や授業料などの観点から、より現実的なオプションとして留学を検討することが可能になる。また、例えば日本のように東南アジア諸国よりも生活費が高い国であっても、留学生がパートタイムの仕事をしやすいなど、欧米諸国と比べて経済的な障壁が低くなっていることも、東アジア域内における留学生数の増加の一因として考えられる。

　それに加えて、域内の留学を促進してきた要因が、大学による組織的な支援の枠組みの増加である。近年、東アジア域内の大学間で結ばれる学術交流協定が増加し、交換留学の機会も増大している。そうした交換留学の際に、大学による財政的な支援なども、積極的に行われるようになっている（Lek 2014）。

　さらに、そうした大学による支援は、国レベルのサポートを得て作られているものも多い。そのように、東アジア諸国において、国あるいは公的機関が関与して作られてきた留学支援の枠組みには、大学間ネットワークにもとづくものがある。その中でも、次にあげるような多国間（multilateral）のネットワークが、重要な役割を果たしている。こうした大学間の国際ネットワークの詳細については、Yonezawa et al.（2014）や Gopinathan（2017）にそれぞれ所収の諸論文、ならびに Kuroda et al.（2018）を参照されたい。

1 ）アジア太平洋大学交流機構（University Mobility in Asia and the Pacific：UMAP）：高等教育分野における政府または非政府の代表からなる任意団体であり、アジア太平洋地域における高等教育機関間の学生・教職員の交流促進を目的として1991年に発足した。
2 ）ASEAN 大学ネットワーク（ASEAN University Network：AUN）：1992年の第四回 ASEAN サミットで提案され、1995年に創

立した国際的な大学コンソーシアムであり、ASEAN 10カ国における先導的大学（leading universities）が加盟している。

3）東南アジア教育大臣機構・高等教育開発センター（SEAMEO-RIHED）による Asian International Mobility for Students（AIMS）Programme：2009年にマレーシア・インドネシア・タイの学生たちの交流事業である M-I-T Student Mobility Project として開始し、その後、東南アジア諸国、さらには日本と韓国も加わり、多様な分野で国際共同教育プログラムを展開している。

4）東アジア共同体構想にもとづく日中韓の「CAMPUS Asia（Collective Action for Mobility Program of University Students in Asia）」：中国・日本・韓国の三カ国の大学・大学院間での留学生交換プログラムで、2011年に開始した。2021年からは CAMPUS Asia Plus として、東南アジアの大学も加えた連携を進めている。

　これらの大学間ネットワークの運営にあたっては、大学が中心となっているものもあれば、政府や東南アジアの地域的な国際機関（すなわち SEAMEO-RIHED）が主導しているものもある。いずれのネットワークに関しても、政府ならびに公的機関による支援が、欠かせないものとなっている。

　また、東アジアでは、これらの複層的な大学間ネットワークを構築する動きと並行して、今日では「一帯一路」の名のもとに、中国による多額の援助資金を背景とした国際的な大学間ネットワークが構築されようとしていることにも注意を払う必要がある。

　中国による高等教育分野の国際ネットワーク構築の取り組みは、2004年から始まった**孔子学院**（Confucius Institutes）の設立を一つの重要な契機として捉えることができる。孔子学院の目的は中国語の教育や中国文化の紹介であり、海外の大学と中国の大学が連携しながら設立・運営を行っている。近年、グローバルな経済市場における中国の存在感が高まっており、それに伴い、多くの国で中国語や中国文化の学習に対する関心も高まっている。孔子学院は、こうしたニーズに応えているとい

える。それと同時に、この孔子学院に関しては、中国政府の政治的・外交的な意図が隠されているとして、欧米の一部の国では批判的な声も上がっている。

　例えば、アメリカでは孔子学院に対する批判的な意見がみられ、国内で諜報活動などの違法行為を行っている可能性が指摘されたりした（Gertz 2018, February 14）。しかし、そうした見方に対して、U.S. Government Accountability Office（GAO）の調査では、実際にそのような違法行為が行われている証拠はみつからなかったと結論付けている（GAO 2019）。

　現在、中国の大学は、世界各地の大学との多様な連携枠組みを構築しており、それぞれに政治的・経済的な戦略があると推測することも可能である。とりわけ2000年代以降、中国は積極的にアジアの大学との連携を深めてきている。例えば、中国とアジア諸国（および一部の非アジア諸国）の間では、2015年に立ち上げられた「新シルクロードの大学同盟（The University Alliance of the New Silk Road）」（38カ国、151大学）、2016年に設立された「一帯一路の大学戦略同盟（The One Belt One Road University Strategic Alliance）」（25カ国、170以上の大学）、2016年に開始された「中国・中央アジア諸国の大学同盟（The University Alliance of China-Central Asian Countries）」（7カ国、51大学）など、さまざまなパートナーシップが展開されている（Li & Ruby 2020）。

　また、中国がASEANを特別なパートナーとして捉えていることにも注目すべきである。2002年からの「ASEAN・中国学長会議（The ASEAN-China Rectors' Conference）」、2008年からの「中国・ASEAN高等教育協力週間（The China-ASEAN Higher Education Cooperation Week）」、2010年からの「ASEAN・中国教育大臣円卓会議（The ASEAN-China Education Ministers Roundtable）」、2017年からの「ASEAN・中国私立高等教育開発・協力フォーラム（The ASEAN-China Forum for Private Higher Education Development and Cooperation）」など、中国とASEANのパートナーシップを強化するためのさまざまな取り組みが行われてきた。こうした連携強化の取り組みは、中国がASEAN

諸国との政治的・経済的な結びつきを深めようと努力してきたことと無関係ではない。

　もちろん、中国の大学による国際連携の状況は非常に複雑であり、一面的な見方は避けなければならない。その意味で、中国によるASEANとの連携の多面性に関するウェルチ（Welch 2016）の議論は、示唆に富むものである。

　中国の高等教育の国際化に関連して、さらに指摘しておきたい点が、国家重点大学を中心に中国の大学が急速に国際的な研究力を高めていることである。そうした研究力の向上は、国際的な共同研究を積極的に推進してきたことの成果であると共に、高い研究力は海外の研究者たちにとって魅力的なものとなり、国際的な共同研究が活発化する要因にもなっている。このようなポジティブな循環を生み出す背景には、中国政府が多額の研究資金を大学に投入していることが背景にはある（Fuerte 2020）。これは、中国における「世界水準研究大学（world-class research university）」の実現への試みが、中央政府ならびに地方政府による「トップダウン」の関与にもとづいているという、黄福涛の議論（Huang 2015）とも重なる。

　本節で概観した東アジアにおける高等教育の国際化は、国を越えた大学間の「**競争**（competition）」を高めると同時に、「**協調**（cooperation）」や「**協働**（collaboration）」を促進している。その中で、学生たちの域内における流動性が高まっている状況を指摘したが、その背景には各国政府の支援によって支えられている大学間連携フレームワークがあることに留意すべきである。すなわち、複数の政府が国際的に連携することで、過度の「競争」を抑制することが可能になり、より健全な「競争」が促進されうる。

　それと同時に、中国のように、単一の政府がトップダウンで大学の国際連携を支援するケースもある。中国の高等教育システムは、政府による強力な支援を受けながら、国際的な競争力と影響力を高めている。そうした巨大な高等教育システムと、東アジア各国の高等教育システムが

共存していくためには、国家間ならびに大学間の健全な競争と十分な協調を両立させることが不可欠である。

4.「知識外交」という概念

　新たな「知」を創出し、共有していくには、大学における教育・研究・イノベーションの活性化が欠かせない。そのための方策の一つが、前節でみたような大学間の国際的な連携である。そうした国境を越えた大学間の連携は、本章で取り上げた東アジアのみならず、世界各地で広くみられる（例えば、国際的な大学間連携の最も先駆的な取り組みが、欧州における「ボローニャ・プロセス」である）。

　こうした国際的な高等教育・研究・イノベーションと、その結果としての国際的な「知」の創出・共有は、国際関係に対して一定の役割や貢献を果たしている。そうした高等教育の役割や貢献を分析するために、トロント大学のナイト（Jane Knight）は「知識外交（knowledge diplomacy）」という概念を提唱している。この概念はもともと、国際的な知的財産の管理や保護に関する外交的な交渉を表すものとして、1990年代ごろから国際関係論の中で用いられるようになった。ナイトは、この概念を援用しながら、高等教育の国際化がもたらす国際的な公益や調和は知識外交の成果であると指摘している。特に、国際的な高等教育・研究・イノベーションが二国間ならびに多国間の関係強化に寄与するとともに、国際関係の深化が国際的な高等教育・研究・イノベーションを促進するという、「相互性」を強調している（Knight 2022）。

　知識外交に類似した概念はこれまでにも用いられており、それらは「文化」の視点に立った外交と「学術」の視点に立った外交とに大別することができる。前者としては、文化外交（cultural diplomacy）、広報文化外交（public diplomacy）、**ソフト・パワー（soft power）** などの概念があげられる（ナイ 2004、2011）。これらの概念に共通する特徴は、政府間で行われてきた伝統的な外交とは異なり、多様な非政府アクターと連携しながら、文化交流や広報活動などを通して、海外の人々や各国の世論に働きかける外交活動を行うことにある。

中でも、ハーバード大学のジョセフ・ナイによって提唱された「ソフト・パワー」の概念は、相手の意向にかかわらず自国の望む方向へ導くための軍事力や経済力を表す「ハード・パワー」の概念に対して、自国の有する価値観や文化の魅力で相手を魅了することによって、自分たちが望む方向に相手を動かす力のことを意味する。ただし、この概念では「パワー」によって覇権を得ることが外交上の目的とされるため、基本的に対等かつ互恵的な関係性にもとづき国際連携や国際協調を展開する高等教育の外交的役割を説明するのには適していない（Knight 2022）。

また、後者（＝「学術」の視点）として、学術外交（academic diplomacy）、科学技術外交（science diplomacy）、科学技術協力（science cooperation）、教育外交（education diplomacy）といった概念があげられる。知識基盤社会がますます進展している今日、科学技術は各国の外交戦略における非常に重要な資源として位置付けられる。軍事的な観点からのみならず、経済的な観点からも、知的財産の管理・保護が安全保障上の大きな問題として捉えられている。こうした問題を論じるうえで、「知的安全保障（knowledge security）」という概念が近年用いられるようになっている。

この知的安全保障に関しては日本でも、研究者の国際的な活動や留学生の往来を通して、機微な情報・技術が流出することへの危惧が高まっている。そのため、大学などにおける安全保障貿易管理に関して、経済産業省が2017年に『安全保障貿易に係る機微技術管理ガイダンス（大学・研究機関用）第三版』を策定したり、文部科学省が2019年に高等教育局長の通知「大学における輸出管理について（再徹底の依頼）」を出したりしている。

このように、文化外交と学術外交は、他国との共存を図りつつも、基本的には国際関係の中で少しでも自国を優位な立場に置くことを目指している。それは、政府が主導する「外交」の特性上、当たり前のことである。しかし、大学や研究機関が果たす「外交」的な役割は、必ずしもそればかりではない。もちろん、頭脳流出や頭脳獲得といった国際的な大学間の競争があり、自然科学分野を中心に研究開発をめぐる苛烈な国

際競争があることは事実である。加えて、アカデミック・キャピタリズム論が俎上に載せるように、近年の「知」をめぐる国際競争は学術の公共性や学問の自由を危うくする側面がある。それでもなお、そうした競争以上に、大学間の国境を越えた連携や協調が新たな知的生産を促進するのであり、そのような国際協力が地球規模の課題を含む今日的な課題を解決していくためには不可欠である。

その意味で、高等教育の国際化を通して文化外交と学術外交の特長や利点をいかすためのアプローチが、知識外交であると筆者は考える。政府による外交が自国の利益を最優先するのに対して、知識外交は「知」の創出や共有といった国際的な公益を最も重視していることに、大きな特徴がある。

5.　国際社会における日本の学術

これからの知識外交を考える上で、学術の世界における潮流の影響を無視することはできない。端的にいえば、研究成果を評価するにあたり、たとえ人文社会科学であっても、自然科学における評価制度と同様の基準が適用されるようになってきたことで、偏った価値観にもとづく知識外交が展開されるリスクが高まっている。人文社会科学の研究は、それぞれの社会の文脈に即して営まれる傾向が強いにもかかわらず、そうした社会的・文化的な固有性を捨象してしまうことで、多様な「知」が共存する可能性を狭めてしまう怖れがある。そうしたリスクが顕在化している一例が、国際学術交流協定などを締結するためのパートナー大学を選ぶにあたり、世界的な**大学ランキング**が過度に重視される風潮である。

大学ランキングは、国際的なものであれ、国内のものであれ、定量化しやすい指標を中心に評価することが多く、一定の妥当性を認めることはできるにしても、それぞれの大学が持つ多様な側面を包括的に評価しているとはいい難い。また、指標の取り扱いについては、恣意性が入り込む余地がある。例えば、米国のコロンビア大学が US ニュース＆ワールド・レポート誌に提供したデータの正確性に問題があり、同誌のランキングからコロンビア大が除外されたニュースは記憶に新しい（Saul

& Hartcollis 2023)。

　こうしたランキングそのものの問題に加えて、国際的な大学ランキングに関しては英語圏の大学の優位性が長年にわたり指摘されているにもかかわらず、国際的なパートナー大学の選定にあたっては、分かりやすい基準として参照されるケースが非常に多い。それは、一面的な基準で世界の大学を序列化してしまう「知」の商品化（コモディティ化）ともいえる現象である。

　このような状況において、「知」の多様性を確保し、大学間の健全な国際連携を促進するための知識外交が求められている。留学生や研究者たちは、他国の大学に滞在し、そこで多様な経験を積むことによって、自国とは異なる知的活動のあり方を知り、滞在した国に対する理解を深めることができる。そうした人々こそが、国際的な教育・研究・イノベーションの進展に貢献するとともに、出身国と滞在国の関係を良好なものにする、知識外交の重要な担い手となっていく。

　ただし、そのような知識外交を活発に展開するためには、当該国の学術活動が国際的な学術サークルの中で一定の評価を得ており、多様な背景を持つ人々を引き付けることが肝要になる。20世紀半ばから今日に至るまで、そのような地位を確固たるものとしてきた米国の高等教育が、やはり世界の知識外交をリードしていることは明らかである。

　その一方で、国際的な学術サークルにおける日本の存在感の低下を、危惧せざるをえない。近年、インパクトのある自然科学分野の論文数の減少などが示すように、日本の学術研究が相対的に弱体化しつつあるとの認識が広まっている。また、国内における学術活動だけでなく、海外での状況にも目を向ける必要がある。例えば、海外の大学において、日本研究のポストが東アジアの他国に関する研究（特に中国研究）のポストに取って代わられたり、日本だけを対象とするわけではない東アジア研究のポストに改編されたりといったことが散見される。こうした状況に対して、海外の大学における日本学科や日本研究センター、そして日本研究者たちへの支援を、国際交流基金や日本の諸大学が連携しながら戦略的に行っていくことが欠かせない。

こうした海外における日本研究の充実を図るためには、高大連携の視点からも考える必要がある。例えば、海外の大学のみならず中等教育機関においても、日本語学習者の数を増やすことが重要である。東南アジア地域を除くと、日本語学習者の多くは高等教育機関で学んでいる。その背景には、中等教育機関における日本語教師の数が不足していることがあげられ、世界各地の大学で教員養成コースを立ち上げたり、維持したりするための支援が必要とされている（国際交流基金 2019）。

こうした自国語や自国文化の学習における国際的な高大連携の取り組みに関して、同じアジアの国としては中国が大きく先行している。政治的な意図に対する批判が根強くあるため、単純に参考にすることはできないとはいえ、世界各地の大学に孔子学院を設置し、現地の高校のカリキュラムにも中国語や中国文化の教育を導入するよう働きかけている中国のアプローチは、強力な知識外交の例として注視する必要がある。

このような状況で注目したい現象が、日本の大学による**海外拠点**の開設である。近年、海外拠点を設置する日本の大学が増えているが、その主な目的は海外教育（スタディ・ツアーやサービス・ラーニングなど）の展開、国際共同研究のサポート、現地の高校生たちのリクルートメントなどであろう。特にアジア諸国に設けられている拠点には、現地の優秀な高校生たちを留学生として勧誘することが重要な役割となっているケースが少なくない。こうした海外拠点の機能を強化し、中等教育機関における日本語や日本社会に関する学習への支援も含め、国際的な高大連携を深化・発展させることが、今後さらに求められるであろう。

6. おわりに

今日の世界では、国連の「**持続可能な開発目標（SDGs）**」が提示するように、国の枠組みを超えた対策を必要とする問題が山積している。また、ロシアによるウクライナ侵攻をはじめ、ミャンマー、シリア、アフリカのサヘル地域などの世界各地で起こっている紛争や暴力が、人々の生活を脅かしている。さらに、新型コロナウイルス感染症は、私たちの生活や社会のあり方を大きく変えた。

第10章　高等教育の国際化を通した「知」の伝播―東アジアの文脈で考える文化としての「知」　191

　このように混沌とした世界において、高等教育の国際化は新たな局面を迎えている。大学や研究機関には、国境を越えた連携をこれまで以上に活発化させ、多様な専門分野における英知を結集して、複雑な課題の解決に貢献することが求められている。そのために必要とされる高等教育の国際化を、本章では「知識外交」という観点からも検討してみた。

　高等教育の国際化は、基本的には社会が変化する中で自然に起こっていることである。国境を越えて知識基盤社会が広がっていく中で、より「良い」教育の機会を求めて学生たちは自発的に移動する。それに対して、大学はさまざまなプログラムを構築し、より優れた学生を一人でも多く獲得しようと尽力している。また、「国力」を上げるといった観点や、文化的に「豊か」な社会を作るといった関心から、政府も大学や学生個人への支援を政策的に打ち出している。そこには、グローバル社会（とりわけグローバル経済）の中で活躍する人材の育成をめぐる国家間の競争原理が働いている。高等教育の国際化とは、大学がその起源から特徴としてきた学生たちの流動性に関して、国際的な社会経済環境の変化の影響を受けた大学や政府が何とか対応しようとする結果として起こっている現象であるといえるのかもしれない。

　こうした高等教育の国際化をめぐる環境の変化が最もダイナミックに起こっている地域が、アジアである（本章では東アジアに焦点を当てたが、アジア全域において高等教育は急速に拡大している）。世界各地の高等教育システムの中でも、留学生数の急増などにみられるように、これから最も積極的に国際化を推進していくと考えられるのが、アジア諸国の大学である。なぜなら、欧米に比べてアジアは、これから高等教育に進む学生が増加する地域であると同時に、経済市場の成長に伴い、産学連携を含めて国際的な研究活動を活発化させる大学が急速に増えてきているからである。（もちろん、アフリカや中南米でも同様の現象がみられるため、それらの地域における高等教育の国際化も注視していきたい。）

　そうした中、新自由主義にもとづく高等教育政策が、過度に競争を煽る結果となり、国家間ならびに大学間の格差を広げてしまっているとい

う問題意識が広まりつつある。そこで、そうした格差を減らしていくために、過度な「競争」ではなく、国境を越えた大学間の「協調」や「連携」が重視される高等教育の国際化を通して、知識外交をさらに促進していくことが必要である。

　高等教育の国際化がさらに促進する中で、国境を越えた「知」の創出や共有が活発化することで、人々の意識も変わっていくことを期待したい。そうした意識変革が進むことによって、SDGs で提起されているような多様な今日的課題への対応策が見いだされていくことを願っている。すなわち、高等教育の国際化を通した「知」の伝播は、より持続可能な社会の実現に貢献しうることを指摘して、本章の結びとしたい。

研究課題

（1）日本の文部科学省がこれまでに策定してきた、留学生の受け入れや送り出しに関する政策を調べてみよう。特に、それぞれの政策の中で、どのような目標を掲げ、それらが実現してきたのかどうか、確認してみよう。

（2）アジアの中で一カ国を事例として選び、その国がこれまでに策定してきた留学生の受け入れや送り出しに関する政策を調べてみよう。

（3）国内の大学を一つ事例として選び、その大学がアジアの大学と共に展開している国際共同教育や国際共同研究について調べてみよう。

引用文献

Chealy, C. (2009). Higher education in Cambodia. In Y. Hirosato, & Y. Kitamura (eds.), *The political economy of educational reforms and capacity development in Southeast Asia: Cases of Cambodia, Laos and Vietnam* (Vol.13, pp.153–165). Springer Science & Business Media.

Fuerte, K. (2020). The secret behind China's advance in university rankings.

Observatory of Educational Innovation. Monterrey, Mexico: Tecnológico de Monterrey. https://observatory.tec.mx/edu-news/china-advances-in-world-university-rankings

GAO. (2019). *China: Observations on Confucius Institutes in the United States and U.S. universities in China.* U.S. Government Accountability Office. https://www.gao.gov/products/gao-19-401t

Gertz. B. (2018, February 14). FBI investigating Confucius Institutes. *The Washington Times.* https://www.washingtontimes.com/news/2018/feb/14/inside-the-ring-fbi-investigating-confucius-instit/

Gopinathan, S. (ed.). (2017). *Higher education in Southeast Asia and beyond* (Issue No. 2). Singapore: The Head Foundation.

羽生淳子（2018）「在来知の活用と地域のレジリエンス」窪田順平編『新しい地域文化研究の可能性を求めて 六』（人間文化研究機構広領域連携型基幹研究プロジェクト「日本列島における地域社会変貌・災害からの地域文化の再構築」ブックレット）。

Hotta, T. (2020). The development of "Asian academic credits" as an aligned credit transfer system in Asian higher education. *Journal of Studies in International Education, 24*(2), 167–189.

Huang, F. (2015). Building the world-class research universities: A case study of China. *Higher Education, 70*(2), 203–215.

北村友人（2023）「高等教育の国際化における新局面—国際的な知識外交の観点」『IDE 現代の高等教育』654：9–13。

北村友人・荻巣崇世・芦田明美（2021）「SDGs 時代における『学び』のあり方を『文化』の視点から捉え直す」関根久雄編『持続可能な開発における〈文化〉の居場所—「誰一人取り残さない」開発への応答』春風社、91–114。

Knight, J. (2022). *Knowledge diplomacy in international relations and higher education.* Cham, Switzerland: Springer.

国際交流基金（2019）『海外の日本語教育の現状—2018年度 日本語教育機関調査より』。

Kuroda, K., Sugimura, M., Kitamura, Y., & Asada, S. (2018). *Internationalization of higher education and student mobility in Japan and Asia* (Background paper prepared for the 2019 Global Education Monitoring Report). UNESCO and JICA Research Institute.

Lee, N. N. M., & Healy, S. (2006). Higher education in South-East Asia: An overview. In UNESCO (ed.), *Higher education in South-East Asia: Asia-Pacific programme of educational innovation for development.* Bangkok: UNESCO Bangkok.

Lek, D. (2014). *Cross border higher education in ASEAN: Structures, policies, development and integration* (ASEAN-Canada Working Paper Series, No. 4). Singapore: RSIS Centre for Non-Traditional Security (NTS) Studies.

Li, A., & Ruby, A. (2020). The Belt and Road Initiative and higher education. *International Higher Education, 103*, Summer, 18-20.

Marginson, S., Kaur, S., & Sawir, E. (eds.). (2011). *Higher education in the Asia-Pacific: Strategic responses to globalization.* Dordrecht: Springer.

森邦昭 (2012)「フンボルト理念をどう受け継ぐか」福岡女子大学文学部・国際文理学部紀要『文藝と思想』76：103-123。

奈良由美子・伊勢田哲治編著 (2009)『生活知と科学知』放送大学教育振興会。

ナイ、J. S.（山岡洋一訳）(2004)『ソフト・パワー——21世紀国際政治を制する見えない力』日本経済新聞出版社。

ナイ、J. S.（山岡洋一・藤島京子訳）(2011)『スマート・パワー——21世紀を支配する新しい力』日本経済新聞出版社。

Paletschek, S. (2001). The invention of Humboldt and the impact of national socialism: The German university idea in the first half of the twentieth century. In M. Szöllösi-Janze (ed.), *Science in the Third Reich* (pp.37-58). Oxford: Berg.

Saul, S. S., & Hartocollis, A. (2023). Columbia University drops out of U.S. news rankings for undergraduate schools, *The New York Times.* https://www.nytimes.com/2023/06/06/us/columbia-university-us-news-rankings.html

杉村美紀 (2008)「アジアにおける留学生政策と留学生移動」『アジア研究』54 (4)：10-25。

ウォーラーステイン、I.（川北稔訳）(1993)『近代世界システムⅠ・Ⅱ』名古屋大学出版会。

Weiler, H. N. (2006). Challenging the orthodoxies of knowledge: Epistemological, structural, and political implications for higher education. In G. R. Neave (ed.), *Knowledge, power and dissent: Critical perspectives on higher education and research in knowledge society* (pp.61-87). Paris: UNESCO Publishing.

Welch, A. (2016). Ir-regular regionalism? China's borderlands and ASEAN higher education: Trapped in the prism. In S. L. Robertson, K. Olds, R. Dale, & Q. A. Dang (Eds.), *Global regionalisms and higher education: Projects, processes, politics* (pp.166-190). Cheltenham, UK: Edward Elgar Publishing.

Williams, J. H., Brehm, W., & Kitamura, Y. (2021). Measuring what matters?

Mapping higher education internationalization in the Asia-Pacific. *International Journal of Comparative Education and Development, 23*(2), 65-80.

横尾壮英（1992）『中世大学都市への旅』朝日新聞社。

Yonezawa, A., Kitamura, Y., Meerman, A., & Kuroda, K. (eds.). (2014). *Emerging international dimensions in East Asian higher education.* Dordrecht: Springer.

参考文献 ＊もっと深めたい人へ。

①黒田一雄編著（2013）『アジアの高等教育ガバナンス』勁草書房。

②吉野耕作（2014）『英語化するアジア―トランスナショナルな高等教育モデルとその波及』名古屋大学出版会。

③花田真吾（2024）『国際高等教育―教育・研究の展開をみすえる』明石書店。

11 | グローバル・ローカル視点から 捉える生涯学習

丸山　英樹

【学習ポイント】　教育・学習のグローバルとローカルな側面を扱い、生涯学習の背景と多様な学習者個人のニーズについて考える。この章では、グローバルな生涯学習の捉え方と学校教育を相対化する概念をもとに、高齢化社会である日本における生涯学習の未来を探る。
【キーワード】　生涯学習、生涯教育、ノンフォーマル教育、シティズンシップ教育、変容的学習

1. グローバル・ローカルな視点

　グローバル化は世界の隅々まで影響力を及ぼしているといわれるが、教育に対してはどのような影響があるのか。外からの圧力としてグローバル化が影響することもあれば、国内の変化によって避けて通れない場面もある。グローバルとローカルの視点を同時に備えることで、教育文化がより立体的にみえてくるだろう。

(1) 教育のグローバルな視点

　グローバル化（グローバリゼーション）は地球規模の経済上の変化を表現する用語として1980年代に使われ始め、世界の人たちに影響を与える政治的・文化的な変化に対しても用いられるようになった。各国政府は世界規模の経済競争に対応するためにふさわしい教育政策と実践を選ぶため、グローバルに生じる物事が国や地元の学校制度に影響を及ぼすようになった（Spring 2015）。また、グローバル化の定義は次の五つに整理できる（望田 2012）：①諸国家間の国境を越えた関係を記述し、国際交流や相互依存の増大を指す、国際化。②開かれたボーダーレスな世界経済を生み出すための国家間移動に対する政府の規制を排除する過程

を示す、自由化。③地球上の全ての場所で人々に同じようなものや経験を広げる過程を意味する、普遍化。④資本主義、合理主義、産業主義、官僚主義などが世界中に広がり、その中でしばしばローカル文化が破壊されていく過程の、西洋化・近代化。そして、⑤社会的空間が領土に依拠する場所、領土を基準とする距離、領土を分ける国境によっては完全には規定されない状態を指す、超領土化である。

これらのうち、近年の仮想空間における相互作用も大きいことからも⑤がグローバル化の最新傾向だということが可能であるが、いずれのグローバル化も複合的に展開している。このようなグローバル化が進展する結果、教育に対しては第一にイデオロギーともいえる新自由主義が大きな影響を及ぼす。市場原理が教育に取り入れられ、市場価値を持つ能力や技能が優先的に教育に期待されるようになる。後述するように、生涯学習には人間としての充実（高度教養人）が本来は含まれるが、日本でのリスキリングは能力・技能のアップデートのように狭く捉えられる傾向がみられ、その一例といえよう。

第二に、教育関連の国際機関が各国の教育に対して大きな影響力を持つことがあげられる。OECDの国際学力調査が典型例であり、グローバル化により知識経済へ対応できる人材育成を追求するような流れとなっている。もともとOECD-PISA（⇒第8章）は各国の教育政策の分析を目的としたものであったが、世界ランキングまたはオリンピックのような捉え方がなされ、日本では学力低下などの議論に使われ、一時はセンセーショナルに報道された（丸山 2016）。しかし、PISAで測定できる各種コンピテンシーは上記グローバル化の③「普遍化」と、目的としての④「近代化」への圧力を伴い、ともするとローカルな価値観や文化を軽視する傾向を生みかねない。次項で記すように、学習者にとってはローカル文脈でこそ認められる価値が重要だとしたら、グローバル化はややもすれば暴力的な圧力となる。

しかしながら、本章でも示すように、グローバル化（①や②）は国家間の経済格差を縮小し、教育普及の国際イニシアチブを伴って学習権保障も多くの国々で担保することになった。さらには、⑤「超領土化」の

理解や支持によって地球市民（⇒第９章）などの概念も共有されるようになった。例えば、SDGs の目標4.7でも示されるグローバル・シティズンシップは、2015年以降、ローカル・ナショナル・グローバル間における政治的・経済的・社会的・文化的な相互依存と相互関連を強調するグローバル・シティズンシップ教育で組み込まれた。グローバル・シティズンシップ教育は認知、社会性と情動、行動の三つを学習領域として設定している。つまり、知識と技能を獲得する認知的側面だけでなく、それらを用いた社会性と情動の側面および行動の側面という従来型の教育観を超えた捉え方をする。これらが求められる背景には、次項で示すように、シティズンシップ教育によって**能動的な市民**（active citizens）を育成する必要があると世界的に捉えられるようになったためである。

　なお、19世紀には既に人の国際移動はみられたため、グローバル化を20世紀後半に始まった新しい現象とは認めない立場もある。また、グローバル化によって国民国家の役割が無くなったという捉え方は正しいとはいえない。むしろ、例えばコロナ禍とワクチン手配にみられたように、またはロシアのウクライナ侵攻のように、国家の役割がより強くなったとさえいえるためである。

▍コラム▐

能動的な市民

　アクティブ・シティズンシップ（active citizenship）とは、所属する社会の意思決定に市民が能動的に参加することを指す。ここには権利と責任が含まれ、個人が自らの社会環境をつくり、公共の利益を守るために果たすべき役割を示す概念となる。能動的な市民は、公共サービスの利用者として自らの日常生活を制御し、社会の意思決定とサービス提供に向けて対話を通して関与できる者である。その空間は、政治だけでなく、職場・市民社会・私的な領域での活動を含む。このような関与を通して選択・エンパワメント・参加が重要な要素となり、それらの過程において学習が生じる。近年ではソーシャル・メディアを通したシティズンシップも重視されているものの、責任については明確に判断できない問題点がある。

（2） 教育のローカルな視点

特定の領土と民族・言語にもとづいて国民国家（nation-state）という社会を作る。こうした社会の構築と保守を支えたのが近代学校教育であった。同じ国家のもとで近代学校は、人々を国民（nation）として統合する機能を担っていたのである。正統化された同じ歴史認識を抱き、ある程度の同じ価値観を醸成し、公用語などで同じ言語を用いることができる国民を育てることが、学校の役割とされた。こうした**国民教育**（⇒第8章）は、近代史上、他国民と自国民を区分する正統な根拠を与えるものであった。戦後日本でも日本国憲法第26条「すべて国民は、法律の定めるところにより、その能力に応じて、ひとしく教育を受ける権利を有する（第1項）。すべて国民は、法律の定めるところにより、その保護する子女に普通教育を受けさせる義務を負ふ。義務教育は、これを無償とする（第2項）」が国民の教育権保障と義務教育を謳う。だが実際には、日本に在住する日本国籍を有しない学童も対象に義務教育は提供されており、2016年以降は法的にも日本社会に住む市民に公教育は開かれている。むろん、問題が無いわけではなく、本書（⇒第2章、第3章）でも扱うように、外国籍学童の問題は社会の成立に関わる広い課題である。

国民という用語に加えて市民（citizen）が使われるようになったのはフランスの市民革命からということができるが、そもそもシティズンシップ（citizenship、市民性）とは政治共同体の成員資格を意味する概念で、その政治共同体である国民国家における権利と責任が問われる。また近年では欧州連合（EU）のように領域国家群による公的機関も存在し、1993年のマーストリヒト条約でEU域内の移動と就労が自由となり、地方参政権が含まれたEU市民権が設置されたことから、「EUシティズンシップ」という概念も実現している。そして、**シティズンシップ教育**は、社会の構成員である市民に必要な資質を育成する教育である。その資質とは、社会の意思決定に関与し、社会を担い、築いていく能力や意欲となるが、市民とはだれかという点は時代や社会状況によって異なる。

シティズンシップ教育は、冷戦後の1990年代に世界的に関心が高まり、教育政策の課題の一つとして取り上げられることが多くなった。西欧諸国では、新自由主義に影響を受けた福祉国家の政策の維持、民主主義社会を揺るがしかねないような若年層の政治的無関心、冷戦終結による東欧からの労働者流入が、シティズンシップ教育を構築する大きな動機となった。シティズンシップ教育の共通点は、能動的な市民の育成の他、批判的思考力、問題解決能力、民主的参加を目指すことがあげられる。イギリスのように中等教育段階においてシティズンシップが科目として必修化した国もあるが、多くは社会科などと合わせて行われている。

日本の場合、二重国籍を認めないように、国民という概念が市民性と同一のように捉えられがちであるが、正確には近代日本において日本国籍を持たない市民も何世代にもわたり数多く居住している。また、日本国内では学校教育法第1条が正規の学校を定めるわけだが、それに該当しない学校に通学する子どもたちの学習権保障もグローバルに普遍的な権利として捉えられるべきであろう。そのため、日本の国籍を持たぬ者は日本社会の市民ではない、不登校の子どもは意志が弱いなどの言説には注意が必要である。

（3）比較教育学からみる往復

ここでグローバルとローカルの往還について記しておきたい。というのは、グローバルとローカルの観点は両輪として機能するためである。すなわち、片方だけの捉え方では不十分であり、ともすると、一方的な認識だけでなく実際の行動・ふるまいを引き起こし、社会の分断を加速させてしまいかねない。

比較教育学（⇒第8章）とは、世界のさまざまな国・地方や文化圏の教育について空間的に異なる複数の点に着目し、比較の手法を用いて分析することにより、一定の法則性や独自の累計を見いだすことを目的とする専門的学問分野を指す（大塚 2012）。その強みは国際比較をはじめさまざまなレベルと時間軸でもって行う比較検証を前提とする点、国内外の現地ではいかなる背景や状況が教育と関係するのかを実際に足を運

んで調べる点、そして研究蓄積を重視しつつも実際に生じている問題に対する解決策がありうるかを意識できる点があげられる。そのため、実際のアプローチとしては、既存の枠組みに対するアンチテーゼとして生まれた地域研究が有力な方法となり、国内外におけるフィールドワークが重視される（丸山 2019）。例えば、日本の教育状況を把握するには霞が関から発信されている情報のみに依拠しないことになる。しかし同時に、フィールドワークで得られた情報のみで理解した気にならないことも重要となる。つまり、一般化された情報と具体化された情報の両者を捉えることに、比較教育学は重点を置くことになる。

だが、同時に両者を追いかけることは可能なのだろうか。比較教育学では既にそれに対する答えは出ており、「どちらから始めても良いが、必ず他方へ向かい、再び戻ってくること」となる。今井（1990）は、地域研究による差異化（具体化）の追求と国際研究による一般化への試みは連続したものであり、入口がどちらであっても、研究の継続によって両者の往復を行うことになると指摘する。例えば、日本人がフィンランドの教育事例を現地調査で追求した場合、それはいずれ日本の教育への援用や参考となるような前提とした研究へつながり、より一般化された形で日本の読者や聞き手に伝えられる。そして、日本の文脈で捉え直したフィンランドについての理解を再び現地に持ち込み、現地の人たちと対話することになり、彼らは日本の情報を一般化して捉える。要は、他者のことをそう簡単に分かった気にならない態度が重要で、逆にだれからも常に学び続けることは次節で扱う生涯学習そのものとなる。

2. 生涯学習

生涯学習は「ゆりかごから墓場まで」、また「いつでも、どこでも、だれでも」と表現されるように、学校での学びを含め、生まれてから最期まで学び続けることを指す。生涯学習という用語の前に、生涯教育という用語が世界的に使われるようになり、後に学習者を主体とする捉え方をもとに生涯学習という表現が日本でも一般的となった。本節では、その背景と概念を整理しておこう。

（1）生涯教育と生涯学習

　生涯教育の概念は、ユネスコにおいてフランスの教育学者ラングラン（Paul Langrand）が1965年に提唱したものである。第三回ユネスコ成人教育推進国際委員会において学校を卒業したからといって教育は終わるのではなく、家庭教育や社会教育などの相互の連携があり、生涯を通して有効に機能すべきと彼は提唱した。**生涯教育論**は、学歴社会の弊害を取り払い、学校・家庭・地域の結びつきを追求する総合的な教育体制を提唱するもので、世界各国の教育政策に影響を与えた。その後、スウェーデンの首相だったオロフ・パルメ（Olof Palme）が主導して経済協力開発機構（OECD）で「**リカレント教育**」として概念を発展させた。リカレント教育とは、「学校で教育を受け、就職し、定年後は余暇で過ごす」というサイクルを何度か繰り返すことを意味する。そのため、教育機会の均等だけでなく職業機会の平等の観点を含め人生後半にフルタイム学生の身分に戻ることを意味したが、雇用主や政府にとっては大きな負担となることから、リカレント教育の理想は政治と教育のアジェンダからは消し去られた（ジャーヴィス 2020）。1972年には、フランスの元首相エドガー・フォールを委員長とするユネスコの教育国際開発委員会は、『Learning to be（未来の学習）』と題する報告書を発表した（⇒第12章）。この報告書ではこうした流れの中で、より広い学習活動を視野に入れて、学習を基礎においた考え方を追求したものであった。ここで、「生涯教育」から「**生涯学習**」へという流れを主導することとなり、その意義は大きいものとなった。

　生涯学習は、いわゆる先進国においては継続的な学習によってリテラシーを高めることを目指し、いわゆる発展途上国においては「読み書き算」という基礎的なリテラシーだけでなく、機能的リテラシー（⇒コラム「リテラシー」）の獲得を重視することになった。こうした生涯学習は社会化（⇒第1章）そのものである。ジャーヴィス（2020）によると、**社会化**とは、少なくとも二つの側面を備えた生涯にわたる継続的なプロセスである。第一の社会化は個人が最初に経験し、それを通して個人が社会の一員となる。第二の社会化は既に社会化された個人を社会の現実

第11章　グローバル・ローカル視点から捉える生涯学習 | **203**

世界の新たな領域に参入させるための後続する全てのプロセスである。19世紀の産業革命以降にテクノロジーがより洗練して発展し、加速的な社会変動がみられるようになり、第二の社会化が求められるようになった。すなわち、一回限りの教育では対応できない世界になったとき、否が応でも学び続けることが求められる社会へと変貌した。文化人類学では社会化を文化化と呼び、定型的・非定型的および準定型的な文化伝達のモードを通して個人がさまざまな文化パターンを習得し、それを生涯継続する過程の学習として捉えて構わない（太田・丸山 2024）。つまり、生涯学習とは学校教育と職業技術教育や成人教育などの領域と人生ステージで明確に区分せず、生活全般（life-wide）で継続的（lifelong）に行われるものなのである。

　戦後日本では、**社会教育**という表現が使われてきた。それは、「国民が自ら学習に取り組み、国と地方公共団体がそのための環境を醸成する

コラム

リテラシー

　リテラシー（literacy）とは、さまざまな状況に関連した印刷物や書かれたものを使って、識別し、理解し、解釈し、創造し、伝え、計算する人の能力である。それは、個人が目標を達成し、知識と可能性を高め、所属する社会に完全に参加できるようにするための連続した学習によって獲得される。一般的に、基礎的リテラシーは読み書き算を指し、およそ小学四年生の学力程度ともいわれる。そうしたリテラシーは必要であるが、今日の社会生活には十分ではない。そのため機能的リテラシー（functional literacy）の獲得を識字教育の目標にするのが通常である。それは、その人が所属する集団や地域社会が効果的に機能するために必要とされるあらゆる活動に従事できる能力を指し、その人が自分自身や地域社会の発展のために読み、書き、計算を使い続けることができるようにするための能力でもある。

　近年になって注目される各種リテラシーのうち、デジタル・リテラシーは、生活のあらゆる場面で、情報、コミュニケーション、基本的な問題解決のために、あらゆるデジタル技術を自信を持って批判的に活用することを指す。デジタル・リテラシーは、ICT の基本スキルに裏打ちされたもので、情報の検索・評価・保存・作成・提示・交換のためのコンピュータの使用、インターネットを介した共同ネットワークでのコミュニケーションと参加の能力である。

出典）ユネスコ統計局用語辞典

ことによって後押しする」という理念にもとづき、教育委員会、施設、人材、社会教育関係団体等によって振興されてきた（田中 2020）。1949年に交付施行された社会教育法第2条では「学校の教育課程として行われる教育活動を除き、主として青少年及び成人に対して行われる組織的な教育活動」を社会教育として定義している。

生涯学習と生涯教育の関係については、1981年に日本の中央教育審議会答申「生涯教育について」に「生涯学習のために、自ら学習する意欲と能力を養い、社会のさまざまな教育機能を相互の関連性を考慮しつつ総合的に整備、充実しようとするのが生涯教育の考え方である」とある。また、両者の違いについて1988年に文部科学省が『我が国の文教施策 昭和63年度生涯学習の新しい展開』で、生涯教育とは学習機会を整備・供給する側から規定する場合の用語で、生涯学習は学習者の自由意志にもとづき学習者個人に合った方法で行われる学習を強調する用語であると説明している（西井 2010）。また、1987年の臨教審「教育改革に関する答申（最終答申）」では学校教育中心の考え方を改め、生涯学習体系への移行を主軸とする教育体系の総合的再編成を図ることを提案されており、これ以降には生涯学習が行政用語となった。さらに、2006年の改正教育基本法第3条では、一人ひとりが生涯にわたって、あらゆる機会とあらゆる場所で学習でき、その成果を適切にいかすことのできる社会の実現が図られなければならないと規定している。

1980年代には「社会教育の終焉」が議論され、1981年に中教審において生涯学習を推進する方策が取りまとめられ、1987年には臨教審において政府全体の政策として生涯学習体系の確立を目指すことが定められた。しかし、社会教育施設などで今も学習者が自主的に学習活動しており、日本における公的な生涯学習は社会教育として継続しているといえよう。その公的な学習を支えるのが、全国に小学校とほぼ同数で存在する公民館をはじめとする社会教育施設である。これは、学童でなくてもだれでも使える教育施設で、公民館の他、公共図書館、博物館、女性教育施設、青少年自然の家、公設の野球場や体育館などがある。民間の施設としては、カルチャーセンター、スポーツクラブ、習い事、外国語教育施設な

どがあり、近年では個別のオンライン教室・指導などもあり、顧客（学習者）に対して有償でサービスを提供している。また、非営利団体であるNPOなどは多様な学習機会を提供しており、大学などの研究機関も地域貢献として公開講座などを開設している。田中（2020）は、社会教育の効果として、学習を通した学習者の自己実現の他、参加者同士による社会的な関係性構築、学習成果をいかした地域・社会の課題解決をあげる。これらは高齢化社会の日本にとって個人の学習成果であると同時に、公共性の高い社会的な成果として捉えることができ、生涯学習による教育文化の創出といえるだろう。

（2）ノンフォーマル教育という概念

　生涯学習から画一的な学校教育を除いた部分を**ノンフォーマル教育**（NFE）と呼ぶことができる。NFEとは学校のように制度化された教育の外で行われる、ある程度組織化された意図的な教育であるが、「学校外教育」とは異なり学校の中でもみられる（太田・丸山 2024）。教育意図が無かったり、構造化されていないものはインフォーマル教育・学習となる（⇒第1章コラム「教育・学習」）。日本ではあまりなじみのない用語だが、国際的には久しく扱われてきた。NFEには法的根拠を持つ公式な教育目標・目的に必ずしも準拠していない教育も含まれ、提供する側や教師も正規のものとは限らず、また学習者も学童期の者に限定していない。NFEが展開される空間は、正規の建物の場合もあれば、礼拝所や街の集会所といった人々が集まる場所、または学校が存在しない地域での青空教室であったり、学童期から労働を続けた大人と子どもが共に学ぶレンガ工場の中など多彩である。

　NFEという言葉は、米国の経済学者で、ケネディ大統領のもとで初代教育・文化担当国務次官補を務め、1963年にはユネスコ国際教育計画研究所の初代所長となったクームス（Philip P. Coombs）が、国際教育開発の議論の中で社会化を三つに区分したことから使われ始めた。その分類が、フォーマル教育・ノンフォーマル教育・インフォーマル教育であった。クームスらの定義では、順に「階層的に構造化され年齢段階に

応じて等級分けされた、小学校から大学までの教育システム」、「制度化されたフォーマルなシステム外で行われる、組織化された教育活動」、そして「個人が日々の経験や環境の中で教育的作用や支援を受けながら態度や価値、技術、知識を獲得するという、まさしく生涯にわたる過程」である。概念として学校の授業中で展開される教育（フォーマル教育）を陶冶とすると、NFE は教化との重複が大きく、インフォーマル教育は人間形成と大きく重なる。ただし、学習者を主体と捉える生涯学習の観点からは、陶冶・教化・形成は同時に発生しうるため、近年では教育・学習の「フォーマル・ノンフォーマル・インフォーマルな環境」という表現が用いられることが多い。

　NFE が使われ始めたのは1960年代で、先進国においては貧富の差を学校教育は是正せず、むしろ拡大させているという認識から教育改革が求められ、独立を遂げた途上国では国家間での不平等を強く問題視していたころであった。それぞれの社会の最下層を助けるために教育をどう変えたらよいかと多くの論者が模索する中で、NFE に期待が寄せられた。長年 NFE 専門家として世界各地で調査および国際協力に携わったロジャーズ（2009）によると、NFE はフォーマル教育を否定する形で始まり、補完するもの、多様なもの（別様）の一つという議論の推移がみられる。その背景としては次の二つがあった。一つは、既存の教育制度は費用対効果が低く、資源分配でも不均衡であるとし、制度の改良を目指して非政府組織（NGO）などによる教育支援であった。これはフォーマル教育の欠陥を埋めるものとして国際協力分野で大いに評価さ

コラム

陶冶・教化・形成

　教育の主体と客体および両者の教育的関係の媒体をなすものの三つが顕在的であることを、陶冶と呼ぶ。学校ならば、順に教師、生徒、掲示物や教科書や指示などの三つとなる。職場ならベテラン社員、新入社員、研修教材となる。教化は、客体と媒体が目にみえて、主体がみえない状態を指す。社会教育施設の博物館や生徒が自習している場合が該当する。教育の客体が意図的に学習している。そして、形成とは教育の客体集団のみが存在してみえる状態で、集団によって作られる雰囲気や規範意識が学習者の人間形成をなす。

れた。前述のとおり同時期に国際社会で提唱されていた生涯教育・生涯学習論も、教育制度の新たな原理として改革を目指したため、同様の志向を持っていたのであった。

もう一つは、欧州生まれの近代教育制度を根本的に批判する立場であった。**脱学校論**を唱えたイリイチや**被抑圧者の教育**を提起したフレイレなどが代表的論者である。人材配分を主要な機能とする学校教育制度は必ず一定数の落伍者を生み出し、その人たちを序列の下層に位置付ける。そうした制度を克服し、平等を実現するためには教育制度を廃止すべき、根本的に変革すべきと主張した。そこで学校教育のオルタナティブとして注目されたのが、昔ながらの徒弟制度や社会運動とつながる民衆教育などで、画一的な学校教育とは異なり、文脈に即した多様な形態を持つ NFE であった。不平等の解消を目指した批判的教育論者たちは NFE を既存の教育制度に対抗しうる別様の教育として構想した（太田・丸山 2024）。

現実的には、途上国を支援する**国際教育協力**（⇒第12章）では、学校が存在しない空間で学校を代替するものであり、国際的な教育目標を達成するためのツールであり、そして学校を卒業すること（認証）の価値を強化するものでもあった。つまり、学校の無い途上国の一部では公式の学校を卒業することが社会的に価値付けされ、社会の分断あるいは再生産を支えることにもなった。しかし、だからといって NFE による学習機会を提供しないならば、多くの学童および通学経験のない大人（特に女性）が基礎的リテラシーを獲得できない状況に陥る。

NFE の一部に**オルタナティブ教育**がある。オルタナティブ教育とは、そもそも相対的な概念で、その特性は刷新が必要であると想定されている伝統なり公教育なりがどのような問題性を持つと捉えられているのかによって変容する（永田 2005）。また、オルタナティブという言葉には、二つ以上のものから選ぶことのできるもの、代替として代わることができるもの、そして別様のものが含まれ、オルタナティブ教育は既存のものとは別の教育を求めることになる（吉田 2019）。その過程においては、いくつかのものから選択できる状態を指し、またそれを実現するために

多様性が重んじられ、既存のものへの批判的な応答として刷新された教育が追求される。日本でも2016年の教育機会均等に関する法改正によって一部のオルタナティブ学校が認証されるようになった。

NFEという日本ではあまりなじみのない概念を使うメリットは、何だろうか。それは、「これまで通り」の教育概念（⇒第12章）を一度突き放すためである。NFEは公教育を否定しているわけではなく、フォーマルからインフォーマルまでの連続体であるため、教育を別様に

コラム

経験学習、変容的学習、解放的学習

　経験学習とは、経験を通して学ぶことを意味する。米国の教育学者・哲学者のデューイ（1975）の思想にもとづき、知識の一方向の伝達ではなく、体験や実験を通して自らが考え・学ぶことを重視する。コルブ（Kolb 1984）は経験学習を、経験→ふりかえり→概念化→実験というサイクルで描く。ウェンガー（Wenger 1999）が示すように学習者同士が刺激し合って成長するような実践の共同体や、センゲ（2011）が示す学習する組織などは、経験学習を前提としている。

　変容的学習とは、成人教育学者メジロー（2012）が整理したもので、学習を「学習者が過去に得た知識の結果として、経験から意味を作り出す過程」とし、過去の経験を新たに解釈・修正することで人が未来の行動に導かれていくと主張した。だれもが現実の構築（パースペクティブ）を行うため、それが自分の過去の経験と一致しないとき、パースペクティブを変容させる。心理学的手法でもあるため、現実世界を変えるというよりも、自身の認識を変容させることになるが、最終的には社会へ自身を再統合していく。彼は、ハーバーマスが提示した解放という概念を用いるため、変容的学習によって自身の限界・制度の限界・環境の限界から解放されることを示唆する。

　解放的学習とは、支配的・抑圧的な社会の言説について学び直し（unlearning）、学習者が自らの人生・運命に介入できるようになる学習である。フレイレ（2018）は省察と行動にもとづき、被抑圧者が抑圧者との関係を批判的に問うことを目指す教育を築いた。教育者の役割は人々との対話を促し、自分たちがいる社会状況に対する不断の批判的態度を育て、学習者と共に自らが埋め込まれた状況に気付くことから始めることで、人間性を取り戻すとした。教育者たちはエリート集団の一部であり、他者を抑圧する側になりうる点を認識するよう促した。同時に「当たり前」を問題視し、開かれた議論によって学習を進めるよう対話を重視した。これは教育内容・方法における抑圧を批判し、学習者の声をエンパワーすることを目指す批判的教育学にも通じる。

出典）ジャーヴィス（2011）

捉えるための参照点となる（ロジャーズ 2009；太田・丸山 2024）。近代学校制度は就学義務を規範化し、学童期に通学できなかった者や独学で能力を獲得した者を承認しない価値を生み出し、強化する。これは、今日の新自由主義的な発想、すなわちケアや教育など公共サービスは無償で保障されるがゆえに有料のサービスよりも劣ったものとして認識されることと似ている。生涯学習は学習者本人にとって有意味であるからこそ重要なのであって、グローバル経済に対応するための技能獲得は一部に過ぎない。シティズンシップとして教わることで身に付く内容もあろうが、例えば学校で道徳という教科で教わったからといって道徳的な行為を選ぶとは限らず、現実の社会の中でその文脈に応じてふるまいを獲得し、異なる他者と対話や協同を自らが経験（第二の社会化）して身に付くことも多い。画一化された教育の対局にあるのが、NFEをさらに超えて、そうした経験から学ぶインフォーマル学習である。意図していなくても「偶発的な学習」として、学ぶこともある。例えば、旅行先での出会いによって人間理解が深まることもあるだろう。学習者本人にとって深い意味を持つ学習になったならば、それを他人が「経済生産性を高めないから価値は無い」と否定できるだろうか。

コラム

旅と学習

　海外旅行は、逃れられない異文化体験を伴う直接経験の連続である。たとえ観光旅行であっても、自分にとっての「当たり前」や「これまで通り」が通用しなかったり、全く異なる視点から物事を捉え直すきっかけとなる。観光先では有名な見どころよりも、些細な出会いが自分にとって大切な瞬間にもなる。旅行によって得られる偶発的な学習や事前準備で用意されたノンフォーマル教育などは学習機会に満ち溢れている。旅行の他には、海外留学や大学またはNPOなどが設定する海外スタディツアーなどが短期の教育プログラムとして存在する。今は円安でインバウンド旅行客との接点によって、日本国内で学びの機会が増加しているともいえる。また、海外や異文化での経験を得ることによって、その後も国内など慣れた空間でも新たな学習機会を発見する可能性も広がる。

3. おわりに

　教育として用意された空間に限らず、私たちは学ぶことを止めるのは不可能である。仮に「この内容は自分とは無関係だから学ばない」と決心しても、その内容に触れて学んだ結果そうなるのである。放送大学は従来の学校とは異なる形態での大学を目指しており、生涯学習が求められる時代で人々の学習ニーズに応じるものとなっている。原則として入試も無いことから、いつでも・どこでも・だれでも学習が可能となる生涯学習をまさしく体現している大学で、そこに「通学」する者は全て生涯学習者である。

研究課題

（1）教育・生涯学習のグローバル化について、具体例をあげてみよう。その影響について、新聞などの報道から日本ではどう扱われているだろうか。

（2）シティズンシップ教育の題材となりうるトピックをみよう。それは、グローバルな視点またはローカルな視点のいずれが強く反映されているだろうか。

（3）自分がこれまで経験したことのうち、生涯学習やノンフォーマル教育の概念を用いて学習成果として他人に伝えられるものは何だろうか。また、それが自分の人生にとって、いかなる意味があると自分では捉えられるだろうか。

引用文献　＊参考文献であげたものは除く。

デューイ、J.（1975）（松野安男訳）『民主主義と教育』（上・下）岩波書店。
フレイレ、P.（2018）（三砂ちづる訳）『被抑圧者の教育学』亜紀書房。

今井重孝（1990）「比較教育学方法論に関する一考察—『一般化』志向と『差異化』志向を軸として」『比較教育学研究』16：19-29。

Kolb, D. (1984). *Experiential learning: Experience as the source of learning and development*. Englewood Cliffs, NJ: Prentice Hall.

ジャーヴィス、P. 編（渡邊洋子・吉田正純監訳）（2011）『生涯学習支援の理論と実践—「教えること」の現在』明石書店。

ジャーヴィス、P.（渡邊洋子・犬塚典子監訳、P. ジャーヴィス研究会訳）（2020）『成人教育・生涯学習ハンドブック—理論と実践』明石書店。

丸山英樹（2016）「国際イニシアチブと学力観が描く市民像」佐藤学・秋田喜代美・志水宏吉・小玉重夫・北村友人編『岩波講座 教育 変革への展望7—グローバル時代の市民形成』岩波書店、45-72。

丸山英樹（2019）「比較教育学—差異化と一般化の往復で成り立つ」下司晶・丸山英樹・青木栄一・濱中淳子・仁平典宏・石井英真・岩下誠編『教育学年報』11、世織書房、315-337。

望田研吾（2012）「グローバリゼーションと教育」日本比較教育学会編『比較教育学事典』東信堂、146-149。

西井麻美（2010）「生涯にわたる学習構想—生涯学習」小澤周三編『教育学キーワード 第3版』有斐閣。

太田美幸・丸山英樹編（2024）『ノンフォーマル教育の可能性—リアルな生活に根ざす教育へ 増補改訂版』新評論。

大塚豊（2012）「比較教育学」日本比較教育学会編『比較教育学事典』東信堂、321-324。

ロジャーズ、A.（大橋知穂・笹井宏益・澤野由紀子・千葉みずき・鶴見陽子・丸山英樹訳）（2009）『ノンフォーマル教育—柔軟な学校教育または参加型教育』国立教育政策研究所。

Spring, J. (2015). *Globalization of education: An introduction*. Routledge.

田中雅文（2020）「日本の社会教育の現状と課題」長岡智寿子・近藤牧子編『生涯学習のグローバルな展開』東洋館出版社、92-114。

Wenger, E. (1999). *Communities of practice: Learning, meaning, and identity*. Cambridge: Cambridge University Press.

吉田敦彦（2019）「『オルタナティブ』の三つの意味合い——元化と多元化のはざまで」永田佳之編『変容する世界と日本のオルタナティブ教育』世織書房、82-107。

参考文献 ｜ ＊もっと深めたい人へ。

①佐藤学・秋田喜代美・志水宏吉・小玉重夫・北村友人編（2016）『岩波講座 教育
変革への展望７―グローバル時代の市民形成』岩波書店。

②永田佳之（2005）『オルタナティブ教育―国際比較に見る21世紀の学校づくり』
新評論。

③センゲ、P. M.（枝廣淳子・小田理一郎・中小路佳代子訳）（2011）『学習する組織
―システム思考で未来を創造する』英治出版。

④メジロー、J.（金澤睦・三輪健二監訳）（2012）『おとなの学びと変容―変容的学
習とは何か』鳳書房。

⑤ユネスコ統計局用語事典（UNESCO Institute of Statistics）
https://uis.unesco.org/en/glossary

⑥ラングラン、P.（波多野完治訳）（1976）『生涯教育入門』全日本社会教育連合会。

12 | ポストSDGsの教育―
2050年に向けて

丸山　英樹

【学習のポイント】　SDGsと教育の関係を確認した後、ESDの枠組みと取り組みをふりかえる。その上で、国際報告書の内容をもとに2050年の教育に求められることを検討する。発展途上国における公教育の欠如を改善することから、国境を越えた人類共通の課題を想定した国際協力へと変化する様子を捉える。
【キーワード】　持続可能な開発のための教育（ESD）、ユネスコ、未来の学習

1. SDGsにおける教育

　この節では、まずSDGsの背景をおさえた後、その背後にある概念を確認する。その上で、SDGs達成に向けた教育の重要性を、国際イニシアチブの歴史と動向から記す。

（1）SDGsとは

　国際連合は2015年に**持続可能な開発目標**（Sustainable Development Goals: SDGs）を採択した。SDGsは、それまでのような経済成長のみを発展・開発の軸とするのではなく、人間と社会の開発と環境保全を組み合わせた持続可能な開発を核心的な概念として捉え、国際目標として設定された。これは、1970年代に経済成長の極端な追求の危うさが指摘され、1980年代の酸性雨などの影響で環境意識が強まり、1990年代には**環境サミット**が開催され、盛んに議論された経済成長と環境保全の両立を目指す開発観が背後にある。

　それ以前の2000年には、国連は2015年を達成目標年とする**ミレニアム開発目標**（Millenium Development Goals：MDGs）を採択し、それま

で経済成長と社会的公正が遅れているとみなされてきた発展途上国に対する包括的な国際支援のため、国際社会は具体的なターゲットと共に取り組んできた。MDGsは八個の目標が掲げられていたが、その後継であるSDGsは開発をより包括的に捉えるため、17の目標で成り立っている。その目標達成年は2030年と設定されているものの、当初から理想目標として設定されたこともあり、全ての目標を達成するのは困難だという認識が国際的には共有されている。

　SDGsの抱える課題はいくつかあるが、ここでは二つだけ取り上げる。まず、**サステイナビリティ**（sustainability）は幅広い概念であるため、SDGsで表現されていない領域・分野の持続可能性が軽視されかねない。例えば、言語や宗教の多様性など目標とされていない内容は、ローカルには重要な意味を持つにもかかわらず、政策策定プロセスにおいて優先順位が下がることがある。これは国際的なプレゼンスが相対的に小さい途上国ほど大きな課題となる。なぜなら、自分の国だけでは対応できな

> **コラム**
>
> ### 弱い・強いサステイナビリティ
>
> 　環境経済学ではサステイナビリティに「弱い」ものと「強い」ものがあるとされる。「弱い」サステイナビリティでは、教育の結果を指す人的資本が自然資本に取って代わる、つまり自然資本の減少を他の資本を増加させることによって相殺できるとする。そのため、例えば技術革新によって地球規模の苦境を脱することができると考える。他方で「強い」サステイナビリティでは、各資本の形態には限界があり、しかし補完的であるとする。また、資本は交換できないため自然の喪失はウェルビーイングの不可逆的な減少となる。従って、自然システムを維持するためには影響を抑制し全く異なる生活様式に移行しなければならないと考える。
>
> 　電気自動車（EV）は地球環境に良いとされ、海外ではEVの生産が主流となり日本の自動車産業も立ちゆかなくなるといった話がある。しかし、EVの生産過程における温暖化ガスの排出程度が高いこと、また売れ筋のSUVタイプのEVがその重量ゆえにガソリン車よりタイヤを早くすり減らし、そのゴム・プラスチックが川や海を汚染すること、また廃車する際にも環境負荷が高いことが分かっている。グローバル・ノース（先進諸国）が圧倒的に環境負荷の高い行動様式を続ける正当性は、強いサステイナビリティの観点からは担保できないという解釈になる。

い国境を越えた課題（例：温暖化による海面水位の上昇）に対して、国際的な支援が必要だからである。SDGsの達成という名目で海外からの支援を引き出し、課題に対応するため、SDGsを政治・外交ツールとして使うのである。そこでは、言語など国内課題への対応は後回しになることがある。もう一つは、「だれ一人として取り残さない」と始まったSDGsであったにもかかわらず、投入される資源によって生じる恩恵を受けられない人々が必ず存在し、えてして元来からその人たちは社会的に弱い立場である。教育だけの問題ではないが、SDGsによって解決が可能なのかも確かなことはいえない（吉田 2021）。

　日本国内では毎日どこかで目にするほどロゴなどが広まっているため、SDGsはなじみ深いかもしれない。SDGsの17目標を暗記する指導がなされている学校もあるようだ。国連や政府が取り組むだけでは私たちが住む地球を持続可能にすることは困難であるため、広く一般の人々がSDGsを意識して行動できる日本は、世界的にもユニークな状況にあるといえる。また、サステイナビリティには二つの捉え方ができることを確認しておこう。一つはこの用語を用いる人が思い描く利害・関心に照らして「状況が継続でいること」であり、「持続可能な経済のためには増税もやむなし」といった具合に社会的に弱い立場の者から搾取したり生命を奪ったりすることさえ免罪される言説である。もう一つは「支持（サステイン）するに値する」という意味で、「本当に価値ある姿（尊敬に値するありよう）」であるか否かを一人ひとりが批判的・反省的に見定めることが求められる（菊地 2006）。SDGsを一過性のお祭りに終わらせず、自らのライフスタイルの変容や価値観の再検討などを踏まえ、行動変容が期待される。

（2）SDGs 第四目標の背景

　SDGsの中で教育は重要な位置を占めるといっても過言ではない。SDGsが設定される過程で教育は他の全ての目標を下支えするという議論があったほどだが、それでは教育が埋もれてしまうという懸念もあり、独立した目標として四番目に設置された。それはどういうことなのか。

この第四目標が設定されるまでにあった国際的な教育支援と教育開発の潮流を簡単にふりかえろう。

1960年代後半に植民支配から独立した国々では、ナショナリズムの高揚と共に独自の教育システムや母語教育などを充実させる動きが強まった（⇒第9章）。しかし、現実的には近代教育のニーズと近代学校の社会的役割は大きく、旧宗主国のシステムをもとに教育制度を発展させることとなり、そこへ国家予算も不足する状況へ陥った。そのため、後のドナーと呼ばれる国際援助をする旧宗主国と日本を含めた先進国の国々が個別に支援することになった。同時に、国際機関の支援も展開され、しばらくこの状況が続いたが、1980年代を通してドナー国でも「援助疲れ」と表現されるような国際援助の効果が顕著にはみられない状況になった。受益者となる途上国側でも二国間の援助と国際機関によるプロジェクトが同時並行で対応できなくなった（吉田 2021）。

そこで組織的な調整を行った上で国際援助を展開することを、**ユネスコ・ユニセフ・国連開発計画・世界銀行**が合意し、1990年にタイのジョムティエンで「**万人のための教育（Education for All：EFA）**」を開始した。国際教育協力と呼ばれるようになるこの分野において、このときから国際協調と調整が重要となり、受益国とされる途上国側でも EFA 枠組みにもとづき教育開発が計画されるようになった。開始当初は正確な統計情報が不十分だったこともあり、目標設定はかなり野心的であった。しかし、2000年には学校への通学保障から、質の高い教育へのアクセスへと目標が修正された EFA「ダカール行動枠組み」として更新された。そして毎年ユネスコは「モニタリング」報告書を出版し、現状と課題を国際的に共有してきた。EFA は、初等教育の無償で完全なる普及、男子と女子の就学率格差を解消、成人識字率の向上など、人権としての教育を包括的に拡大させる目標を立てていた。2000年の MDGs では、そのうち初等教育の普及が組み込まれた。EFA は2015年を最終年として、SDGs 第四目標と「教育2030」へと接続していく。

第四目標は、途上国を対象とした EFA の内容をカバーしながらも、基本的人権および公共財として、包摂的で公正な質の高い教育を保障し、

万人のための生涯学習を促進することを七つのターゲットによって掲げている。順に、①無償で質の高い教育を小学校と中学校で受け、卒業する、②就学前段階の教育を全ての子どもが受ける、③職業技術教育や大学など高等教育を全ての人が受ける、④仕事の技術や能力を備えた若者と大人を増やす、⑤男女間・障がいの有無・出自などに関係なく教育権を保障、⑥全ての若者・大半の成人が男女共基本的リテラシーを持つ、そして、⑦持続可能な社会を作るために必要な知識と技能を身に付ける、である。特に七番目は、持続可能な開発と持続可能なライフスタイルのための教育とグローバル・シティズンシップの教育（⇒第11章）を含めており、これらは教育システムが成熟した先進国も対象となる。生涯学習概念の普及およびグローバルな経済格差の縮小により先進国・途上国の区分は以前ほど意味を持たない。さらには、国家以上にグローバル民間企業と市民社会の影響力は無視できない。例えば、第四次産業革命によって教育のビジネス化も指摘され、「学びの保障」や「貧困家庭に最先端の教育を」など博愛主義の標語を用いて教育産業が、途上国で莫大な利益を上げている（佐藤 2024）現状も忘れてはなるまい。

（3）SDGs の他目標と教育の関係

　全ての学習は、SDGs の各目標と連関する。というのは、目標を立て、それらに向けて選択するのが人間であり、その選択のために、また選択した結果、人は学習するためである。さらに、意図的に学習しなくても人間形成（偶発的学習）はされていく。例えば、ジェンダー平等は今のところおのずと達成されるものではなく、意図的な教育・学習を経て価値観が作られ、それは広がる。同時に、教師が冗談半分で「男性は理性的に議論ができて、女性は感情的に判断する」と口にしたら、受け手である児童は固定化された価値を継承するかもしれない（隠れたカリキュラム：⇒第2章）。つまり、かつて許されていた「これまで通り（business as usual）」の考え方ややり方を変えるには意図的な教育が必要となり、さらに教育者は無意図的な言動にも留意が必要となる。

　SDGs は、惑星地球の再生可能な許容範囲（**プラネタリー・バウンダ**

リー）を超える結果を招く経済・社会活動を、人類が「これまで通り」行ってきたことを強く問いかけるものである。本章第3節で示すユネスコの最新報告書でも、エコロジカルな学習を想定したカリキュラムの再構築が示されており、人間中心の開発観のみでは不十分であることが示唆される。SDGs は、EFA や MDGs では正面から扱ってこなかった、気候変動、水と海や陸の生態系を守るなどの自然環境も国際目標に組み入れており、それらを教材化する可能性も示す。また、生活する上で安全な衣食住と基本的人権である教育などの公共サービスが担保されるべき最低ラインを具体的な数値で表す。そのため、過度な生産と消費を抑制してプラネタリー・バウンダリー上限以内の活動を目指し、だれもが下限以上で保障された生活を可能とする経済・社会活動を概念化することが可能となっている。「ドーナツ経済学」と呼ばれる学問は、地球環境の保全という上限と人間の安全保障という下限の間で私たちは創意工夫すべきだと主張しており、大学教育やワークショップにおいて包括的な教育プログラムを提供している。

　以上のことから、開発に関する国際的な議論は、途上国の経済成長を目指す経済開発にはじまり、よりミクロな視点で社会開発および人間開発を捉えるようになり、そしてそれらの開発を包括的に捉える持続可能な開発へと概念が拡大していったことがうかがえる。

2. 持続可能な開発のための教育（ESD）

　さて、SDGs の前から日本も提唱した ESD とは何か。本節では ESD の背景に加えて、大きな変容を生み出すことができる可能性と今後の課題を記す。

（1）ESD の発展と実践

　持続可能な開発に向けて、教育によって個人と社会を変容すること、サステイナビリティの価値を創出することが重要となる。そうした教育は、「**持続可能な開発のための教育（Education for Sustainable Development：ESD）**」と呼ばれ、持続可能な社会の創り手を育むもの

である（文部科学省 n.d.）。2002年に開催されたヨハネスブルグ・サミットで日本政府がNGOなどと共に提起し、2003年の国連総会で2005〜2014年を「国連ESDの10年」とすることが採決された。2014年にはDESD最終年会合が愛知県と岡山市で開催された。2015年にESDはSDGsへ組み込まれたが、2015〜2019年にはESDに関するグローバル・アクション・プログラム、ユネスコ総会では2020〜2030年の国際的な実施枠組みとなる「持続可能な開発のための教育―SDGs実現に向けて（ESD for 2030）」が採択され、同年の国連総会でも承認された。「ESD for 2030」は、ESDの強化とSDGs 17目標全ての実現への貢献を通じて、より公正で持続可能な世界を構築することを目指している。

　ESDの提唱国である日本では、「国連ESDの10年」の特に後半において**ユネスコスクール・ネットワーク（ASPnet）**と呼ばれるユネスコの認証制度を用いた国際学習ネットワークへ、幼稚園から大学まで数多くの学校が加盟し、現在も世界で最大の加盟校数となっている。また、2016年に発表された中央教育審議会の答申「幼稚園、小学校、中学校、高等学校及び特別支援学校の学習指導要領等の改善及び必要な方策等について」では、ESDは次期学習指導要領改訂の全体において基盤となる理念であるとされている。その答申にもとづき策定され、2017年3月に公示された幼稚園教育要領、小・中学校学習指導要領と2018年3月に公示された高校の学習指導要領で、全体の内容に係る前文と総則において、「持続可能な社会の創り手」の育成が掲げられている（文部科学省n.d.）。このように、日本が提唱したESDは国内でも量・質ともに拡充した。

（2）ESDの課題

　世界人口はいずれ定常化・減少するといわれるが、今や80億人を超え、他方で日本では少子化が加速している。同時に、グローバル化による人の移動が大きくなり（⇒第11章）、気候変動・危機などによって「これまで通り」のデザインが未来では成り立たないことが想定される。そのような中で、持続可能な社会を実現するために教育をどう再構築するか

という課題がつきつけられている。そのため、ESDによって知識と技能が増大・向上したという次元の学習成果の捉え方では十分とはいえない。ESDは従来の教科科目と同様の扱いではなく、グローバルな方向性を意識し、ローカルな文脈を用いているか（⇒第11章）、そしてそれらは持続可能させるに値するかを問う教育となる。

　人間の営為の生態系に対する影響を含めると、教育に関する国際イニシアチブに従っているだけでは不十分で、人類は日々のふるまいから重大な決定まで迅速に変更することを学ぶ必要がある。こうしたラディカルな主張は、ディープ（深い）エコロジー運動でも同様にみられる。一方の「浅い」エコロジーでは、経済成長と環境保全を科学技術の進歩によって両立可能とする。「これまで通り」の捉え方ができ、分かりやすいため、産業界に支持されやすく、政府の環境政策や関連する国際会議でも使われる。他方、ディープ・エコロジー運動では、環境関連の課題を技術的対応の次元から超えたものと認識し、問題の根源に目を向け、私たち自身の価値観とそれにもとづいた社会課題への意識を深く問いかける（ドレングソン・井上 2001）。人間を自然の一部に過ぎないとする**ディープ・エコロジー**を提唱したノルウェーの哲学者ネス（Næss 1995）は、「浅い」捉え方では環境を維持しながら経済成長を続けるために助言できる専門家を育てる教育が、「深い」捉え方では自然界に対する人間の意識と感受性を高め、消費的物質主義の拡大に対抗する教育が求められると示す。すなわち、ESDで持続可能な社会・未来を構築するならば、「これまで通り」の経済成長を継続させる専門家ではなく、自然の一部である人類を再認識・再定義する教育が求められるのである。

　では、ESD提唱国であり、「国連ESDの10年」を資金面でも支援し続け、関連公式文書には日の丸が掲載され、ASPnet加盟校を世界一にした日本において、どのような課題があるのだろうか。実は、望月・永田（2019）によると、日本は前項で示したように政策レベルでESDが主流化した珍しい国であったが、ESDがもたらすはずの変容が必ずしもみられなかった。その原因はESD本来のダイナミズムが、実現過程で断片化し、萎縮したことがあげられる。ESD先進国と世界からみな

されていたにもかかわらず、日本の実践はさほど進歩的ではないと国際的には捉えられたのである。

国内の教育現場では、社会変容を目指すために幅広く学習対象を設定するESDが掴みどころのない教育として捉えられ、分かりやすいトピックやコンピテンシーを扱えばESDであるという理解が許容された。さらには、ESDにも「浅いESD」と「深いESD」があり、断片化・縮小化の問題を克服するには後者の意識化が必要である。つまり、既存の教育制度に取り込まれた「これまで通り」のやり方では本来のESDとは呼べず、別の学校でうまくいった事例を持ってくる（転移）でも不十分であり、システムを変容させ刷新する、または複雑で分かりにくいことを前提にESDに取り組むことが、実践を深化させることになる（丸山 2024）。具体的には、授業の中だけでESD実践が完結していないか、ASPnet加盟校ならば国内外ネットワークを意識できているか、学校の全てがサステイナビリティの観点から再構築されているか、個人の学習が人類の集合的システムへと接続できているか、次節の『教育の未来』で示すような未来が参照点とされて取捨選択がなされているか、などが要点となる。

（3）ESDの可能性

では、そのような「深いESD」には、どのような可能性があるのか。いま生じている地球環境の問題は、先進国の高学歴層が「これまで通り」の価値創出を追求した結果であるとしたら、その教育制度に問題があるということもできる。仮にそうであるならば、地球環境を持続可能にするためには、既存のシステムに学習者を適応させるのではなく、システム変容を想定できる教育が必要となるだろう。ESDという表現も、持続可能な開発のために教育が道具として機能するという解釈もできるため、未来予測が困難な変化の激しい将来に向けては十分とはいえない。既存の価値体系のみで判断せず、**レジリエンス・サステイナビリティ**を簡単な要素に分解できない複雑なものとして捉える方がよいだろう。

国内外でみられるESD実践は多様である。しかし、相対主義から何

でも良いものとするのではなく、一度は深く熟考されたもので結果的に
シンプルにみえるのか、それとも転移されただけの ESD なのかを冷静
に捉える必要がある。それによって、形式的な「浅い ESD」ではなく、
「深い ESD」を自分なりに追いかけることができるようになる。その
判断の拠り所となりうるのは、サステイナビリティは個別具体のローカ
ルな枠組みが常に伴うため、汎用的な ESD ではなく、**ノンフォーマル
教育・インフォーマル学習**（⇒第１章、第11章）、地元の文化風土、日
常の経験が重要となる。また、「これまで通り」と「昔からのやり方」
の区分も必要である。後者では共感や非暴力、他者や自然との本源的な
つながりを重視できる。伝統的なローカルの知識・知恵（⇒第10章）に
は人々が地域の環境と直接的な経験・相互作用を通じて長い時間をかけ
て獲得されたものである。そのため、単に時代遅れだから捨てれば良い
わけではなく、また単にローカルに妥当であるから永続すべきとも限ら
ないことをメタレベルで捉えることになる。こうした判断のための思考
そのものが ESD を深める。

　佐藤（2024）が指摘するように、現在12歳の子どもの65％が現存しな
い知的に高度な労働に従事する未知の将来のことを、常套句で語られる
「先行き不透明な時代」として認識するだけでは、教育改革は構想も実
践もできない。これからの教育が追求すべき未来は共有・ケア・学習す

コラム

レジリエンスとサステイナビリティ

　狭義には、自然災害の後、生態系がもとの状態に直る能力を示す尺度を意味
する。だが、他の種類の回復や復旧を表すときにも使われることがある。業績
を黒字回復させた企業や紛争から回復した地域社会はレジリエンスが高いとい
える。こうした考え方から、あるシステムが大きなストレスから回復できる度
合いを測る尺度となる。生態系のサステイナビリティを扱う場合、均衡状態を
乱す出来事・ストレスが発生した後、以前の状態に戻る回復力をレジリエンス
とする。サステイナビリティと区分なく使われることもあるが、レジリエンス
の議論では天然資源の枯渇問題ではなく、ある活動やシステムの混乱で脆弱さ
がみられることを扱う。
出典）トンプソン・ノリス（2022）

る共同体である。この改革は「これまで通り」を捉え直し、「対抗的ディスコース（alternative and resistant discourse）」がそれを支える。国内の学校で教師をがんじがらめにする概念や理論やあやふやな教育用語に対抗（counter）し、自分の教育実践を深く捉え直して、他の関係者と共に創る教育が求められよう。そのような教育文化の共創の必要性を示唆するのが、次に扱うユネスコ報告書である。

3. ユネスコ報告書『教育の未来』の示唆

　日本の教育ではグローバル化（⇒第1章、第11章）した言説が強く影響することがしばしばである。ユネスコは戦後日本が国連に復帰する前に加盟できた国際機関であったことから、今もユネスコの日本の教育に対する影響力が強い。ここではユネスコが世界にインパクトを与えた三つの報告書などを追いかけ、2050年の教育と社会を想像する。

（1）ユネスコの三つの報告書と二つの勧告
　ユネスコが世界に影響を与えた国際報告書には次の三つがある。一つは、フランスの元首相・文相エドガー・フォールを委員長とする「教育開発国際委員会」がユネスコに提出した、通称**フォール報告書**『**未来の学習**（Learning to be: the world of education today and tomorrow）』（1972年刊行）である。主に、①民主主義の発展のためには教育の機会均等が不可欠で、②教育の多様性を担保するため教育の刷新が必要であり、③全ての人は生涯にわたり学び続けねばならず、生涯教育は学習社会の基盤であり、教育政策の中心となることを主張した。1960年代に独立した国々の教育政策にとって、生涯教育（生涯学習）概念を明確にした本報告書は大きな影響を与えた（相良 2012a）。このころから、加速的な社会変化にあっては、子どものときの教育が一生の間、役立つとは限らず、社会・職場・余暇・メディアなどでの学びが重要という指摘がなされた。その後、OECDでは「**リカレント教育**」が使われ、こちらも世界に広まった概念である（⇒第11章）。
　第二の報告書が、ユネスコが21世紀の教育・学習を考察するために設

置した「21世紀教育国際員会」によって作られた、通称**ドロール報告書**『学習：秘められた宝（Learning: the treasure within）』（1996年刊行）である。フランスの元蔵相・欧州委員会委員長だったジャック・ドロールが委員長となり、21世紀に予想される教育課題、それらの共通原則を明らかにした上で生涯学習を教育の中心とすべきこと、そして全ての学校段階と生涯学習の具体的な役割ならびに国際教育協力の重要性を指摘した（相良 2012b）。タイトルにある「秘められた宝」は、農夫が息子たちに先祖の残してくれた土地には宝が隠してあるから決して手放してはいけないという遺言を残して亡くなったため、子どもたちは土地を掘るが、宝は結局みつからず、替わりによく耕された土地から大きな収穫が得られ、労働の大切さが分かった、というフランスのラ・フォンテーヌの寓話にもとづいている。報告書では、この労働を学習に喩え、これからの教育政策の取り組みにおいては、だれもがその内に持っている未知の可能性という宝物を発見するために、生涯学習の推進を強化すべきであると主張する（澤野 2008）。そして、生涯にわたる「学習の四本柱」と呼ばれる統合された教育を提示した。その四本柱とは、知ることを／ために学ぶ（learning to know）、為すこと／ために学ぶ（learning to do）、人間として存在することを／ために学ぶ（learning to be）、共に生きることを／ために学ぶ（learning to live together）である（北村 2024；日本教師教育学会 2022）。第一報告書が個人の能力を強調していたのに対し、第二報告書では他者との共生が強調されている。しかし、この報告書でも地球を大切にすることを学ぶという点は強調されなかった（ジャーヴィス 2020）。

　そして、第三の報告書は、エチオピア大統領サヘレウォルク・ゼウデを委員長とする「教育の未来国際委員会」によって2021年に刊行された『私たちの未来を共に再想像する―教育のための新たな社会契約』（以下、ユネスコの略称に従い『教育の未来（Futures of Education）』と呼ぶ）である。この報告書は、私たち同士・地球・テクノロジーという人間が持つ三つの関係性を整え直すことを問いかけ、そのための新しい社会契約が必要であると主張する。その契約の基盤には、生涯を通した

質の高い教育の保障と**共通善**（a common good）としての教育の強化が位置付けられている。第一と第二報告書は「21世紀の教育・学習はかくあるべき」という理想を示したが、この第三報告書はユネスコが理想を示すというより、読者が共に創ることを示している。共通善としての教育が生み出す知識コモンズの生成に向けて、持続可能な未来の構築を共に創ること、「これまで通り」を学びほぐし・学び捨てる（アンラーニング：unlearning）ことが描かれている（ユネスコ 2024）。

　これらの報告書に加えて、ユネスコは加盟国政府に対する勧告も二つ出している。1974年の**ユネスコ勧告**は、国際理解と国際協力によって平和を作る教育を提示し、これが人権と基本的自由のための教育と不可分にあることを述べた。日本政府もこの勧告に賛成したが、経済成長を支え、国際化に対応する日本人育成が求められた時代であったことも背景にあり、国内の教育政策で具体化されたとは言い難かった。その後、2023年には50年ぶりの改定となる勧告がユネスコの最高決議機関である総会において加盟国の全会一致により採択された。内容としては、あらゆる教育活動（**生涯学習**）が強調されており、政策から実践および手法に至るまで包括的な勧告となっている。これらの勧告は、拘束力を持つわけではないが、ユネスコ加盟国は国内法規と整合性を担保し、内容を施行することが推奨される。

（2）『**教育の未来**』のメッセージ

　ここで、第三報告書『教育の未来』の中身を少し確認しておこう。まず、本報告書は教育の未来のために、社会の中で改めて新しい契約を結ぶ必要があるとする。この契約は、生涯を通して質の高い教育を受ける権利が保障されること、公の取り組み・共通善として教育を強化すること、という二つの原則にもとづく。第一の人権としての教育を生涯にわたって保障することは、1948年の世界人権宣言第26条で述べられている**教育を受ける権利**（教育権）の保障を指す。世界人権宣言は、所得・性別・人種や民族・宗教・言語・文化・性的指向・政治的所属・障がいなどいかなる差別と排除を越えて、教育は全ての人のために存在すること

を求める。教育権は、子どもと若者が学校教育を受ける権利であると解釈されがちだが、例えば紛争で学童期に通学できなかった者、公用語を学ぶ機会を喪失したまま育った者も後日あらゆる場所において教育を受けられる権利が保障される。

　第二の共通善について、教育は、社会全体の共通目的を設定し、個人と共同体を共に育てるとする。この契約によって、教育に対する公的資金を確保し、公共的な議論の場に全ての人々が参加でき、人々の参加が推進されることで共通善としての教育が強化される。共通善としての教育には、二つの本質的な特徴がある。一つには、教育とは他者や世界と触れ合う・直接経験するもので、人類の知的遺産を利用し、そこへ新たな知識を加えることになる。そうした共創の集団行為を通して、教育は個人と共同体の尊厳と能力を認め合う人間性を強化する。二つめは、教育は社会全体で共通に管理・統治されるものだという特徴である。教育の統治や責務に多くの異なる関係者が関与しており、多様な声や観点が政策と意思決定プロセスに含まれることが求められる。これは政府・行政関係者だけでなく、教師や地元の団体、非政府組織や企業、研究者などが参画することを意味する。

　生涯学習（⇒第11章）からみると、教育権は、私たちが持つ情報・文化・科学の権利と深く関わっていることが分かる。つまり、人類が共有し、拡張する情報・知識・知恵である知識コモンズにアクセスし、それを作る側として貢献する権利にも密接に結び付くのである。そうした設定の上で、2050年という未来に向けて、私たちが何を継続させ、何を切り捨て、そして何を創造的に再構想するのかと、本報告書は問う。

　本報告書の三つのパートで記される内容を以下に確認しょう。パート1では、まずEFAなど過去の「契約」で成し遂げられなかったことや、社会的な公平性と教育内容の妥当性が高められなかったことなどが示されている。そこで、教育における排除を改善し、持続可能な未来を確保する「新たな社会契約」の必要性が提示される。続いて、現在から近い未来で生じつつある破壊的ともいえる状況に焦点を当てている。特に、自然環境の変化、技術革新、統治と社会分断、労働の新たなあり方、と

いう四つの重なり合う変化の領域を記している。これらで生じている破壊的な変化が教育にどう影響するか、そして教育はそれらに対応するためにいかに変わることができるかを問いかける。

本報告書のメイン部分であるパート2「教育の刷新」は、次の五つを示す。

1）協力と連帯のための教育学：共感、違いの尊重、ケア、自身と世界を変容させる個別の力を育む。
2）カリキュラム：エコロジカルで、異文化間の、学際的なカリキュラムを勧める。学習者が知識にアクセスし、生み出すと同時に批判力、応用力を高める。
3）教師と教育方法：教職を変容させる重要性を強調し、教育方法を協同学習として高度に専門化する。
4）学校：学習のみならず、包摂性、公平性、個人と集団のウェルビーイングを支える社会的空間とし、同時に、公正で公平な未来を実現する場にする。
5）生涯学習：教育は学校などの正規の機関だけで行われるものではなく、あらゆる場所で生涯を通して経験される。

そして各章の最後には、私たちが対話し、2050年に向けて行動する際の指針が示されている。

パート3は、研究および世界規模での連帯と国際協力を呼びかけ、社会契約を具体化する考えを示す。まず、生涯学習の権利に関する研究課題を共有することを示し、だれもが知識を生み、創り、取り決める役割を担っていると論じる。そして、2050年とその先を見据え、国際的な連帯の構築と強化の必要性を新たな緊急課題として論じる。本報告書の最後には、以上の内容を実行に移すにあたっては、全ての人の参加が必須で、2050年に向けた三つの問いに関して共同作業や対話の過程を経てこそ、理想的な変容が生まれると締めくくる。

4. おわりに

　日本の教育は国際比較をすると質の高いものである。だが、改めて生涯を通して学習・教育を継続させ、個人の完成と持続可能な社会の構築についてふりかえると、日本の教育は学習者個人と日本社会をサステイナブルな状態にしているだろうか。テクノロジー利用についても、テクノロジーを使いこなすことが目的化され、テクノロジーに使われていないだろうか。例えば、GIGA スクール構想は、2020年のコロナ禍で実現が加速したが、失ったものは大きくなかったかを問い直す価値もあろう。オンライン教育で同じ物理空間を共有できなかった大学生は、2050年に40代となっても効率性を追いかけ続けるのだろうか。こうしたサステイナビリティの観点は、瞬時に国境を越えて情報共有されるため、先進国・途上国という区分とは無関係となりがちである。そのとき、情報共有する側が自身に有利な選択のみを追求するか、あるいは惑星地球に住む同じ人間を想定して共に持続可能な未来を構築するかは、今日とこれからの教育にかかっている。

研究課題

（1）2050年の教育はどのようなものになるだろうか。ユネスコ報告書が問いかける次の三つの問いに対して、身近な状況における答えを考えてみよう。2050年に社会と人々がサステイナブル・レジリエントな状態であるために、教育の何を私たちは続けるべきだろうか。

（2）同様に、2050年に向けて、私たちは何をやめるべきだろうか。身近な状況で具体的に考えてみよう。

（3）最後に同じく、2050年に向けて、私たちは何を再構築すべきだろうか。ひとりでは何も思いつかない場合、家族や友人と共に考え、自分の考えを整理してみよう。

引用文献

ドレングソン、A.・井上有一編（2001）『ディープ・エコロジー——生き方から考える環境の思想』昭和堂。

ジャーヴィス、P.（渡邊洋子・犬塚典子監訳、P. ジャーヴィス研究会訳）（2020）『成人教育・生涯学習ハンドブック—理論と実践』明石書店。

菊地栄治（2006）「持続可能な教育社会の方へ—新自由主義の教育改革とどう向き合うか」吉田敦彦・永田佳之・菊地栄治編『持続可能な教育社会をつくる—環境・開発・スピリチュアリティ』せせらぎ出版、190–209。

北村友人（2024）「持続可能な未来に向けた『学び』のあり方—ユネスコ報告書が提示してきた議論を再考する」『比較教育学研究』68：112–121。

丸山英樹（2024）「ESD 3.0 で2050年の教育と社会を想像する」『比較教育学研究』68：138–150。

望月要子・永田佳之（2019）「持続可能な開発のための教育（ESD）」北村友人・佐藤真久・佐藤学編著『SDGs 時代の教育』学文社、26–50。

文部科学省（n.d.）「持続可能な開発のための教育（ESD：Education for Sustainable Development）」（2024年 2 月入手、https://www.mext.go.jp/unesco/004/1339970.htm）。

Næss, A. (1995). The deep ecological movement: Some philosophical aspects. In G. Sessions (ed.), *Deep Ecology for the Twenty-First Century* (pp.64–84. London: Shambhala.

日本教師教育学会第10期国際研究交流部／百合田真樹人・矢野博之編訳（2022）『ユネスコ・教育を再考する—グローバル時代の参照軸』学文社。

相良憲昭（2012a）「『学習：秘められた宝』」日本比較教育学会編『比較教育学事典』東信堂、82。

相良憲昭（2012b）「『未来の学習』」日本比較教育学会編『比較教育学事典』東信堂、372。

佐藤学（2024）「持続可能な未来に向けた学びの共同体」『比較教育学研究』68：91–111。

澤野由紀子（2008）「ユネスコの生涯教育論」日本生涯教育学会編『生涯学習研究 e 事典』（http://ejiten.javea.or.jp/contentf8e4.html）。

トンプソン、P. B.・ノリス、P. E.（寺本剛訳）（2022）『持続可能性—みんなが知っておくべきこと』勁草書房。

ユネスコ（丸山英樹・北村友人・永田佳之監訳）（2025）『私たちの未来を共に再想像する—教育のための新たな社会契約』東京大学出版会。（= UNESCO. (2021).

Reimagining Our Futures Together: a new social contract for education.）

吉田和浩（2021）「SDG 4 が私たちに問いかけるもの」青木栄一・丸山英樹・下司晶・濱中淳子・仁平典宏・石井英真編『教育学年報』12、世織書房、179-203。

参考文献 ┃ ＊もっと深めたい人へ。

①北村友人・佐藤真久・佐藤学編著（2019）『SDGs 時代の教育—すべての人に質の高い学びの機会を』学文社。

②佐藤一子・大安喜一・丸山英樹編著（2022）『共生への学びを拓く—SDGs とグローカルな学び』エイデル研究所。

③ラワース、K.（黒輪篤嗣訳）（2018）『ドーナツ経済学が世界を救う』河出書房新社。

④リフキン、J.（柴田裕之訳）（2023）『レジリエンスの時代—再野生化する地球で、人類が生き抜くための大転換』集英社。

13 | グローバル時代の国を越えた教育トランスファーを考える

恒吉僚子

【学習ポイント】 これまで、ある社会内や社会間の「教育文化」の比較を行ってきたが、本章では、ある社会から他の社会への「教育のトランスファー（移転）」について、日本の教育モデルを用いて考える。

【キーワード】 教育トランスファー、教育借用、社会情動的な学び（social and emotional learning：SEL）、Tokkatsu モデル、レッスン・スタディ

1.「教育トランスファー」と文化的文脈

（1）古くて新しい「教育トランスファー」

　もともとある国・地域から他の国・地域へ制度などが「トランスファー（移転）」されることは決して新しいことではなく、世界中で行われてきたことである。例えば中学校で学ぶ日本史の教科書の冒頭で、日本が中国に遣唐使を派遣し、中国から日本はさまざまなことを学んだことが書いてあったのを覚えている人も多いであろう。近代化の過程では、今度は日本はさまざまな西洋の制度、技術を学んだことが書いてある。これらは全て国を越えた「トランスファー」である。

　教育の分野において、国・地域などの境を越えて「教育の概念、制度や実践が移動する」（Beech 2006：2）ことを「**教育トランスファー（教育移転）**」と呼び、それは珍しいことではない。国民国家の「国民教育」の仕組みである近代学校は植民地支配などを通して広がり、日本もまた、植民地支配によるものではないが、西洋に「追い付け、追い越せ」と自ら近代学校制度も、郵便や鉄道などの各種制度も、西洋モデルを参照した。「教育トランスファー」がなかったならば、我々が今、教育や学校について語る内容も変わっていただろう。

さて、かつての多くの危険を伴って遣唐使が海外に行って学んだとき
とは違う世界が今日はある。つまり、インターネットにアクセスがあれ
ば、政策関係者は海外の教育状況を一瞬で調べることができる。国境を
越えたオンラインでの対話も気軽にできるようになり、遠隔地で相手の
顔をみながら話すことも可能になっている。海外への視察団も飛行機に
よって短時間で国境を「またげる」ようになった。対面しなくてもコン
サルティング、ワークショップまでもができる。

　こうした、グローバル化の進展によって「教育トランスファー」は教
育政策や教育実践においても、教育トランスファーを扱ってきた比較教
育学のような研究分野の中でも、リバイバルをみせるようになっている
とされる。個別の国の教育モデルだけでなく、OECD、世界銀行、ユネ
スコのような国際機関の影響力も大きく、そこで提示された社会ヴィ
ジョン（例えば SDGs）が多くの国で共有されている。本書のいくつか
の章でみたように、SDGs や PISA（Programme for International
Student Assessment）の結果などが国際的に参照されている。

　「手軽」に海外に行けるようになった人が増える中、国際学力テスト
で高い点数をとった国々には次々と海外視察団が訪れ、その成功の「秘
訣」を探ろうとしてきた。シンガポールには教員養成を行う国立教育学
院（National Institute of Education：NIE）があるが、国際学力テスト
（IEA の TIMSS、OECD の PISA）でシンガポールが好結果を出し続
けると、世界各国から視察団が来始めた。そして、シンガポールの教育
を学ぼうとする諸外国のニーズに対応をするために、NIE インターナ
ショナルという組織が作られたという。

　前述のように2009年に法人化した NIE インターナショナルは国立教
育学院のコンサルタント事業、研修などを提供する組織である（NIE
2011）。インターナショナル・クライアントとしてリストアップされて
いる団体には、アラブ首長国連邦、バーレーンの教育省、ベトナムの教
育省（教育リーダーシップの開発）があり、そしてフィリピンからも依
頼を受けている様子がうかがわれる（NIE 2011）。

（2）グローバル時代の「教育トランスファー」

　2020年から数年続いたコロナ禍において、各国で学校が臨時休校した。こうした中、オンラインを使った教育実践を国際的にシェアすることを意図して、OECDがホームページでコロナ禍のもとでの各国の教育事例を紹介していた。そのときに、筆者も日本発の教育モデルTokkatsuのオンライン実践例を紹介した（Tsuneyoshi 2020）。執筆者の話し合いにも参加したが、そこでもオンラインで各国からの関係者が加わり、活発な意見交換が行われていた。

　こうしたさまざまなオンラインの形式で国境を越えて話ができ、発信ができる。それは、テクノロジーの発展、グローバル化の進展によって、かつての「先進的」だとされる国に命がけで行って学ぶようなことをしなくても情報を集めることができ（情報処理能力、情報リテラシー、テクノロジーを使いこなすスキルなどは以前より大事になるが）、あちこちの政策や実践などを参考にすることが可能になることを意味している。また、その分野の研究者でなくても、例えば旅行者でも簡単に教育関連動画をYouTubeにアップロードしたり、ソーシャル・メディアで発信することが可能になったことを意味し、情報は氾濫している。

　こうした動きは、従来のように、政府が丸ごと、ある「先進的」だとされる国の制度を「借用」するようなことをせずとも、複数の国の教育をオンラインで参照し、参考にすることを以前よりも容易にしている（Forestier et al. 2016）。

　さて、「教育トランスファー」や「**教育借用**」の比較教育学的研究で従来から問題にしてきたのが、特定の文化・社会的文脈から出てきた教育が、他の社会で「借用」されることの難しさである。「文脈は重要なのだ」ということである。いずれにせよ、「教育トランスファー」において文化・社会的「文脈」が大事だというのは、教育文化の社会学の視点から考えると当たり前の話である。教育の制度も価値観もその文化・社会的文脈に根付いたものであり、文脈が違う地に、引っこ抜いて再度植えて同じことが起きないのはある意味、自明である。問題はラプレー（Rappleye 2006：223）が指摘するように、文化的文脈の重要性を指摘

する研究の多くが「文脈が大事」だと連呼する以上のことにしばしば言及しないことである。

　そもそも、現実の教育トランスファーは昔から行われてきた。植民地支配にみられるような強制的な場合もあり、そうでないものもある。かつては他国に行ってそこの教育を自国に「トランスファー」することは、時間も費用もかかり、一部の人にしか許されないことであったが、前述のように、今ではオンラインですることも可能となっている。いわば、「ヴァーチャルな借用」さえも可能になっているのである。こうした中で、「借用」を求めるのも政府などの組織レベルの行為者（アクター）だけでなく、インターネットを用いて、一人の教師でさえも、他国の教育を実践しうる時代になっている。

（3）グローバル時代の再文脈化

　こうして、「トランスファー」がどこでも起こりうる時代になっている今、もう一度、立ち止まって比較教育学の「教育トランスファー」研究で問題になってきた文化的・社会的文脈について考えてみよう。

　第8章で触れた国際学力テストと国別ランキングは、グローバル時代の「教育トランスファー」を後押しして来たものの一つであろう。OECD の PISA は最も成功してきた国際学力テストの代表であり、そこでは「結果を出していて、成功している教育改革者（Strong Performers and Successful Reformers in Education）」という題名で、「結果を出している」国として日本などの教育が紹介されている（OECD 2012）。PISA の得点がその国・地域の教育の質を反映するとされ、それが教育政策の良しあしによるとされ、さらにそれが経済的競争力と関係しているとの理解のもと、PISA による「グローバル・ガバナンス（統治）」が築かれ、「国際スタンダード」化を加速化させているとの指摘もある（Meyer & Benavot 2013）。日本やシンガポールなど、「結果をしている」とされた国には多くの海外視察団が訪れた。

　その PISA は実生活への活用という観点から知識やスキルなどを測定しようとしているが、皮肉にも、高得点をとる国・地域は東アジアの

「詰め込み教育」で自己改革しようとしてきた国が多い。

では、「結果を出してきた」とされるこうした国や地域をモデルにし、同じ「文化」がないところに、学校の実践だけを「トランスファー」して同じ結果が出るのだろうか。全く同じ結果が出るはずはない。では他国の例を参考にしたり、一部をトランスファーすることに意味がないのであろうか。そうではなかろう。特定の国からトランスファーされた教育モデルであっても、新しい文脈に合うように作り変えられ、再文脈化（recontextualization）が起きる（Steiner-Khamsi 2012）。

日本を例に考えてみよう。日本は歴史的にみて多くを他国から借用してきた国である。現在でも「シラバス」「ゲスト・スピーカー」「ファカルティ・ディベロップメント（FD）」「アクティブ・ラーニング」……と、トランスファーされたものにはカタカナ文字が多用されている。カタカナ文字が使われなくとも、欧米発のアイデアを借用したものは多い。「探究（inquiry）」や「批判的思考力」といったアイデアは、国際的に広範囲に共有され、もはやどこの国から生まれたのかという認識もなく「国際スタンダード」として通用している。アメリカを筆頭とする欧米発のものはこうしたものが多い。

1990年後半あたりから、グローバル化が意識され、「教育トランスファー」「教育借用」についての研究関心が高まったと述べた。佐藤（2018）の言葉を借りれば、「グローバル化の進展を背景に、ある国・地域の教育政策、国際機関主導の教育プロジェクト、さらには国際的な潮流・アイデアが各国・地域の教育においてどのように借用されているのか、というプロセスに着目し、その特質を検討」し、「何を学ぶか」ではなく、「どのように教育借用は起こるのか」、そして「なぜ教育借用は起こるのか」に着眼した研究が増えたということである（p.15）。また、現代の「教育借用論」は、借用された政策のローカルでの意味、そして政策の適用や再文脈化に注意が払われるようになったとされている（p. 16）。

日本の歴史では、外国から「優れた」と思われるものを選んで学び、それをローカルな形に作り変え、自前のものを生み出し、それが逆に国

際社会で評価される、というサイクルが繰り返されてきた。実は日本は再文脈化が得意である。そして、長年「借用」者の国民的アイデンティティを持ってきた日本が現在、トランスファーを受ける側ではなく、グローバルな「貸与者（lender）」にもなっている。以下に日本を例にした国際的な教育モデルの例を用いてみてみよう。

2. 世界に出てゆく日本の教育モデル

(1) 国際学力テストの時代の到来

　筆者がアメリカの大学院に留学していたころ、当時ミルズ大学にいたルイス（Catherine Lewis）の日本の小学校の観察記録を読み、感銘を受けた。1980年代、アメリカでは教育改革を促す提言が次々と出ていた。その中でもとりわけ話題になっていたのが、1983年4月に発行された、「危機に立つ国家」（National Commission on Excellence in Education 1983）と題されたものである。「我が国は危機的状況にある。かつては商業、産業、科学や技術革新において他を寄せ付けなかった我々の優位性は世界各地の競争相手によって追い越されつつある」という言葉で始まるこの報告書は、アメリカの教育危機を訴え、ドイツや日本などの貿易相手国に目を向けさせた。

　1995年から国際学力テスト、IEA（国際教育到達度評価学会）のTIMSS（Trends in International Mathematics and Science Study、国際数学・理科教育動向調査、第四学年と第八学年が対象）で、シンガポールや日本を含む東アジアの国・地域の高い数学の得点が評判になり、2000年からはOECDのPISAでもこうした傾向は繰り返された。この流れを背景に、アメリカでは東アジアに目を向ける人が増えた。

(2) レッスン・スタディの登場

　こうしたアメリカ人の教育に対する危機感を背景に出されたのが、スティグラーとヒーバート（Stigler & Hiebert 1999）らの日本の教育の成功の秘訣に**授業研究（レッスン・スタディ）**があるという考察を含む研究と、TIMSS 1999（第三回国際数学・理科教育調査）でのアメリカ

と日本の授業ビデオ（第八学年）が入った分析であった。レッスン・スタディがこれ以後アメリカ他で注目を高めてゆく。

　それから後、筆者が前職の東京大学大学院教育学研究科に在職中に、当時の学校臨床総合教育研究センターに、筆者の同僚で共にセンターに関わっていた秋田喜代美と一緒にルイスを招聘した。そのとき既にルイスは「レッスン・スタディ」の実践をアメリカの教師に広める取り組みに関わり、それは、トップ・ダウンの教師教育に対して、教師自身が自分たちで授業を改善し子どもの学びを「見取る」視点を得てゆく、ボトム・アップの民主的な教師教育としてアメリカで支持の広がりをみせていた。アメリカ、イギリスなどの先進国では英語を媒介として、レッスン・スタディの教師のネットワークも成立していった。開発途上国に関しては、独立行政法人国際協力機構（JICA）が日本の教育の「教育トランスファー」としてレッスン・スタディをアフリカ、インドネシアなどで展開した。

　レッスン・スタディに関しては多くの出版があり、興味のある読者はそれをご覧いただければと思うが、ここで「トランスファー」にあたっての課題として指摘されてきたことをいくつかあげると、「専門家が足りない」「授業研究を行う時間がない」「教師の教科の知識不足で教師の学びが深まらない」「授業検討会の議論が深まらない」「『良い授業』のイメージが共有されていない」「教員の質に問題がある」「学校管理者などが授業研究の効果に納得していない」（小野 2019：82；又地・菊池 2015）などである。JICA に所属（ないし元所属）し、実践側の結果から導かれた以下のコメントは、そのまま「教育トランスファー」研究が力説してきたものである。

　このように、日本で広く普及されている授業研究という営みを、教師の力量、授業観、教師文化などが異なる他国で実施するにあたっては、各国の文脈に十分に配慮した対応策を行う必要がある。（又地・菊池 2015：102）

また、筆者がアメリカでレッスン・スタディを行っていた人々からよく聞いていたのは、教師同士の間柄が競争的で、授業検討会が教師の力量の批判になったり、教師が相互に自分が蓄積した教材をみせ合ったりする習慣がない、あるいはそうすることを躊躇する、ということであった。時間がない、特定の教師しか参加しない、資金が不足している、グループや学会などのように制度化したりそれを維持することが困難である、資金提供者を納得させるようなエビデンスを集めるのが難しい、といった意見もあげられていた。

そして、こうした意見の背景には文化的、制度的な文脈がある。一例をあげると、アメリカは日本のように大部屋の教員室に皆集まり、学年や教科、各種の委員会が頻繁に何をすべきかを調整するような仕組みになっていない。個人プレーが主のところでは、教師を集めるだけでも大変なのである。

（3）日本型教育 Tokkatsu の教育トランスファー

レッスン・スタディに次いで国際的に発信されつつあるのが、特別活動（特活）に象徴される教科以外の時間の学びと、教科を総合的に教育の対象とする全人的な枠組みからの教育モデル Tokkatsu である。

そもそも教育の認知面に焦点が当たるフランスやアメリカの西側モデルに対して、日本のモデルは全人的である（⇒第8章）。現行の学習指導要領では、算数・数学や国語などの教科と共に、それが教科以外の学びの時間として、特別活動や総合的な学習の時間などとして位置付けられている（文部科学省 2017：175）。これに対して、欧米のモデルでは教科以外の部分が公式のカリキュラムから外れる。しかし、カリキュラムが教科に集中してきた欧米においても、より多くの人格形成的な資質も教育の対象に取り込む流れがあり、例えば、一時代前は「うさんくさい」ものとしてみられていた**社会情動的な学び**（social and emotional learning：SEL）が、今日では隆盛をきわめている。

小学校を例にすると、どのアメリカの学校でも求められている算数のような教科と違って、社会情動的な学習は特定の教室、特定の学校で興

味を持つ教師がいる限りにおいて実施される。この潮流を国際的にリードする団体である CASEL（Collaborative for Academic, Social, and Emotional Learning：https://casel.org/）は、社会情動的な学習を推進する学校チームを作ったり、ワークショップを行ったりするノウハウを提供したり、また興味のある教師を組織化する努力を支援しようとしている。全国どこでも教科以外の時間が充てられている日本の状況とは異なる。

3. エジプトの例—政府による「教育トランスファー」

（1）トランスファーの背景

　日本政府による国際教育協力としての「教育トランスファー」例として教科と教科以外を統合する子ども全体を教育しようとする Tokkatsu モデルをあげることができる。下記は、エジプトでの日本式教育の導入について、外務省「エジプト・日本教育パートナーシップ（EJEP）エジプトの若者の能力強化—日本式教育の導入」の記述である。

　　アブドゥルファッターハ・エルシーシ・エジプト・アラブ共和国大統領による2016年2月28日から3月2日にかけての日本公式訪問の機会に，安倍晋三総理及びエルシーシ大統領は，テロリズムと過激主義との闘いと平和・安定・発展及び繁栄の促進に対する両国の取組みの重要な柱として，エジプトの若者の能力強化を目的とした教育に関する共同パートナーシップ「エジプト・日本　教育パートナーシップ」（EJEP）を発表した。（外務省 2016：1）

　ここに、「エジプトでの日本式教育の導入」や「エジプトにおける『特活』の推進」が謳われるようになった。トランスファーされる「日本式」「日本型」教育のモデルは、教科以外の学びの象徴としての特別活動の時間を軸としたものである。

　特別活動（特活）は，社会的，情緒的，感情的，身体的及び知的側面

からバランスのとれた子供の発達を目的とした日本式教育課程の基本的構成要素であり，生徒間の積極的な学び合いを促進するため，文化やスポーツ関連の学校行事や学級における教師と子供たちとの双方向の話し合い等の活動を通じて行われるものである。エジプト政府は，エジプトにおいて特別活動を導入することに強い関心を表明した。エジプト政府からの要請に対し，日本政府はエジプトの学校において『特活』」を推進していく。（外務省2016：2）

　この日本の教育の国際教育協力としての「教育トランスファー」は、先行したレッスン・スタディの「教育トランスファー」同様、「日本」というブランドを背負い、JICA による支援を伴っている。

　エジプトは日本式の Tokkatsu をトランスファーするにあたって、カリキュラムに Tokkatsu 用の時間を設置している。トランスファーされる先の国の学校に、トランスファーされる活動・教科がない場合、新しい活動を入れる時間がないという批判を招き、教師の負担感が増す傾向がある。だが、「教育文化」の観点からより広い文脈の中の日本式教育を、宗教、文化の異なる中東の国に「トランスファー」する場合、ハードルはこうした制度的な枠組みがあるかどうかだけにとどまらない。例えば、多くの諸外国で日本式の Tokkatsu を導入しようとするとき、掃除、という活動が外からみえやすく、その価値を見いだしやすいものとして採用される傾向がある。エジプトのみならず、マレーシアやシンガポールでも、独自に掃除に衛生的生活習慣、人格形成要素を見いだしていた。しかし、行政上層部で掃除の導入を考えついても、学校でそれがどのように理解されるかは別問題である。日本の特別活動が想定する子どもの間の協働性を促すことにならず、それが、だれが一番速く掃除をできるのかという競争になったり、自分の子どもが掃除をすることに抵抗感を持つ保護者を説得する必要性があるなどの課題がみられた。

　こうした日本と「トランスファー」先の国との実践レベルでの文脈の違いはさまざまな場で表面化し、「教育トランスファー」されたコンテンツが定着するかはどのように新しい文脈に根付くかに関係してくる。

（2）グローバル時代のトランスファー

　グローバル時代においては、さまざまな行為者が官民間の境を越えて連携し、従来の国単位の教育モデルを越えて、国際機関や国際的な枠組みに複数の国民国家が従うパターンも台頭した。エジプトの例においても、エジプト政府だけでなく、ユニセフのモデルが採用され、国際機関、各国政府、民間会社などが連携していることが分かる。なお、グローバル時代を象徴するデータベース、オンラインなどの使用も重視されている。

　こうして、エジプトでの教育改革はグローバル時代の「トランスファー」の特徴を持ちながら、国際機関をはじめとしてローカルな組織も加えて展開された。海外アクターに限定しても、日本のJICA、USAID（アメリカ合衆国国際開発庁：United States Agency for International Development）のような国ごとの組織もあれば、ユニセフ（UNICEF：国連児童基金）やユネスコ（UNESCO：国連教育科学文化機関）、世界銀行グループのような国を越えた国際機関もある。さらに、ディスカバリー・エデュケーション社がカリキュラムを担当するなど、民間の参入もある。

　エジプトは、中東・北アフリカ（Middle East and North Africa：MENA）で最も就学人口が多く、教室の過密化、教師の質の向上や資金不足といった課題に直面すると共に、熾烈な暗記本位の受験社会であった。この状況認識のもと、2017年にエジプトの教育・技術教育省

コラム

ディスカバリー・エデュケーション

　一つとして同じ国はない。そして、教育変革のプログラムも一つとして同じではない。ディスカバリー・エデュケーションの国際的に成すことを効果的で成功するものにするのは、我々の真のパートナーシップの形でのコンサルティング・アプローチである。そして、成功する省庁は、彼らが必要とする変化を起こす最良の方法がパートナーシップ・モデルを採用することだと分かっている。ディスカバリー・エデュケーションはローカルとグローバルをつなげて（中略）国家レベルのヴィジョンを実現する。

出典）Discovery Education（2020）

（Ministry of Education and Technical Education：MoETE）によって「教育2.0」という教育改革が始められた。当初は主として暗記本位の試験勉強から脱却し、批判的思考、探究、生涯学習などを導入し、「持続的発展を可能とする戦略（Egypt Vision 2030）」の社会ヴィジョンに沿った教育改革を行うことが目的となっていた。グローバル時代の教育改革を象徴するデジタル化も進められ、また、先立つ2016年には、エジプト知識銀行（Egyptian Knowledge Bank：EKB）が作られ、オンラインでの教育コンテンツの提供が始まっている。

　この教育改革には、複数の組織が分業しながら、それぞれのアジェンダのもと、関与している。世界銀行（World Bank）はエジプト国との「パートナーシップ枠組み（Country Partnership Framework：CPF）」を通して教育を含む資金の貸与をし、この枠組みは Egypt Vision 2030と「全国気候変動戦略（National Climate Change Strategy）」と連動している。世界銀行は2023～2027年のエジプト国との「パートナーシップ枠組み」において、民間セクターを参加させ、環境に配慮し、レジリアント（経済や気候変動の影響に関しても）で、包摂的（ジェンダー間平等も言及されている）な教育、医療などのシステムを実現し、資金貸与（lending）することを想定している。人的にも欧米で教育を受けた人などを通じてつながっている。

　例えば、2023年3月の世界銀行のプレス・レリースによると、国際協力大臣ラニア・アル・マシャット（Rania Al-Mashat）はエジプトの世界銀行グループに関わり、パートナーシップ CPF のキーパーソンであるという（World Bank 2023a、2023b）。また、彼女は IMF でも働いた経験があり、アメリカの大学の修士号と博士号を持っている（World Economic Forum 2024）。

　エジプトの教育改革では、ユニセフの「中東と北アフリカ地域用のライフ・スキルと市民性教育枠組み（UNICEF: MENA Life Skills and Citizenship Education（LSCE）Framework）」を土台とした21世紀型スキルの枠組みが採用された。ユニセフ（UNICEF 2021）はエジプト政府の主要なパートナーであり、スキルを基盤としたアプローチ（skill-based approach）を主張し、フランス国民教育・青少年省のもとにあるフランス教育インターナショナルと共に、エジプト教育・技術教育省のカリキュラム専門家の研修を実施した。

さらに、ユニセフのLSCEの枠組みから12のスキルを受け継ぎ、エジプトの文脈に合ったスキル（説明責任と生産性）が追加された（Moustafa et al. 2022：58）。その結果について、ディスカバリー・エデュケーションのレビューでは、「教師の改革に対する理解不足」「教師不足」「過密な教室によってグループ活動がしにくい」「トップ・ダウンの改革で草の根レベルの状況が十分モニターされていない」などが、エジプトの教育課題としては指摘された（Moustafa et al. 2022：69）。

エジプトの状況をこうしてみてくると、日本式の教育モデルとしてのTokkatsuは従来のような国レベルのモデルの色彩が強いが、欧米モデルの方は国際機関や各国政府支援機関、民間会社など、関係者が多角化していることがわかる。特に、国際機関ユニセフの枠組みは複数の国民国家がそれに沿うものとしての「国際スタンダード」色が強い。アメリカの教育モデルのように国際的に強い国別教育モデルもしばしば「アメリカ」のモデルといわずに「国際スタンダード」として認識されている。そのため、結果的に「人はどう学ぶかについての西洋中心的な心理基盤の教育科学的視点」によるカリキュラムを採用することになることを指摘する声もある（Moustafa et al. 2022：66）。このように、今日のグローバル時代の「教育トランスファー」においては、アクターが多角化している。

4. グローバルとローカルと

エジプトの事例は国家レベルで「教育トランスファー」を行おうとしている例である。しかしそれでもグローバル時代の「教育トランスファー」は複数の関係者が関わり、官と民の境を越えて連携し、国単位の機関も連携している。また、グローバル時代は、自国の枠組みを超え、英語を用い、デジタル商品として世界的にビジネスを展開するようなグローバル教育産業の台頭をも後押ししてきた。

エジプトの例を通して分かることは、こうした国単位の教育トランスファーでも関係者が国際機関や各国政府、国際企業を巻き込み、グローバル時代の特徴が出ているということであろう。

さらに個人や学校単位でのトランスファーにおいても、テクノロジーが活用され、グローバル時代の教育トランスファーの特徴が出ている。例えば、同じ日本式の教育の Tokkatsu モデルのトランスファーを、より小規模ではあるが、いくつかの学校において民間で展開しているインドネシアとマレーシアの実践がある。こうした試みでも、鍵となる人物が来日して学校を視察する以外にも、オンラインで Tokkatsu の研修を受けたり情報共有をしたりなどのグローバル時代のテクノロジーを駆使している。こうして、複数の国や国際機関の教育モデルを参考にすることが個人レベルでさえも可能になったのである。

🔲 研究課題

（1）日本の教育改革で使われているカタカナ文字の用語――例えば「ファカルティ・ディベロップメント」――をいくつかリストアップしてみよう。もともとはどこの国・地域で使われた言葉だろうか。
（2）国際的に発信されている日本の教育の特徴（lesson study、Tokkatsu）について、インターネットで調べてみよう。
（3）グローバル時代の教育トランスファーの特徴についてあげてみよう。

引用文献 ＊参考文献であげたものは除く。

Beech, J. (2006). The theme of educational transfer in comparative education: A view over time. *Research in Comparative and International Education*, *1* (1), 2-13.

Discovery Education. (2020). Discovery Education internationally. Retrieved, February, 2024 from https://www.discoveryeducationglobal.com/wp-content/uploads/2020/04/Discovery-Education-Case-Studies.pdf

Forestier, K., Adamson, B., Han, C., & Morris, P. (2016). Referencing and borrowing from other systems: The Hong Kong education reforms. *Educational Research, 58*(2), 149–165. https://doi.org/10. 1080/00131881. 2016. 1165411

外務省（2016）「エジプト・日本教育パートナーシップ（EJEP）エジプトの若者の能力強化―日本式教育の導入」（https://www.mofa.go.jp/mofaj/files/000136266.pdf）。

木村初枝・米澤義彦・小野由美子（2015）「ケニア共和国の初等学校における授業研究―現状と課題」『鳴門教育大学国際教育協力研究』9：11-24。

又地淳・菊池亜有実（2015）「『授業研究』支援プロジェクトの現状および課題についての考察」（広島大学教育開発国際協力研究センター）『国際教育協力論集』18（1）：91-104。

Meyer, H. D., & Benavot, A. (2013). PISA and the globalization of education governance: Some puzzles and problems. In H. D. Meyer, & A. Benavot (Eds.), *PISA, power, and policy: The emergence of global educational governance* (Oxford studies in comparative education) (pp. 9 –26). London: Symposium Books.

文部科学省（2017）『小学校学習指導要領（平成29年告示）解説 総則編』（https://www.mext.go.jp/content/20230308-mxt_kyoiku02-100002607_001.pdf）。

Moustafa, N., Elghamrawy, E., King, K., & Hao, Y. (2022). Education 2.0: A vision for educational transformation in Egypt. In F. M. Reimers, U. Amaechi, A. Banerji, & M. Wang (Eds.), *Education to build back better: What we can learn from education reform for a post-pandemic world* (pp. 51–74). Switzerland: Springer. https://doi.org/10.1007/978-3-030-93951-9

National Commission on Excellence in Education. (1983). *A nation at risk: The imperative for educational reform.* https://eric.ed.gov/?id=ED226006

NIE International. (2011). https://www.niei.nie.edu.sg

OECD (2012) *Lessons from PISA for Japan: Strong Performers and Successful Reformers in Education.* Paris: OECD Publishing. https://doi.org/10. 1787/9789264118539-en

小野由美子（2019）「国際教育協力における日本型教育実践移転の成果と課題―授業研究を事例に」『教育学研究』86(4)：537-549。

Rappleye, J. (2006). Theorizing educational transfer: Toward a conceptual map of the context of cross-national attraction. *Research in Comparative and International Education, 1*(3), 223-240.

佐藤仁（2018）「教育借用から考える『場』としての規範的比較教育政策論の可能性」（方法論を編みなおす 特集）『比較教育学研究』57：13-31。

Steiner-Khamsi, G. (2012). Understanding policy borrowing and lending. In G. Steiner-Khamsi, & F. Waldow, *World yearbook of education 2012: Policy borrowing and lending in education* (pp. 3 -17). New York: Routledge.

Stigler, J. & Hiebert, J. (1999). *The teaching gap: Best ideas from the world's teachers for improving education in the classroom.* New York: The Free Press.

UNICEF (2021) *Reimagine education case study: Egypt. UNICEF Education.* https://www.unicef.org/media/94141/file/Education%202.0:%20skills-based%20 education%20and%20digital%20learning%20(Egypt).pdf

World Bank. (2023a). *Egypt: World bank group launches new partnership framework to support green, resilient, and inclusive development.* https://www. worldbank.org/en/news/press-release/2023/03/21/egypt-world-bank-group-launches-new-partnership-framework-to-support-green-resilient-and-inclusive-development

World Bank. (2023b). *Egypt country partnership framework FY 2023-2027.* https://thedocs.worldbank.org/en/doc/8f2d6bb739a1c0d4668bd918fd5221 3a-0280012023/original/EgyptCPFfactsheet-March23WEB.pdf

World Economic Forum. (2024). *Rania Al-Mashat.* https://jp.weforum.org/people/ rania-al-mashat/

参考文献 ┃ もっと深めたい人へ。

①秋田喜代美・ルイス、C.（2008）『授業の研究 教師学習―レッスンスタディへのいざない』明石書店。

②恒吉僚子・藤村宣之（2023）『国際的に見る教育のイノベーション―日本の学校の未来を俯瞰する』勁草書房。

③ Tsuneyoshi, R. (2020). Japan: 特活オンライン（Tokkatsu or student-led collaboration online）(Education continuity during the Coronavirus crisis). OECD. https:// oecdedutoday.com/wp-content/uploads/2020/07/Japan-Tokkatsu.pdf

14 | 教育文化の社会学と「個人」

恒吉僚子

【学習ポイント】 本章では、他の章では主として制度や国などとの関係で語られてきた教育を、個人との関係で、アイデンティティ、社会規範やその内面化に関連させて考える。その過程で社会化と教科書の内容、グローバル時代を見据えた社会のヴィジョンや個人の資質について、本書のテーマに関連して、社会学的な概念を用いながら考える。
【キーワード】 アイデンティティ、内面化、スティグマ、社会ヴィジョン

1. アイデンティティ

（1）「あなたはだれ？」

人に「あなたはだれ？」といわれたら、何と答えるだろうか。例えば、このような感じの回答であろうか。

「○○（名前）です」「日本人です」「会社員です」「女性です」
「栃木県出身です」「キリスト教徒です」……

もちろん他にもパーソナリティや身体的な特性などに関係する答えもありえる。

「明るい性格です」「社交的です」「引っ込み思案です」「やせ気味です」
「27歳です」「○○さんのサッカー部での先輩です」……

質問の最初の回答は自分の名前であり、そして国籍、エスニシティ、職業、性別、出身地域、宗教が続く。こうした自分の名前や国籍、性別などは大抵ある人が自分は何者であるかを考えるときに重要な要素と

なっている。そして、それはどれも「社会的」なものである。名前は普通、だれかに付けられたものであり、国籍は国家の概念があってこそ成り立つ。人間以外の動物は持たないものであり、これらのほとんどが極めて社会的なものであることが分かる。そして、「社会的」であるからこそ、これらの属性には社会的な意味が付与されたり、社会的権利や権威が伴う。またこれらの属性により、異なる人生上の選択肢につながったり、周囲の受け止め方が異なってくる。

　名前を例にすると、それはある人がどこの国やエスニシティか、男性か女性かなどを相手が知るてがかりとなる、社会的意味を持つものである。アニメーションの『千と千尋の神隠し』では、主人公の少女、千尋は魔女の湯婆婆に名前を奪われるが、名前を強制的に奪う、という行為はその人のアイデンティティの一部を剥奪することでもある。

　歴史においては名前を剥奪したり、変えさせたりすることは征服、支配、統制としばしば関係してきた。例えば、アフリカ系アメリカ人の祖先は奴隷としてアメリカに連れて来られ、対人関係や名前を奪われた。集団的アイデンティティを回復しようとする運動の中にはアフリカの名前を取り戻そうとする主張が含まれている場合もあった（Asante 1998）。

（2）社会の産物としての人間

　こうしてみると、前項の「あなたはだれ？」という質問は、人間社会では実は、「周りにとってあなたはだれ？」ということと密接に絡まっていることが分かる。人は自分が何者であるのかという自己像を作ってゆくときでも、一人でその作業を行っているのではない。周りの人々と関わり合いながら（これを社会学では相互作用という）、メッセージを受け、また、自らメッセージを発しながら自己像を形成している。それは第1章でみた「社会化」の過程、広くは教育をその文化・社会的文脈に位置付けた視点からの人間形成の過程なのである。

　こうした観点から人間をみた場合、小さいときから「あなたは駄目だ、駄目だ」とあちこちでいわれてきた人が、自分一人で自信を持つのは難

しいことが分かってくる。特に子どもにとっては影響力のある親や教師といった大人、そして周囲の子どもたちが「駄目だ、駄目だ」というシグナルを出し続けた場合、自分一人でそれを否定して自信を持つのは難しい。自分は有能で、魅力的な人間だという態度をとろうとしても、周囲のだれもがそれを承認してくれないのでは、自分が有能だという自己像は形成されにくい。たとえ言葉にしなくても、「どうせできないでしょ」というメッセージは冷たい視線をその人に向けることでも伝わる。

　そのため、教育文化的にいうと、少なくともその子どもにとって重要な社会化の担い手（社会学では「意味ある他者（significant other）」）、例えば、信頼する地域の人や、稽古ごとの友達、あるいはその子どもを「認める」大人やマスコミなどが、本人を鼓舞する肯定的メッセージを出すことが必要になってくる。

　メッセージを出すのは、単に個人のレベルの問題ではない。集団のレベルでより体系的に負のメッセージが出されるとき、それはその本人にも、その本人の周りで相互作用する相手にも影響を及ぼしてゆくからである。ここに、こうした集団的にメッセージを出す教科書、マスコミ、インターネットなどの情報が国によっては社会的に問題にされる大きな理由がある。

　多文化化したグローバル社会、どの人々をも包摂する社会では、国籍やエスニシティ、ジェンダー、障がいの有無、階層などによって人々が排除されるべきではないとされ、このことはさまざまな国際機関でも唱えられ、日本政府もそれを文書などで認めてきた。だが、社会的に支配される側の共通した悲劇は、社会の自分たちについての語りをマジョリティが作り上げ、自分たちのことであるのに、自己決定権を持てないことである。そのため、自分たちをステレオタイプ的に描く教科書を、マイノリティ側が変えることは容易ではない。彼らはその定義からして、政府の要職や、マスメディアの意思決定をする立場には就いていないからである。そこで、マイノリティの利益を擁護する方法としては、従来は運動の組織化、デモの実施、マスコミへの訴え、提訴、国際的な場へのアピールなどがあり、今日ではそれにインターネット上で展開される

ものが増えている。

　国際的にもこの問題意識は共有されている。例えばOECD（2023）は「教育における公正と包摂」について考えるキーコンセプトとして、「社会経済的地位」と「地理的位置」を横軸に、エスニック集団・ナショナル・マイノリティ・先住民、移住、ジェンダー・アイデンティティと性的指向、ギフテッド、ジェンダー、特別支援教育をあげている。

2. 社会的スティグマの付与

（1）スティグマ

　こうして我々は、国家や社会の比較というマクロな視点から、個人のレベルにまで降りてきた。その接点にある集団の一つとして学校は存在する。しかし、学びは決して学校の中でだけ起きるのではない。子どもは家でも、稽古ごとでも、マスコミからも学ぶ。これらは全て、**社会化**の担い手である。第1章の「コラム：教育・学習」であげたように、さまざまな学びから人は社会化される。学びは意図的な場合でもそうでない場合にも、家庭や学校などのさまざまな場で起きていた。教育文化の視点は、こうして、広義の教育が実施される文化・社会的文脈と切り離しては十分に理解できないことを示しているのである。

　さて、前節までは、人のアイデンディディを語る際に、軸となるような社会的な特性（国籍、ジェンダーなど）が、それらが持つ性質ゆえに、より包摂的（インクルーシブ）な社会や教育、より多様で公正な社会と世界を築くにあたって議論されることをみた。ここで問題になっている特性は全て、人間社会であるからこそ意味を持たされているものである。

　ここでその視点をさらに深めて、ある社会的な特性がアイデンティティに負の影響を与えるということがどのようなことなのかを、アメリカの社会学者ゴッフマン（Erving Goffman）の「スティグマ（stigma）」という概念を使って考えてみる。ゴッフマン（2001）の『スティグマの社会学』は、社会がある特性に対して付与する負の意味付けが、その特性を持つ個人とその人と関わる人々との相互作用のあり方を方向付け、アイデンディディをも方向付けることを示唆した。エス

ニック・マイノリティに属すること、ホモセクシュアルであること、精神病歴、犯罪歴を持つことなどはこうした例であるとされ、それが周囲に分かった時点で、その人と他の人々との相互作用のあり方に影響を及ぼす。何がスティグマとなるのか、それが何を意味するかはそれが文化・社会的なものであるために、それぞれの社会によって異なる。

（２）タトゥーの例

　ゴッフマンがあげた例ではないが、例えば、インバウンドの観光客が増えて問題になったことの一つが、「タトゥーお断り」という日本の温泉などの方針であった。それは、タトゥーが日本では反社会的勢力を示唆するからなどによろうが、タトゥーはもともとは多くの先住民のエスニックな慣習であったり（Krutak 2015）、国によってはポップカルチャーとして一般的であったりする。

　2013年、アイヌ民族と交流するために訪れていたニュージーランドの先住民のマオリ族の伝統的なタトゥーである「モコ」を施した女性が、日本の温泉で入浴拒否された事件が問題になった。こうしたエスニック文化とアイデンティティとに結び付いたタトゥーは今日、エスニック・アイデンティティのリバイバルと共に見直されている。

　マオリ族の言語である「マオリ語」は、「マオリ文化とアイデンティティの真中にある taonga（宝）である」と、ニュージーランドの全国先住民メディア組織が主張し、被支配化やキリスト教化によって「文明的でない」ものとされてすたれていったマオリ族の伝統的なタトゥーであるモコの再生を後押ししている（Whakaata Maori 2022）。

　世界中の先住民は征服、同化、民族の言語や文化を奪われるという、類似した経験をしている。日本でも、明治政府の近代化の過程で、アイヌの名前も和人化、アイヌ女性の伝統的なタトゥーも禁止され、アイヌ語を否定するなどの同化政策がとられた。

　冒頭の話題に戻ると、2016年、観光庁から日本ホテル協会などに「タトゥーをしていることのみをもって、入浴を拒否することは適切ではない」という通知が出た。観光庁はさらに、「宗教、文化、ファッション

などのさまざまな理由でタトゥーをしている場合があることに留意する」とし、一例として、「シール等で入れ墨部分を覆い、他の入浴者から見えないようにする」（下線は筆者による）、「家族連れの入浴が少ない時間帯への入浴を促す」などの対応をあげている（厚生労働省 2016）。タトゥーが日本社会の文化・社会的文脈では、スティグマとして作用していることを前提とした対応となっていることを表しているといえよう。

3. 潜在的マイノリティ、顕在的マイノリティ

（1）顕在的・潜在的マイノリティとマジョリティ社会

　マイノリティはその定義からして支配される側であり、社会的立場が弱い。その中で、人種／エスニック・マイノリティは階層や居住地域、宗教やライフスタイルと絡みながら、その人種・エスニック集団の一員であるということがスティグマとなる場合が少なくない。その場合、何がスティグマとして機能するのか、つまり、その社会において何が「社会的に承認すべきでない」集団に属しているとシグナル（合図）をするのかは社会によって変わってくる。こうしたことからも、いかにスティグマが社会的に作り上げられたものなのかが分かる。

　例えばアメリカの代表的な人種／エスニック・マイノリティであるアフリカ系アメリカ人の運動の一つに、「黒は美しい（black is beautiful)」を掲げた運動があった。この名称は、肌の色が濃いことが、白人マジョリティと自分たちを一目で区別するものであり、アフリカ系アメリカ人であることに誇りを持ち、人種・エスニック集団に付与されたスティグマを脱スティグマ化することを意図したものであろう。そして、この運動は、色の濃い肌や特定の身体的特徴に対して貼られたスティグマの負の意味付けを否定し、人種的・エスニックな誇り、アフリカ系アメリカ人の肯定的なアイデンティティの形成を後押しした。

　今度は日本に目を移すと、例えば「在日コリアン」「在日中国人」の例をあげるならば、「肌の色」はアメリカのようには焦点にはならない。それは日本では、マジョリティの「日本人」に対して彼らがマジョリティと違うことを社会にシグナルするのは肌の色ではないからである。

むしろ、本名・民族名の方がマジョリティとの違いを日常的に顕在化させる。スティグマが潜在的でみえないのか、それとも顕在的ですぐみれば分かるのかということは、周囲の人々がどのような形でスティグマに気付くか、そしてスティグマを社会的に付与されてしまった人々やその支援者たちが状況をどのように変えようとするのかに関係してくる。

いずれにせよ、ある特性を持つ集団を社会的に承認すべきでない、マジョリティより劣っているとすること自体が、人間社会において人為的に作り上げられたものであることが分かる。

（2）社会規範の内面化

さて、スティグマはそれが相手に分からない状態においては、相手の行動に影響しないが、それだけでは大きな問題が生じる。それは、「人を殺してはいけない」というような非常に重大な**社会規範**が破られたことを想像してみればすぐ分かる。確かに、完全犯罪で殺人をして人を殺したことが他の人に分からなければ、周囲には「殺人者」に対して貼られるスティグマが作動することなく、殺人者は周囲の人々と日常的な相互作用ができるだろう。しかし、人に気付かれなければ物を盗んでも、人を殺しても、本人は平気である、というのでは社会として困るのである。「バレなければそれでいい」と何の良心の呵責もなく犯罪をする人が増えてはその社会は成り立っていかない。よって、「人を（「正当な」理由なく）殺してはいけない」というような、社会にとって極めて大事な社会規範は、それを破ったときの外からの罰が重い（法治国家のもとでは法のもとで罰せられる）ということだけでなく、内側からの規制が効かなければその社会は困るのである。

こうして、ある人にとって社会規範が外に存在するだけでなく、その人の価値観として、その人の中に存在させる、**内面化**させることが必要となってくる。つまり、犯罪は「罪を犯した」と外に分からなければよいのではなく、本当にできるだけ多くの人が「盗みは悪い」「人を殺してはいけない」と思うこと、人はみていなくても自分がみている、「天」がみている、というように、だれがみていなくても、盗み、殺人などが

いけないということが自明となり、人々がそうした行為をしない、ということが必要になってゆくのである。社会規範がある人の外にあるだけでなく、内側、つまり自分の中にもあるという状態を作ることが必要だということである。

そのため、次項でみるように、子どもたちは犯罪防止に関しての社会規範だけでなく、色々な社会規範を内面化してゆく仕組みの中に置かれている。その一つが教育である。

次に、マイノリティ自身が自分に付与されたスティグマを内面化してゆく様をみてみよう。

（3） スティグマの内面化

社会規範が社会の存続に必要なものであったとしても、民主的な価値観に照らし合わせれば、ステレオタイプであったり、偏見であったり、克服すべき「問題」の一部を構成している場合もある。

まず、人はスティグマに外から縛られるという観点から考えてみよう。スティグマは社会がある集団や個人に対して（勝手に）付与したレッテルである。そして、そのレッテルが単に自分の外の、自分と直接関係ない世界のどこかに存在するだけならば気にしないで済むのかもしれない。しかし、スティグマが問題になるのは、それが周囲の、自分にとって重要な人々も含めて影響し、自分自身のアイデンティティにも影響するからである。スティグマを付与された集団は、マジョリティに比して「劣る」ものとして描かれ、差別行為が正当化されてゆく危険性がある。

一例として、人種・エスニック集団としてのアフリカ系アメリカ人と犯罪・暴力を結び付けるイメージが長らくアメリカで定着してきたことを取り上げてみよう。そうしたイメージは、マジョリティである白人が、アフリカ系アメリカ人が多い地域は犯罪率が実際以上に高いと認識することにつながっている（Quillian & Pager 2001）。あるいは、無意識に（意識的にも）警察がアフリカ系アメリカ人男性を「犯罪者」としてプロファイリングしやすくなることにもつながる。2020年、警察官によってアフリカ系アメリカ人男性であるジョージ・フロイドが命を奪われた

ことをきっかけに、警察のマイノリティに対する扱いへの問題提起、「ブラック・ライブズ・マター（Black Lives Matter）」のデモにつながったことは記憶に新しい。

あるスティグマを付与された人が、そのスティグマを支える社会規範を内面化してしまう、自分の価値観やアイデンティティに組み込んでしまうことによって、スティグマを付与された自分の人種・エスニシティなどに対して劣等感を持つことにつながる。

一例として、日系人差別が厳しい時代に生きた日系アメリカ人の沖本（1971）は、自己否定的なアイデンティティがどのように形成されてゆくのかを考える上で参考となろう。沖本は、第二次大戦の記憶が鮮明に残るアメリカで、上映される映画の中で、「サディスティックな歓びを感じる」日本兵がアメリカ兵を拷問をする場面を見せられ、そこに秘められた否定的なメッセージを内面化してゆく過程で、それが正しいのではないかと悩んだと述べている。沖本は白人社会の中では黒い髪で一重まぶたであるなど「日本人」だと一目で分かる「顕在的なマイノリティ」であり、「日本人」に見えることがスティグマとして働いていたのである。

この状況の最悪の結果として、私は人種差別主義者の態度の基礎となっている、いくつかの前提に対して、反論できないような心理状態に追いやられ、しかもそういった前提が正しいのではないかという恐怖にさいなまれた。だれかが私のことを"リトル・ニップ"（ちっちゃな日本人）とか、"スラント・アイズ"（目じりの上がった奴）とからかうとき、私は笑いにまぎらせて、その痛みから逃れることにしていた。（中略）　第二次大戦の場面が出てくる映画では、悪者の"ジャップ"がほぼ例外なく勇敢なアメリカ兵を殺害、拷問することにサディスティックな歓びを感じるのだと教えられ、しかも私の国を代表するのはその犠牲になったアメリカ兵であり、私は日系人ではあっても、アメリカ人の多数が認める価値判断に従うべきなのだとされた。（沖本 1971：14-15）

ここには、なぜスティグマを貼られた側がそのスティグマの根底にある社会規範を受け入れてゆくのかを考える素材がある。そこでは社会化によって、社会規範を内面化する過程が関わってくる。そして、それを児童生徒に対して行う機能を求められているものの一つが教育である。

　こうした負の社会化については移民社会アメリカの経験が参考になる。歴史的に差別されてきたマイノリティは、単に過去の話ではなく、現時点において教育経験が不利になる条件を多く抱える。例えば学校での学びを難しくする貧困である。人種／エスニック・マイノリティは生活が困窮した世帯で暮らしていることが白人より多い。学校を離脱する者も多く、16〜24歳の青年で学校に在籍せず、高等学校を卒業していないことをステータス・ドロップアウツ（status dropouts）と呼ぶが、2021年のこの比率は、アジア系（2.1％）、白人（4.1％）、アフリカ系アメリカ人（5.9％）、ヒスパニック（7.8％）、アメリカ・インディアン／アラスカ先住民（10.2％）であった（National Center for Education Statistics 2023）。こうした状況の中では、支援をしなければ人種／エスニック・マイノリティは負の教育を経験しやすい。

　こうした状況を受け、より多様で公正で、かつ包摂的な社会を目指す教育運動は、教科書におけるマイノリティの描き方やアメリカの歴史の語り、ナラティブそのものを変更することを求めてきた。その結果、大統領と歴史の表舞台を動かした白人男性、建国の父たち（founding fathers）の「偉人伝」を追ってゆくような歴史ではなく、奴隷制についての歴史的資料などを検討しながら批判的に考えるような教科書が登場するようになる。歴史においても、女性やさまざまな人種的・エスニック集団が多様な移民社会アメリカに貢献してきた物語が好まれるようになった。同時に、それぞれの生徒の学習スタイルに対して配慮をするように教授法が工夫されたり、支援対象の生徒の足りないものに焦点を当てるのではなく、本人のリソースや強い点をいかしながら人生の課題を克服することを目指す「ストレングス・アプローチ」などの学習支援の方法についても提案されるようになったことはみた（⇒第7章）。

（4）教科書内容の変容

　第5章では、筆者が子どものときに経験したアメリカの激動の1960年代について述べた。当時、小学校で使っていたリーディングの教科書シリーズには、ディック、ジェイン、サリーの三人の白人の子どもたちが郊外の白い家でサラリーマンの父親と専業主婦の母親と共に暮らす話がつづられていた。この教科書で描かれていた世界は、まさに白人で中産階級のアメリカン・ドリームを体現していた。1950年代には大多数の小学一年生が使用していたといわれ、何世代ものアメリカ人に親しまれた超人気の教科書であったことは既にみた。

　それが激動の1960年代に突入し、64年に公民権法が成立した後、翌65年に初等中等教育法が始まり、同年にディック、ジェインとサリーのシリーズにアフリカ系アメリカ人の一家が登場する（⇒図14-1）（Robinson et al. 1965）。だが、そのアフリカ系アメリカ人の登場人物はリアリティがない。肌の色を濃くしただけで、家族構成も性別役割分業も白人の中流家庭と同じであった。彼らは郊外の一軒家に住み、女の子たちは小ぎれいなドレスを着て遊び、男の子たちは服装の乱れもなくベルトもちゃんと着けている姿が描かれていた。そして、彼らは白人家

図14-1　ディック、ジェインとサリーの教科書の多文化化
写真提供　ユニフォトプレス

庭となごやかに付き合い、何の葛藤もなく暮らし、伝統的なアメリカの中産階級の理想とする家族観を支持していた。ところが、アフリカ系アメリカ人の登場人物が現れたところでシリーズは終わり、やがてこの教科書は使われなくなっていった。時代の流れが、社会規範を変えたのである。

　だが、圧倒的な人気を誇ったディックとジェインのシリーズは、それを使ったアメリカ人の子ども時代の思い出と共に集合的記憶として残り、関連する書籍が出たり（Kismaric & Heiferman 1996）、教科書が博物館に展示されたりして、第一次大戦後から1960年代の激動の時代までを生き抜いた世代の子どものころのアメリカの社会規範を思い起こさせるものとなっている。

　社会規範の変化は一様ではなく、地域やジェンダーなど、社会の中の位置付けによって差がある。

　1960年代のアメリカに起きたのは、マイノリティの意識高揚、差別の是正を訴える裁判や法律の書き換え、社会運動やベトナム反戦運動など、社会の根幹を揺るがし、**社会ヴィジョン**の練り直しを迫る一連の社会的変動であった。日本においても、敗戦・占領のもとにカリキュラムと教科書・教材の転換が起きた。かつての国定教科書にみられた価値観（国立教育政策所教育図書館 n.d.）、特に軍国主義的なそれは否定された。さまざまな制度改革、権力関係の変化が起きた。新しい教科書には平和で世界に貢献する民主主義社会日本の新しい社会ヴィジョンが掲げられたのである。革命、敗戦などによって、ある社会の社会ヴィジョンや権力関係が劇的に変わるときには、社会の集合的なナラティブが変わり、それが教育にカリキュラムの変更や教科書内容の変化などとして反映されるのである。

4.　未来を切り拓く

（1）グローバルな視点

　今日、「学校」は多くの子どもたちが長く通う場所である。日本の場合は義務教育終了後の高等学校進学は1970年代半ばころには90％を越え、

第14章　教育文化の社会学と「個人」　**259**

行くことが「当たり前」となっている。そして、その学校にはカリキュラムがあり、「先生」がいて、「生徒」がいて、教科書があって、黒板や筆記用具があって、独特で意図的な社会化空間を作っている。どのような教育内容にするべきか、どのような教授法が良いのか、「教育改革」の度に議論され、修正されている。それが今日では国際機関の推進する概念や枠組みによっても方向付けられていることをみた（⇒第8章、第10章～第12章）。こうした教育の内容は、将来、その社会がどのような社会になり、どのような人を育てたいのかに関係している。それがグローバル時代にあっては、一国のみならず、グローバルに議論されているのをみてきた。これからの時代に必要なコンピテンスは何なのか。さまざまに議論される中で、本書では、グローバルな視点や異文化に対応するコンピテンスに関連した事柄に軸を置いてきた。これらは、これからの世界やグローバル化し多文化化してゆく日本社会では必要なものである。

　個々の子どもたちはどのようなコンピテンスを身に付けていけばよいのか。色々なことが言われているが、例えば、第8章で触れた国際学力テストであるOECDのPISAにおけるグローバル・コンピテンスは知識やスキルのみにならず価値や態度も含んでいる。「ローカル、グローバル、異文化間の課題を精査する」「他の人々の視点や世界観を理解し、よさをわかる」「文化を越えてオープンで適切で効果的な相互作用を行う」「集合的ウェルビーイングと持続可能な開発のために行動する」など、文化を越えて異文化を持つ人と関わり、多文化理解ができるようになることが求められているのである（OECD 2019：169）。また、ローカルな課題とグローバルな課題をつなげて考えることができ、行動できる、という社会参画の視点も含まれている。

（2）社会ヴィジョンの行方

　今日、社会や世界の課題の多くは、教育問題としても語られ直されている。それは、学校が、社会や世界を担う次世代の子どもを意図的に育成する特別な場であり、他に学校に匹敵する社会化の場がないからであ

ろう。スイミングやサッカーなどの地域の習い事はあっても、費用や特定の活動が好きかどうかなどが関わり、公教育とは違う。

　本書では、PISAのような国際学力テストが台頭し、その得点が各国政府の政策に影響し、教育の質や経済的発展とも結び付けられて議論されているのをみてきた。若者のモラルや暴力が問題になると、道徳教育や宗教教育が話題になる。思考力がこれからの社会には必要だということになると、探究的な学習法に目が向き、社会における不平等が問題になると、教育の機会均等や教育格差是正が話題になる。環境が問題になれば環境教育、災害が起きれば防災教育が強調される。こうして、教育の議論はその社会の関心事を映し出すがゆえに、「教育文化」の大きな枠組みで捉えることが特に有効であることをみてきた。

　そして、多様性を尊重した民主的な社会、包摂的（インクルーシブ）な社会を築く、という課題もまた、教育課題として国際的に議論されてきたことをみた。そこでは、いくつもの社会ヴィジョンが描かれていた。

　日本でも企業などのゴールとしても掲げられるようになった国連のSDGs（持続可能な開発目標）のヴィジョンは、貧困の克服、地球環境の保護、平等と平和の希求などにまたがり、その中の「目標四」の「質の高い教育」はそのまま本書のテーマに関わっている。「包摂的で平等な質の高い教育を保障し、全ての人に、生涯にわたって学ぶ機会を推進する」（United Nations 2023：61）のである（⇒第12章）。

　同時に、インクルーシブな社会のヴィジョンはだれも排除しない教育を前提としている。ユニセフ（UNICEF n.d.、筆者訳）はインクルーシブ教育について下記のように述べている。

　全ての子どもが同じ教室に、同じ学校にいることを意味している。そして、伝統的に排除されてきた集団が実質的な学習機会に恵まれることを意味している。それは、障がいを持つ子どもたちだけでなく、マイノリティ言語の話者をも意味している。インクルーシブなシステムは、多様な背景の生徒が教室にそれぞれ独自の貢献をすることに価値を見いだし、多様な集団が共に成長することを可能にする。それは全

ての生徒にとって良いことである。

　また、本書でも言及した多文化教育（multicultural education）は、文化的多様性の肯定と社会的公正の実現を目指し、マイノリティの意識高揚と共に発展してきた。平和で平等な多文化社会は未来社会の一つのヴィジョンである。

　そして、本書でみてきたように、これらの社会ヴィジョンは遠くに掲げられた灯であり、簡単に到達できるものでもない。いずれの社会ヴィジョンも、試行錯誤のプロセスを前提としている。本書の各章を読むと、グローバル時代においては一国で教育文化の議論が終わらないことが明らかになる。

研究課題

（1）「あなたはだれですか」という問いに五個の答えを書いてみよう。
（2）自分のアイデンティティに一番強く影響していると思われる属性（例：国籍、ジェンダー）は何だろうか。どのように自分のアイデンティティに影響しているか考えてみよう。
（3）スティグマがなぜ文化・社会的なものだといえるのかを考えてみよう。

引用文献　＊参考文献であげたものは除く。

Asante, M. K. (1998). *The Afrocentric idea* (revised and expanded version). Phil.: Temple University Press.

Kismaric, C., & Heiferman, M. (1996). *Growing up with Dick and Jane: Learning and living the American dream*. San Francisco: Collins Publishers.

厚生労働省医薬・生活衛生局・生活衛生・食品安全部生活衛生課（2016年3月18日）「入れ墨（タトゥー）がある外国人旅行者の入浴に関する対応について」

（https://www.mhlw.go.jp/content/001165667.pdf）。

Krutak, L. (2015). The cultural heritage of tattooing: A brief history. *National Library of Medicine, 48,* 1–5. https://doi.org/10.1159/000369174

National Center for Education Statistics. (2023). Status dropout rates. *Condition of education.* U.S. Department of Education, Institute of Education Sciences. https://nces.ed.gov/programs/coe/indicator/coj

OECD. (2019). PISA 2018 Assessment and analytical framework, PISA. Paris: OECD Publishing. https://doi.org/10.1787/b25efab8-en

OECD. (2023). Equity and inclusion in education: Finding strength through diversity. Paris: OECD Publishing. https://doi.org/10.1787/e9072e21-en

Robinson, H. M., Monroe, M., Artley, A.S., Huck, C. S., & Jenkins, W. A. (1965). *Friends old and new.* Chicago: Scott, Foresman and Company.

Quillian, L., & Pager, D. (2001). Black neighbors, higher crime?: The role of racial stereotypes in evaluations of neighborhood crime. *American Journal of Sociology, 107*(3), 717–767.

UNICEF. (n.d.). *Inclusive education.* Retrieved November, 2023, from https://www.unicef.org/education/inclusive-education

United Nations. (2023). *The sustainable development goals report: Towards a rescue plan for people and planet* (special edition). https://desapublications.un.org/publications/sustainable-development-goals-report-2023-special-edition

Whakaata Maori. (2022). *The resurgence of tā moko.* https://www.whakaatamaori.co.nz/media-releases/the-resurgence-of-ta-moko

参考文献 ┃ もっと深めたい人へ。

①ゴッフマン、E.（石黒毅訳）（2001）『スティグマの社会学—烙印を押されたアイデンティティ（改訂版）』せりか書房。

②国立教育政策研究所教育図書館「近代教科書デジタルアーカイブ」（2024年1月入手、https://www.nier.go.jp/library/textbooks/）。

③沖本、D. I.（山岡清二訳）（1971）『仮面のアメリカ人—日系二世の米国観と日本観』サイマル出版会。

15 | グローバル時代の教育文化の社会学の研究

恒吉僚子

【学習ポイント】　本章は、本書の最後の章として、教育を、グローバルな視点を持ちながら、文化・社会的な文脈に位置付けながら、どのようにしてテーマとして焦点化してゆくのかを考える。そして、読者が自分で、本書で扱ったようなテーマを探究し、調査してゆくきっかけを作るためのフィールドワークの擬似体験などの具体例をあげる。

【キーワード】　質的方法、エスノグラフィー、逸脱、フィールドノーツ

1. 本書をふりかえって

（1）執筆者たちのメッセージ

　本書では教育を、より広い文化・社会的文脈と結び付けながら社会学的な視点を軸としてみてきた。結果として、教育を軸にしながら幅広い学際的領域に関係した内容となり、比較教育学、国際教育協力、異文化間教育学など、複数の学問領域にまたがる研究をする執筆者が貢献する形となった。

　本書の一つの焦点であった多文化の共生を考える場合、共生すべき人々は国際教育協力の対象として日本の外にいるだけでなく、日本の社会の中でも住民として居住している。こうした日本社会の内と外、ローカルとグローバルとがモノ（商品など）だけでなく、人の国際移動を通してもつながっていることを実感することが、「グローバル時代の教育文化の社会学」という、本書のテーマにつながっている。

　本書の執筆者は担当分野の研究者であるだけでなく、実体験としても本書のテーマを生きてきた。第3章、第4章を担当した額賀美紗子は教育社会学、比較教育学、異文化間教育学を研究すると同時に、学齢期において、中東のインターナショナル・スクールでの在籍経験があり、ア

メリカのカリフォルニア大学ロサンゼルス校（UCLA）で社会学の博士号（Ph.D.）を取得した。その研究対象は、国境や文化の境を越えた子どもや若者の研究、海外帰国生、マイノリティや日本内外の移民などについて国際的・学際的であり、幅広い。第6章、第7章を執筆した徳永智子も、子ども時代の一時期をアメリカで過ごし、東京大学での修士課程ではフィリピンからの移民の生徒の語りを分析し、アメリカ・メリーランド州立大学で教育学の博士号（Ph.D.）を取得し、実践に近い立場から研究と実践とを結んでいる。そしてアメリカの移民、日本のニューカマーの移民など、教育社会学、異文化間教育学、文化人類学などに学際的に関わりながら独自の貢献をし続けている。

　第9章と第10章を担当した北村友人は UCLA で博士号を取得してからユネスコの勤務を経て大学職へ就き、国際教育協力と研究とを行き来をしながら国際的に知られたその分野の代表的研究者として活躍している。本書でも、教育政策だけでなく、カリキュラム開発においてさえもグローバル化の影響を無視することはできないとの指摘をはじめ、東南アジアなどにおける学校教育改革や高等教育の発展を国際的に分析している。

　第11章と第12章を執筆した丸山英樹は青年海外協力隊に参加し、JICA や OECD、ユネスコによる国際協力に関わり、国内外のユネスコスクール・ネットワークの調査および評価、開発途上国でのノンフォーマル教育と生涯学習の調査および助言など、多彩な教育協力の経験と研究とを統合している。ベルリンのトルコ移民についてトルコ語を用いて調査し博士論文をまとめるなど、本書でも記しているように、サステイナビリティが求められる時代においてグローバル・ローカルの両側面を捉えることの重要性を教育と研究とで追いかけている。

　本書の執筆者たちはこうして、教育をより大きな文化的・社会的文脈に位置付けて理解する視点、グローバルな枠組みからみる視点を共有しながら、各自がそれぞれの専門性をいかし、その結果をパズルのように組み合わせてグローバル時代の日本の教育、世界の中の日本の教育について問題提起している。

第15章　グローバル時代の教育文化の社会学の研究 | **265**

（２）自分の研究を組み立てる

　さて、今まで本書で、社会化の過程で、人にとって、自文化の社会規範や行動のパターンが当たり前、「自明」になってゆくことをみた。それは、周囲の人、「重要な他者」との相互作用（隠れたカリキュラム、潜在的カリキュラム）や、マスコミやソーシャル・メディア、そして教科書やカリキュラムを通してメッセージとして子どもに発信されていた。そして、幼いころからそのメッセージが繰り返し、場を変え、継続的に伝わってくる結果、やがてそれは内面化されてゆくと考えられることをみた。

　伝統的な社会——社会的な地位が固定化し、対人関係が固定化した社会——では、その人の地位や家族関係と同時に皆が通過すべきだとされている通過点（成人、結婚など）を一つ一つ通ったという証となるようなものが大事となる。それがタトゥーであれ、通過儀礼であれ、節目を示すものは周囲にとってだけでなく、自分にとっても大事なのである。それが自分のエスニック集団の習慣であり、自分のエスニック集団と他とを差異化するようなシンボルやナラティブなどであれば、それを内面化した者にとって、それらはエスニック・アイデンティティの構成要素として重要な意味を持つ。本書では、そうした人種／エスニック・マイノリティ文化の風習が、支配や侵略によって支配する側の文化に同化を強いられ、存続を絶たれた歴史をも垣間みてきた。よって、今日みられるエスニック文化のグローバルなリバイバルは、エスニックな自己尊厳の回復につながる運動としても捉えることができるのである。

　本章は最終章であるため、本書を読み進み、色々な思いを抱いた読者が、今度は自分でテーマをみつけて探究し、調査し、研究してゆく道筋を少しでも示せればと思う。限られた紙面ではあるが、教育をより広い文化・社会的文脈から考えるときに参考になればと思う。

2.　広い文脈の探究、狭めるテーマ

（１）先住民文化の例を用いて

　教育文化の社会学は二つの一見相反する作業を伴う。一方ではある社

会、集団が置かれた文化的文脈に教育を位置付けることを求める。その
ことによって、儀礼、制度、ライフスタイルや世界観というような、広
い文脈への視点を持つことになる。他方では、他のテーマ同様、調査し、
深く考察するには、対象を狭める必要が出てくる。そして狭めることに
よって、広く浅くではなく、深く焦点化された形で考察することが可能
になる。

　さて、第14章において、タトゥーとの関係で、先住民のエスニック・
アイデンティティの再生についてみたが、その「エスニック・アイデン
ティティの再生」をテーマとして取り上げた場合を考えてみよう。これ
と何を結びつけるのか、例えばエスニック文化との関連、大衆文化との
関連……とどのように焦点化するかは色々な可能性がありうる。征服さ
れた先住民の場合、学校で自分のエスニック集団の言語の使用を禁止さ
れ、**同化教育**が推し進められた場合が少なくない。こうした言語と文化
を「エスニック・アイデンティティの再生」のテーマで結びうる。ある
いは、食と関連付けてテーマを考えることもできる。

（2）健康食としての先住民食

　例えば、アメリカの先住民、アメリカ・インディアンを例に「エス
ニック・アイデンティティの再生」を「食」という観点から先住民を切

> ### コラム
>
> ### 先住民
>
> 　先住民（indigenous peoples）は世界において、もっとも脆弱で、不利な立
> 場にあり、周辺化された人々に含まれることが認識されている。北極圏から南
> 太平洋まで世界中に広がる先住民は、だいたい、約90カ国に３億7000万人以上
> いる。彼らは世界の人口の約５％しか占めていないにも関わらず、先住民は世
> 界の貧困層の15％を構成し、世界の極度な貧困層の３分の１を占める。先住民
> はそれぞれ独自の文化、言語、法制度、歴史を持っている。ほとんどの先住民
> は、環境や伝統的な土地や領土と強いつながりを持っている。また、多くの場
> 合、伝統的な土地や領土からの追放、服従、文化の破壊、差別、広範な人権侵
> 害といった負の遺産を共有している。
> 出典）Asia Pacific Forum & United Nations Human Rights Office of the High
> 　Commissioner（2013：3）から翻訳。

り口にしてみると、自分たちの奪われたエスニック・アイデンティティとその基盤となるライフスタイルを再評価しようとする動きと、マジョリティ側が自然食、自然なライフスタイルを重視するようになっている、という両面が浮かび上がってくる。こうしたことを背景に、先住民の食文化を自然食、健康食として肯定的な意味付けをするようなナラティブがアメリカ社会でみられるようになっている。例えば、筆者は以前、ワシントン DC の博物館での先住民の催し物で、装飾品だけでなく、先住民の伝統的な食が、現代アメリカのジャンク・フードや高カロリー食の対極にある「自然食」で望ましいものであるというナラティブのもとに販売されているのを見たことがある。

　エスニック・リバイバルへの意識高揚は、1960〜70年代に、アメリカ・インディアンの間でエスニック文化やエスニシティへの誇り、**自尊感情**（self-esteem）を取り戻す動きが台頭したことが背景にあろう。こうしたエスニック・リバイバル運動はグローバルに展開され、NGO が国レベルでも国際的にも多く結成された（Asia Pacific Forum & United Nations Human Rights Office of the High Commissioner 2013：4）。こうした文脈の中で、一例としてサウス・ダコタ州にあるインディアン居留地区（パイン・リッジ居留地区）の公立小学校を例にとると、「言語・文化・食」を一緒にして、先住民のエスニック・アイデンティティを学校で育むような教育実践が行われたり（First Nations Development Institute 2024）、さまざまな実践がみられるようになった。

　一方、実際のインディアン居留地区は貧困率が高く、健康的な食を手に入れられない、学業不振に苦しむ、などの複合的な問題にさらされてきた。前述のように、いわゆる「多文化共生」は日本で考えられているよりも現実の厳しさを前提にした上での理想であり、希望としての共生なのである。

　このように、ある教育のテーマに関して、学校であったり、学区であったり、地域であったり、国であったり……を取り上げ、その事例（case）を通してテーマを探る「事例研究」の方法がある。この場合、事例の単位（ミクロからマクロまで）を何にするのか、そして、その事

例がテーマに関してどのような例なのか、全体像の中で位置付ける必要がある。つまり、さまざまな同じような例の中でこの事例はどのような事例なのか、それゆえにこれを取り上げることによって何がいえ、何がいえないのか、を考える必要が出てくるということである。先駆的な事例なのか、極端な例なのか、あるカテゴリーの典型的な事例なのか……と考える必要がある。

　また、どのようにデータを集めるのか、分析するのかという問題もある。例えば、事例研究は特定の事例を浮き彫りにしてそこから議論することが目的であるために、さまざまな方法を組み合わせることができる。独自の取り組みをしている学校を観察したり、教師や生徒などにインタビューをしたり、アンケートを行ったりなど、多様な調査方法を組み合わせることができるのである。ここでは事例研究を用いたが、他にも調査方法は色々なものがありうる（引用文献の秋田他（2005）を参照）。いずれにせよ、広い土台、文化・社会的文脈に教育を位置付けながら、テーマを絞ることによって焦点が定まった調査ができるようになる。

（3）教育文化から考える事例—身体改造による文化シグナル

　教育文化の視点から焦点を絞ってゆく話を続けるとしよう。どのように焦点化してゆくのか、より広い文化・社会的文脈に位置付けながら考える必要があろう。例えば、前項で述べたように、先住民から「奪われた民族の文化」で1960年代以後再生の流れがあるものとしては、タトゥー以外にも、エスニック集団の言語や食、民族衣装など多数ある。大きなテーマが共通していても（例：「エスニック・アイデンティティの再生」）、エスニック集団の言語を通して考える場合と、エスニック集団の食を通して考える場合とでは先行研究が違う。また、それらと教育との関連もそれぞれの独自性を持っている。

　第14章では、日本でのニュージーランドのマオリ族の女性に対する温泉入浴拒否事件を取り上げた。タトゥーは世界各地の先住民の間で文化としての身体改造（body modification）として、そしてまた成人になるなどの通過儀礼として、他の人との関係や地位、世界観などを示すも

のとして継承されてきた（山本他 2022）。そして、1960年代以後、征服によって奪われたエスニック文化のリバイバルに向けた動きが国際的にみられ、その中にはタトゥーも含まれていた。ニュージーランドのマオリ族女性で初の外務大臣だったナナイア・マフタ（Nanaia Mahuta）外相は顎にマオリ族の伝統的なタトゥー（モコ・カウアエ、moko kauae）を入れていた。こうしたエスニック文化としてのタトゥーはエスニック・アイデンティティや誇り、祖先とのつながりなどを示すものとなっている。

　しかし、多民族社会のアメリカにおいてさえ、タトゥーは学校教育の中では扱いにくい対象となっている。衣装、行事、先住民を題材にした絵本などの使用はアメリカの学校でよくみるのに対して、タトゥーについては小学校はもちろんのこと、中学校でも扱っているのをあまりみたことがない。一般の若者や大人のファッションとしてタトゥーが普及している欧米でも、肌に刻み込むというタトゥーの性質や、タトゥーにしばしば付与されている**逸脱**のイメージなどが学校で取り上げるテーマとしては難しくしているのかもしれない。

　インターネット上には、「教師とタトゥー」といったトピックについて英語で交わされた議論がある。「タトゥーは隠せるところにしろ」「タトゥーが裸の女性を描いたものであればいけないが、『まじめな』ものならよい」といったものをはじめ、学校の規則で生徒にはタトゥーを禁止ないし隠すよう指導している学校もあり、「教師がタトゥーを彫っているのは教育上よくない」「タトゥーをしていると教師に採用されにくい」など、タトゥーがある人は教師として適切でないというようにタトゥーが**スティグマ**として働いていることがうかがわれる。

　アメリカ、カナダ、中南米などでは、タトゥーがギャング組織所属のシンボルになっているとして、警察、入管などが加害者が所属するギャング組織の識別に使うこともある（Canada Border Services Agency 2008；Foundos & Hirschfield 2019）。日本でも「入れ墨」と反社会的勢力を結び付ける視点が、第14章で触れたような温泉への入浴拒否の背景にあったと思われる。また、ギャングへの所属だけでなく、人身売買

などにおいて、「所有者」の名が女性の体に彫られているなど、タトゥーの存在が犯罪被害者であることを特定する一つの方法となることが指摘されている（Fang et al. 2018；United Nations Office on Drugs and Crime 2023：xv）。一方では、ファッションとして、ポップカルチャーの中でもタトゥーは用いられている。

　こうしてみると、同じタトゥーを彫る行為であっても、そのタトゥーが何を意味しているのか、強制的に強いられているものなのか、自発的なのか、肯定的なアイデンティティになっているのか、それとも自己否定のアイデンティティにつながるのか、だれとの関係を示していて、その関係の性質は何なのかなどの文化・社会的な文脈によって異なる意味を持つことが分かる。

　研究テーマとして「エスニック・アイデンティティの再生」を教育との関連でタトゥーを通して考察するという場合、より広い文化・社会的な文脈の中で「エスニック・アイデンティティの再生」とその中での学校の役割などについて考えることによってより深く考察することができる。タトゥーを自発的に入れるというファッションとしての面に着目すれば、若者論やポップカルチャーなどに関連付けて議論することもできよう。あるいは、「学校」という空間で「プロフェッショナル」にふるまうことを求められる教師がタトゥーを隠している意味をインタビューで掘り起こして専門家としての教師意識に迫ったり、ギャング化した生徒がタトゥーを集団的アイデンティティとしている場合を調査して、**社会規範**から**逸脱**し、「逸脱的アイデンティティ」を形成する過程を探ることもできる。

　いずれにせよ、社会的な行為としてタトゥーを入れることに反対か賛成かという時々みられる二律背反的な議論は、社会・集団によって異なる意味を持つ文化・社会的文脈の中でのタトゥーの複雑さを単純化している。筆者はタトゥーの専門家ではないが、本節では、一つのテーマを使って教育文化の社会学視点からテーマを焦点化する過程を考えた。

3. 日米学校の擬似「比較フィールドワーク」

（1）質的方法とエスノグラフィー

　次に別の方法で教育文化の社会学的視点を用いながら、教育比較を通して考えてみよう。

　どのような方法をとるにせよ、自分が知りたいと思っているテーマ、「問い」について、既に行われた研究（既存研究）は何といっているのか、それらの先行研究に自分はどのような貢献をしうるのか、自分がしたいことは既存研究の中でどのあたりに位置付けられるのか、つまり、何を（研究対象）、何のために（研究目的）、どのように（方法）調べ、貢献（研究意義）は何なのかを考える作業が必要となる。

　そして、「どのように」の部分では調査の方法には大きく分けて**量的方法**と**質的方法**とがある（詳しくは参考文献①や秋田他 2005を参照）。量的方法で一般によく知られたものは（アンケートを用いた）サーベイであろう。統計処理によって分析をしうる。質的方法も色々あるが、ここでは一例として観察を軸にインタビューなどを用い、当事者視点、プロセスなどを重視する、質的方法の中でも**エスノグラフィー**の例をみる。

　エスノグラフィーは相手の中に入って、フィールドノーツ（fieldnotes、観察記録）を軸としながら、インフォーマルとフォーマルな**インタビュー**、学校の文書や教科書の内容分析などを用いて物語を見いだす。エスノグラフィーの中核にある「**フィールドノーツ**」のとり方とその分析方法は、スキルとして獲得可能なため、質的方法の講義ではしばしばこれに焦点を当てる。筆者も質的方法の演習を教えていたが、実際にやりながらでないと難しいため、より詳しくは専門書を読むことを薦める（佐藤 2002；秋田他 2005）。

　さて、エスノグラフィーは観察を軸とするが、そもそも、観察したものを分析するのは何かしらのデータの形にしなければ難しい。一瞬、一瞬の場面は目まぐるしく変わり、過ぎてゆく。映像を撮ることはできるかもしれないが、限られた角度で切り取ることの問題、プライバシーの問題があり、子どもの撮影許可をとることも難しくなっている。いずれ

にせよ、エスノグラフィーの方法で観察した一過性のものを、文字の形で、描写として残すという作業が生まれるのである。

フィールドノーツは何がどのように起きているのか、という描写が主となっているが、観察しながらメモをし、そのメモをもとになるべく記憶が新しいうちに文章化して作成する。ここでは詳しく述べることができないが、①文章で成り立っている描写、②図などで成り立っている物理的環境を記したもの、③会話形式で成り立っている会話部分、④そのときどきのノーツをまとめながら記した観察者による疑問やコメント（観察コメント）などがあるとデータとして使えよう（秋田他 2005）。

（2）学校のホームページから

本項と次項では、擬似的に小学校のフィールドワークで教育比較をしながら、教育文化の視点から社会学的に日米の小学校の特徴を分析する過程を考えてみる。実際に海外に行って学校観察することは難しいかもしれないが、その代わりに次の二つのものをみることを提案する。これは国際比較の講義でよく学生に求めたものである。

1）オンラインでいくつかのアメリカと日本の学校のホームページをみる。ものによってはどのようなスタッフがいるのか、彼らの役割、時間割、活動の様子などが書かれてある。学校の写真をみて、子どもたちの人種構成、階層、地域の特徴などを意識しながら整理する。アメリカの場合、マイノリティが過半数の学校かどうかは写真、昼食の様子、学校の統計、地域の情報などから推測できる。人種やエスニシティの構成、政府の貧困対策としての無料及び減額された給食プログラム対象者の割合、住所をインターネットで検索してどのような地域にあるかなどを分析できる。

2）日米共に、インターネットの動画共有サイト（YouTube など）では学校のさまざまな動画が閲覧できることが少なくない。学校や自治体が作成した発信元の信頼できる教育場面の映像をみてフィールドノーツをとる。アメリカの場合はマイノリティが多い

のか、白人が大多数の学校なのか、周囲の環境は郊外なのか、都市なのか、などを意識する。

　例えば１）の、インターネットで日米の学校のホームページを活用する練習の一環として、アメリカの小学校のホームページのスタッフ（staff）の構成をみてみたとしよう。以下のような人々が出てきたとしよう。

あるアメリカの小学校の職員一覧

＊担任の教師（各学年に複数）
＊校長
＊副校長
＊カフェテリア・スタッフ
＊保護者との連絡担当係（ヒスパニック系の名前）
＊テスト・コーディネーター
＊補償教育員（学習が追いつくように支援する人）
＊言語聴覚士（Speech-Language Pathologist、コミュニケーション機能などの障がいに対応した支援員）
＊ESL（English as a Second Language、英語が母語でない子どもへの英語指導）の教師（各学年）
＊バイリンガルのメンタル・ヘルス・セラピスト（Bilingual Mental Health Therapist）
＊ギフテッド教育員
＊作業療法士（Occupational Therapist：OT）
＊学校心理士
＊特別支援教育長
他

　この情報から何が分かるだろうか。一つはヒスパニックが多い地域に学校があることである。例えば、英語が母語でない子どもの指導をする教員が配置されていたり、メンタル・ヘルスのセラピストがバイリンガルであることを求められていることが分かる。また、保護者との連絡担当者の名前がヒスパニック系であることから、ヒスパニックの子どもが多く、英語をまだ習得していない子どもたちがいて第二言語としての英語（English as a Second Language：ESL）のニーズだけでなく、メン

タル・ヘルスのケアも子どもたちの母語であるスペイン語で行うことが求められていることがうかがえる。

こうして、ホームページからも学校や教育の文化・社会的文脈について色々な情報が得られる。さらに学校のホームページやオンラインで検索し、人種構成を調べられる。給食を無料か減額（free or reduced lunch）で支給されている児童の割合が高い場合、経済的に困難な家庭の子どもたちが多いことが分かる。アメリカにおいては学校給食が貧困対策として用いられ、給食が無料か減額されている子どもがどのくらいの割合であるかで、その学校に通う子どもの家庭の経済的状況が推測できるからである。

もう一つ、インターネットから入手できることが多いのが州テストなどの学力指標で、同じ学区の他の学校に比べられる形で点数がしばしば提供されている。アメリカの学校は点数に関してその州において何番めか、郡においてはどうかなど、学力テストによる相対的な位置付けがしばしば分かる。

また、ホームページのスタッフ一覧表をみると、日本でもスクール・カウンセラーはなじみがあるかもしれないがそれ以外のさまざまな専門スタッフがいることが分かる。また、学校のホームページからニュースレターなど色々な資料をダウンロードできる形になっていることも多い。

こうして、ホームページにあるスタッフがどのような役割を担っているのかという情報をみると、細かく分業されているアメリカと、担任を中心とした日本の学校の違いがみえてくる。日本にはない、ギフテッド教育のようなカテゴリーの存在、そして、郡や州のテストによって、相対的に学力を監督されている様子も伝わってくる。時間割や年間スケジュールがあると、カリキュラムや学習内容、行事などについてもさまざまな情報を入手することができるだろう（恒吉 1992）。

最終的には国際比較調査をする場合は自分で現地に行って調査することになろうが、国際比較研究の練習として、まずこうしたインターネットを用いて文化・社会的文脈を踏まえた教育比較を練習することができよう。

（3）動画で擬似フィールドワーク

　次にアメリカの学校（ここでは小学校を想定した例を示す）の動画を用いて、教育文化の視点を活用したフィールドワークを擬似体験してみよう。動画は、自分が実際に学校を観察するときと比べて特定の角度から撮影し、何かのメッセージを発信するために五分とか、時間内に細切れに編集されていることが多く、一日何時間も何日も観察している場合とは違って従来の意味での包括的な文化や社会の分析にはつながりにくい。

　だが、動画や写真などの視覚的素材の活用は現代において新しい取り組みも多く、素材そのものをデータとしてどのような文化的メッセージが出ているのかを分析したり、教育実践場面をみせて教育者他をインタビューする多音声ヴィジュアル・エスノグラフィー（video-cued multivocal ethnographic method）（Hayashi & Tobin 2012：14）など色々な方法が模索されている。

　ここでは海外（ここではアメリカ）の教育場面における教育文化の視点を生かした海外でのエスノグラフィーを考える材料として、アメリカの小学校の動画を使って練習してみよう。動画の選定は何を発信しようとしているのかを意識しながら、なるべく編集していない動画がフィールドワークの練習には向いている。例えば、学校の一日の流れを、これから入学する子どもたちとその家庭向けに、学校や学区が紹介したり、特定の学校が日常の様子を撮って学校がアップロードした動画である。下記は、架空の学校のフィールドノーツ例である（詳しくは参考文献①を参照）。

フィールドノーツの例

小学校名　▲▲ Elementary School（動画の題名）
URL https://xxxx.yyyy.zzzz.us
202X 年●月■日
〈登校場面〉
　8 時50分、児童たちが登校してくる。徒歩で歩いてきている子ども、自転車に乗ってくる子ども、保護者のカープールによる車の送迎、そして、スクール・バ

スから降りてくる子どもたちがいる。

あちこちの方向から来た児童が皆、建物の中に入るため、学校の入り口に引き寄せられて一緒になる。児童の持ち物をみると、色々な色の大きなバックパックを背負って通学して来る。男女問わず、バックパックはアディダスのロゴ、ディズニー・キャラクター、それ以外も何かしらのブランド名があるものが多い。ジェンダーによるバックパックの違いは、どちらも青や緑が目立ち、限られた登校場面だけでは差があまり見えないが、コートの色やコートの中の服をみると、女の子の中にはピンクのコートや服を着ている子どもがいる。これは男の子ではみられず、男女差が出ている。白人とインド系などのエスニシティによる持ち物の差はなく、どの人種・エスニシティの子どももバックパックも服装もアメリカで買えるもののように見える（後でブランド名をリストアップして調べる。他の場面で階層、ジェンダー、人種・エスニシティによる差を意識する）。

周囲は一軒家が多く、中産階級の住む地域にみえる。登場する子どもはインド系、東アジア系が目立つ……。

観察ノート：児童が背負っているバックパックの色が鮮やかできれいなため、多くの家庭で新品を買ったのかもしれない。また、バックパックや靴がブランド品であることからも、この学校は中産階級の子どもが多く通う学校である可能性が高い。

注）描写と分けて観察者のコメント、一日の終わりのまとめを書いてください。

（4） 擬似フィールドワークから

ここではさらに、動画を活用したアメリカと日本の小学校の映像をみながらフィールドノーツをとり、教育文化の視点を意識しながら比較する練習をしてみよう（⇒表15-1）。

ここでもより広い文化・社会的文脈に配慮する必要がある。例えば、経済的に厳しい地域の学校の場合、裕福な地域の学校とは子どもの状況が異なる。例えば、アメリカの学校というと日本人にとっては日本でも人気の漫画『ピーナッツ』（スヌーピーやチャーリー・ブラウンが登場する）で描かれているように、ある子どもは弁当を家から持参し、またある子どもは食べものを自分で選びトレーを持って席に着くというようなカフェテリアの風景を思い浮かべるかもしれない。ところが、ほぼ全世帯が給食が「無料・減額」の低所得者世帯が大多数の学校では、子どもたちが連邦政府の学校給食プログラム（⇒コラム「アメリカの連邦政府による給食補助制度」）で支給された同じ給食を受け取っている様子

第15章　グローバル時代の教育文化の社会学の研究 | **277**

表15-1　擬似的に比較フィールドワーク*を体験する

比較項目**	アメリカの学校	日本の学校
スタッフ（各学校のホームページから）	多様なニーズに応える、分業化した専門性の異なるスタッフが雇用されている。そのため、就学する児童の特性に応じて対応するスタッフが変わる。	担任以外の専門家が少なく、担任の教師が中心となって子どもたちに対応している。スクール・カウンセラー以外に、学校によっては障がいのある子ども、日本語指導の必要な子どもなどの特別なニーズのある子ども達に対応している。しかし、アメリカよりも教育者側の分業化が少ない。
登校の様子	徒歩、自転車、スクール・バス、と多様な形で学校に来る。男女ともバックパックを背負い、バックパックの製造社が色々であり、学校によってはブランドのロゴが入っていたり、ヴァリエーションがある。	登校班で徒歩。年長の児童がリードして学校へ。ランドセルや持ち物が統一されている。
子どもの人種・民族	インターネットで調べ、A校ではアジア系が半分、白人が4割、アフリカ系アメリカ人1割。動画観察からはアジア系はインド系が主……。	どの学校も見た目は日本人（アジア系）が大多数。しかし、地域によってはヴァリエーションがあり……。
授業の始まる前にしていること	……	……

＊　秋田他（2005）の筆者の章を参照。
＊＊左の列には気付いたことを比較項目としてリストアップし、内容を記入し比較してゆく。

がみられる。つまり、日常の様子を詳しくみれば、「アメリカの学校」は階層などによって大きなヴァリエーションがあるのである。これは実際にエスノグラフィーをする場合によくみえてくる。

　表15-1は、インターネット上の動画を実際にいくつかみることでみえてくる日米小学校の大きな特徴の違いを書き入れていった一例である。

　実際に、集団と個の観点から学校観察を日米で行って、筆者がまとめた類型が参考文献にあるので参考となろう（恒吉 1992）。

海外に行けない場合の外国の学校のエスノグラフィーの練習として、アメリカを例としてインターネット上の動画を利用して、フィールドノーツをとり、比較表を作成しながら、どのようなパターンが見いだせるのか、またそこから何がいえるのかを擬似フィールドワークを通して体験することができる。

　自分が関心を持つ「問い」に接近する方法は色々あり、ここでは質的方法の主としてエスノグラフィーを例にして関心を喚起しようとした。繰り返しになるが、実際の方法論はそれぞれの専門書をみていただければと思う。

4.　おわりに

　本書の各章では、教育とそれが生まれた文化的・社会的文脈、教育が置かれた国際的な文脈を視野に入れながら、それぞれの視点から教育を論じてきた。その内容は矛盾に満ちていた。それは現実がそうであるからだ。

　教育は、教育機会の均等、教育格差、情報格差などの視点から、国内だけでなく、国際社会での南北問題としても論じることができる。教育はある社会内において先住民の言語を禁止し、自文化に同化させようとする同化政策の一翼を担うために使われることもありうることをみた。同様に国際的にも植民地支配に端的にみられるように教育が支配や同化の道具としても使われたこともあった。しかし同時に、日本でも盛んに言及されるようになっている SDGs や目指すべきだとされるさまざまな社会ヴィジョンを想定した意識や知識、スキルを獲得するプロセスとしての教育への期待は大きい。

　これからグローバルに生きる子どもたちが必要だとされるグローバル・コンピテンス、グローバルなスキルの獲得においても、「他文化と自文化を比べる」「自分事として共感できる」など、さまざまな能力の育成について言及されてきた。それが日本の文脈では何なのかを問うた章もあった。日本は世界的にみても、従来は最も同質性意識が高い社会の一つとしてあげられることがしばしばあった。その日本でも「外国

人」移民が増え、いわゆる「多文化共生」の実現が課題となっている。また、共感を用いた教育は、「思いやり」「気遣い」「社会性」「協力」などを強調する日本の教育の得意分野である（恒吉・藤村 2023）。しかし、では、文化的背景が自分と違いすぎて、「共感」できない人とはどうか。これからの課題であろう。

　本書の各章は、教育を文化・社会的文脈に位置付け、グローバルな文脈に結び付けながら、限られた例ではあるものの、社会学的概念・隣接学問の概念を用いることによってどのように思考を深めることができるのかをさぐり、いくつかの方法で問いを深めた。こうしたことに触れる中で、自分が関心のある問いを研究テーマとして調査し、批判的に分析し、自分事として考察するきっかけを少しでも提供できたのであれば、本章の目的は達成されたように思う。

研究課題

（1）本書の各章を読んで、どのようなテーマに興味を持っただろうか。
（2）インターネット上にある動画を含む情報を使って、諸外国での教育事例について擬似フィールドワークをしてみよう。
（3）（2）の結果を表にしてみよう。

引用文献　＊参考文献であげたものは除く。

秋田喜代美・恒吉僚子・佐藤学編（2005）『教育研究のメソドロジー――学校参加型マインドへのいざない』東京大学出版会。

Asia Pacific Forum & United Nations Human Rights Office of the High Commissioner. (2013). *The United Nations Declaration on the Rights of Indigenous Peoples: A manual for national human rights institutions.* https://www.ohchr.org/sites/default/files/Documents/Issues/IPeoples/UNDRIPManualForNHRIs.pdf

Canada Border Services Agency. (2008). *Tattoos and their meanings*. https://info.publicintelligence.net/CBSA-TattooHandbook.pdf

Fang, S., Coverdale, J., Nguyen, P., & Gordon, M. (2018). Tattoo recognition in screening for victims of human trafficking. *The Journal of Nervous and Mental Disease, 206*(10), 824-827.

First Nations Development Institute. (2024). Our programs investing in native youth. https://www.firstnations.org/our-programs/investing-in-native-youth/

Foundos, N. D., & Hirschfield, J. (2019). Focus on forensics: Tattoo and symbol analysis in the FBI. *FBI Law Enforcement Bulletin.* https://leb.fbi.gov/articles/focus/focus-on-forensics-tattoo-and-symbol-analysis-in-the-fbi

Hayashi, A., & Tobin, J. (2012). Reframing a visual ethnography of a Japanese preschool classroom. *Visual Anthropology Review, 28*(1): 13-31.

Henley, D., & Porath, N. (2020). Body modification in East Asia: History and debates. *Asian Studies Review, 45*(2), 198-216. https://doi.org/10.1080/10357823.2020.1849026

United Nations Office on Drugs and Crime. (2023) *Global report on trafficking in persons 2022.* https://www.unodc.org/documents/data-and-analysis/glotip/2022/GLOTiP_2022_web.pdf

U.S. Department of Agriculture. (2023). *National School Lunch Program.* https://www.ers.usda.gov/topics/food-nutrition-assistance/child-nutrition-programs/national-school-lunch-program.aspx

参考文献 ┃ もっと深めたい人へ。

①佐藤郁哉（2002）『フィールドワークの技法―問いを育てる、仮説をきたえる』新曜社。

②恒吉僚子（1992）『人間形成の日米比較―かくれたカリキュラム』中央公論新社。

③恒吉僚子・藤村宣之（2023）『国際的に見る教育のイノベーション―日本の学校の未来を俯瞰する』勁草書房。

④山本芳美・桑原牧子・津村文彦編（2022）『身体を彫る、世界を印す―イレズミ・タトゥーの人類学』春風社。

索引

●配列は五十音順。

【事項】

●あ 行

アイデンティティ　31, 38, 49, 51, 52, 53, 54, 61, 70, 76, 79, 106, 107, 109, 110, 111, 115, 119, 120, 123, 157, 158, 161, 162, 164, 165, 166, 167, 169, 236, 247, 248, 250, 251, 252, 254, 255, 261, 270

アイヌ民族　54, 148, 251

アジア系アメリカ人　103, 104, 105, 110

ASEAN（アセアン）共同体　154, 166, 179

アドボカシー　122, 125

一時滞在者（ソジョナー）　48

一斉共同体主義　71

一帯一路　183, 184

逸脱　15, 68, 263, 269, 270

イデオロギー装置　50

居場所　79, 109, 110, 111, 115, 119, 120, 122, 124, 129, 130, 131

異文化間コンフリクト（葛藤）　46

異文化間能力（intercultural competence）　72

異文化接触　45, 46

移民　19, 22, 23, 25, 26, 29, 34, 35, 37, 40, 41, 42, 47, 48, 50, 51, 55, 57, 58, 59, 60, 62, 65, 68, 70, 83, 84, 85, 98, 99, 100, 103, 104, 105, 106, 107, 108, 109, 110, 111, 113, 114, 115, 116, 119, 120, 121, 122, 123, 124, 125, 126, 127, 128, 129, 130, 131, 132, 136, 137, 148, 155, 256, 264, 279

移民親子の文化変容のパターン　59

移民第二世代　48, 59, 60, 69, 104, 105, 111

インクルーシブ教育　21, 38, 39, 260

インターネット犯罪　24

インフォーマル教育／学習　16, 205, 206, 209, 222

ウェルビーイング　79, 114, 126, 131, 214, 227, 259

エイジェンシー（行為主体性）　79, 106

エスニシティ　19, 20, 27, 29, 30, 31, 34, 35, 36, 38, 39, 47, 49, 61, 70, 91, 94, 95, 96, 98, 99, 148, 247, 248, 249, 255, 267, 272, 276

エスニック　30, 34, 49, 50, 53, 55, 92, 104, 136, 250, 251, 252, 254, 256, 265, 266, 267, 268

エスニック・アイデンティティ　31, 49, 50, 53, 60, 109, 110, 111, 123, 251, 265, 266, 267, 268, 269, 270

エスニック・コミュニティ　24, 25, 60

エスニック・マイノリティ　36, 37, 39, 41, 42, 48, 49, 50, 51, 52, 53, 54, 55, 57, 61, 62, 83, 91, 98, 122, 149, 151, 179, 251, 252, 256, 265

エスニック文化　30, 31, 45, 48, 49, 50, 52, 58, 59, 60, 61, 251, 265, 266, 267, 269

エスニック・マジョリティ　30, 34, 35, 42, 149

エスノグラフィー　113, 150, 263, 271, 272, 275, 277, 278

オルタナティブ教育　207

●か 行

海外拠点　190

外国人　23, 25, 26, 27, 28, 29, 30, 31, 32, 33, 34, 35, 37, 39, 40, 42, 57, 60, 71, 77, 84, 85, 99, 100, 105, 109, 123, 128, 136, 147, 148

外国人集住地域　22

外国剥がし　68, 75

開発途上国　15, 24, 84, 136, 237, 264

解放的学習　208

カウンターカルチャー／対抗文化（counter culture）　90, 160

隠れたカリキュラム　39, 78, 94, 96, 97, 217, 265

学校と地域のパートナーシップ　126, 127

学校文化　65, 67, 68, 71, 73, 74, 78, 79, 112

カリキュラム　12, 13, 14, 16, 17, 18, 38, 39, 40, 50, 57, 62, 72, 74, 79, 112, 113, 114, 120, 135, 136, 141, 142, 157, 158, 159, 160, 190, 218, 227, 238, 240, 241, 243, 258, 259, 264, 265, 274

カルチャー・ショック　46, 67

関係性作り　71

帰属　49, 50, 103, 107, 108, 109, 111, 115, 123, 157

教育改革　17, 41, 99, 136, 139, 204, 206, 222, 236, 241, 242, 244, 259, 264

教育格差　27, 37, 41, 83, 84, 91, 94, 96, 98, 99, 260, 278

教育トランスファー　24, 231, 232, 233, 234, 235, 237, 238, 239, 240, 243, 244

教育の未来　158, 221, 223, 224, 225

教育文化　11, 15, 16, 17, 18, 20, 21, 24, 25, 27, 36, 40, 83, 100, 138, 144, 196, 205, 223, 231, 233, 240, 247, 249, 250, 260, 261, 263, 265, 268, 270, 271, 272, 275, 276

教育モデル　141, 151, 231, 232, 233, 235, 236, 238, 241, 243, 244

教育を受ける権利　56, 84, 199, 225, 226

教科書　17, 23, 25, 37, 40, 72, 85, 87, 88, 89, 96, 97, 100, 135, 136, 142, 143, 146, 147, 148, 149, 157, 160, 167, 169, 206, 231, 247, 249, 256, 257, 258, 259, 265, 271

教授言語　54, 161

競争（competition）　185, 186, 187, 188, 191, 192

協調（cooperation）　70, 185, 186, 187, 188, 191, 192, 216

協働（collaboration）　13, 114, 115, 119, 121, 125, 126, 127, 128, 129, 130, 131, 132, 159, 178, 185, 240

近代化　165, 197, 231, 251

近代学校　57, 135, 136, 137, 142, 199, 209, 216, 231

グローバル化（グローバリゼーション）　11, 22, 23, 24, 83, 135, 136, 137, 154, 155, 156, 158, 174, 175, 196, 197, 198, 210, 219, 223, 232, 233, 235, 259, 264

グローバル教育産業　243

グローバル時代　11, 22, 23, 24, 25, 86, 100, 136, 138, 231, 233, 234, 241, 242, 243, 244, 247, 259, 261, 263, 264

グローバル・シティズンシップ教育　198

グローバルなリバイバル　265

グローバル・ローカル　196, 264

経験学習　208

形式的平等　65, 72, 74, 78

形式論的解釈　72, 73, 79

継承語（heritage language）　53, 57

言語政策　54, 55, 62, 163, 164

言語・文化の仲介者　107, 113

顕在的な　40, 255

孔子学院（Confucius Institutes）　183, 184, 190

公式な歴史　169

構造的同化　58

高等教育　138, 139, 174, 175, 176, 178, 179, 180, 181, 182, 183, 184, 185, 186, 187, 189, 190, 191, 217, 264

高等教育の国際化　24, 174, 175, 178, 179, 180, 185, 186, 188, 191, 192

皇民化教育　54

公用語　54, 161, 163, 164, 199, 226

コーディネーター　124, 125, 126, 129, 273

国際移動　22, 35, 48, 83, 178, 180, 198, 263

国際化（internationalization）　55, 68, 75, 76, 136, 174, 179, 180, 191, 196, 225

国際教育協力　14, 207, 216, 224, 239, 240, 263, 264

国際結婚　28, 29, 33

国際結婚家庭　23, 29, 48, 69, 148

国際スタンダード　234, 235, 243

国際比較　23, 135, 137, 142, 143, 146, 151, 200, 228, 272, 274

国際連携　174, 178, 179, 185, 187, 189

国民　28, 30, 31, 34, 49, 56, 76, 83, 84, 136, 148, 154, 155, 156, 157, 158, 163, 164, 165, 166, 168, 170, 199, 200, 203, 236

国民意識　53, 154, 156, 157, 158, 162, 163, 164, 165, 166, 169, 171

国民国家　49, 53, 55, 136, 154, 156, 157, 158, 159, 162, 166, 198, 199, 231, 241, 243

国民教育　135, 136, 148, 155, 199, 231, 243

国境を越えた教育プログラム（cross-border education programs）　180

コロナ禍　23, 145, 198, 228, 233

⋯⋯⋯⋯⋯⋯⋯⋯⋯⋯⋯⋯⋯⋯⋯⋯⋯⋯⋯⋯

●さ　行

差異の封じ込め　65, 71, 78

再文脈化　234, 235, 236

在来知（indigenous knowledge）　177, 178

サブカルチャー（subculture）　59, 160

差別構造　51, 60, 61, 78, 106

参加論的解釈　73, 79

サンクション（社会的制裁）　15, 68, 70

ジェンダー　19, 27, 33, 38, 39, 40, 83, 89, 97, 99, 217, 242, 249, 250, 258, 261, 276

自己責任　74

持続可能な開発のための教育（ESD）　24, 213, 218, 219, 220, 221, 222

持続可能な開発目標（SDGs）　21, 24, 77, 190, 192, 198, 213, 214, 215, 216, 217, 218, 219, 232, 260, 278

シティズンシップ教育　196, 198, 199, 200, 210

自文化中心主義　79

自分事　25, 77, 86, 100, 278, 279

市民（citizen）　156, 159, 167, 168, 170, 198, 199, 200

市民性（citizenship）　21, 141, 157, 167, 199, 200, 242

市民団体　60

社会ヴィジョン　98, 99, 151, 232, 242, 247, 258, 259, 260, 261, 278

社会化（socialization）　11, 15, 16, 17, 18, 40, 45, 49, 61, 65, 100, 146, 155, 156, 202, 203, 205, 209, 247, 248, 250, 256, 259, 265

社会化の担い手　249, 250

社会関係資本　113, 115, 123, 126

社会規範　11, 15, 16, 17, 20, 39, 140, 247, 253, 254, 255, 256, 258, 265, 270

社会情動的な学び／学習（SEL）　231, 238, 239

社会的カテゴリー　30, 31, 34, 39

社会的公正　41, 42, 52, 61, 72, 73, 94, 99, 101, 214, 261

社会的排除　35, 45

社会的包摂　27, 35, 37, 39

宗教　33, 34, 47, 95, 96, 103, 136, 149, 154, 155, 162, 164, 165, 166, 214, 225, 240, 247, 251, 252, 260

出版資本主義（print capitalism） 157

主流文化／メインカルチャー（main culture）
45, 48, 50, 59, 60, 61, 66, 68, 73, 78, 90,
160

上位文化（high culture） 160

生涯学習 24, 196, 197, 201, 202, 203, 204,
205, 206, 207, 209, 210, 217, 223, 224,
225, 226, 227, 242, 264

生涯教育論 202

情報格差 24, 278

食 266, 267, 268

植民地 46, 54, 136, 141, 149, 154, 163, 164,
165, 166, 169

植民地支配 32, 136, 140, 141, 157, 163, 231,
234, 278

事例研究 267, 268

人種 19, 20, 27, 29, 30, 31, 33, 34, 35, 36,
37, 38, 39, 41, 42, 47, 59, 70, 83, 84, 87,
88, 89, 91, 92, 93, 94, 95, 96, 97, 98, 99,
103, 104, 105, 110, 111, 113, 115, 120,
123, 124, 125, 135, 149, 151, 165, 167,
225, 252, 254, 255, 256, 265, 272, 274,
276, 277

スティグマ（stigma） 25, 70, 122, 247, 250,
251, 252, 253, 254, 255, 256, 261, 269

ステレオタイプ 65, 75, 77, 78, 79, 97, 105,
249, 254

ストレングス・アプローチ 113, 119, 121,
122, 125, 126, 127, 256

ストレングスを基盤とするアプローチ 21

生態学的アプローチ（ecological approach）
46, 60

正統な歴史 168, 169

性別役割分業 20, 89, 257

世界教育文化論（World Education Culture
Theory） 158, 159, 160, 170, 171

世界システム論 177

先住民 20, 21, 46, 54, 55, 62, 91, 148, 250,
251, 256, 265, 266, 267, 268, 269, 278

全人的 119, 131, 140, 141, 142, 238

戦略 33, 53, 59, 60, 61, 71, 79, 143, 184,
187, 189, 242

想像された政治的共同体（imagined political
community） 157

ソーシャル・メディア 108, 111, 198, 233,
265

ソフト・パワー（soft power） 174, 186,
187

●た　行

大学ランキング 138, 139, 188, 189

対抗知（counter knowledge） 177, 178

大衆文化（popular culture） 160, 266

対話的実践 78

脱学校論 207

奪文化化教育 71

ダブル・リミテッド 57

多文化教育 38, 39, 41, 83, 99, 101, 112,
114, 129, 261

多文化共生 23, 25, 34, 40, 41, 42, 65, 74,
77, 78, 84, 86, 94, 96, 99, 100, 129, 136,
137, 148, 151, 267, 279

多文化社会 22, 23, 31, 36, 38, 41, 85, 86,
95, 97, 98, 99, 100, 151, 154, 156, 261

多文化主義 20, 41, 59

単一言語主義（モノリンガリズム） 53,
54, 55

知（knowledge） 24, 114, 154, 155, 161,
174, 175, 176, 177, 178, 186, 188, 189,
192

力のある文化（culture of power） 51

地球市民 24, 77, 154, 155, 156, 170, 198

知識外交 24, 174, 175, 186, 188, 189, 190,
191, 192

「知」の商品化（コモディティ化）　189
「知」の創出・共有　174, 186, 192
知の伝達　154, 155
「知」のヒエラルキー　177, 178
適応教育　68, 75
同化政策　54, 98, 251, 278
同化理論　45, 58, 59, 61
同質性前提　35, 42
特性伸長教育　65, 74, 75
特別扱いしない　74
特別の教育課程　56
独立行政法人国際協力機構（JICA）　14,
　237, 240, 241, 264
トランス・ディシプリナリー（trans-discip-
　linary）　178
トランスファー　25, 140, 231, 234, 235,
　236, 237, 239, 240, 241, 244
ドロール報告書　224

●な　行
内面化　16, 247, 253, 254, 255, 256, 265
内容分析　135, 147, 149, 271
仲間集団　19, 110
ナショナリズム　52, 76, 77, 157, 163, 169,
　216
ナラティブ　25, 114, 256, 258, 265, 267
難民　23, 25, 32, 33, 34, 35, 40, 48, 62, 85,
　105, 116, 121, 122, 132, 137, 148
難民第二世代　48
日本語指導が必要な児童生徒　32, 56
日本人性　51, 52, 62
ニューカマー　23, 32, 37, 55, 57, 65, 68, 73,
　74, 77, 79, 100, 104, 148, 264
ノンフォーマル教育　15, 16, 196, 205, 209,
　210, 222, 264

●は　行
バイカルチュラル　59
バイリンガル　59, 72, 97, 161, 273
白人性（ホワイトネス）　51
はざま（in-between）　69, 103, 106, 107, 108,
　115, 123
半構造化インタビュー　135, 146
比較教育学　21, 140, 159, 200, 201, 232,
　233, 234, 263
東アジア（East Asia）　30, 40, 138, 143, 144,
　145, 174, 175, 178, 179, 180, 181, 182,
　183, 185, 186, 189, 191, 234, 236, 276
批判的教育学　49, 50, 114, 208
平等／公正の解釈　65
被抑圧者の教育　207
フィールドワーク　22, 104, 105, 107, 110,
　124, 125, 149, 201, 263, 271, 272, 275,
　276, 277, 278, 279
フォール報告書　223
不可視化　71, 105, 111, 112, 119, 125
プラネタリー・バウンダリー　217, 218
文化化（enculturation）　154, 155, 156, 203
文化間移動　45, 46, 48, 49, 61, 70
文化欠陥論（cultural deficit theory）　73,
　111, 112
文化差異論　111, 112
文化資本　52, 113
文化集団　17, 27, 38, 39, 41, 99
文化戦争　94
文化的同化　58
文化に対応した教育（CRP）　103, 112, 113,
　115, 116, 120, 124, 127, 131
文化変容（acculturation）　45, 46, 47, 48,
　49, 50, 51, 52, 53, 57, 58, 59, 60, 61, 62,
　66
文化本質主義　65, 76, 78
編入様式　60

変容的学習　196, 208

包摂的（インクルーシブ）　65, 216, 242, 250, 256, 260

ホーム　108, 109, 115

母語（mother tongue）　19, 53, 56, 57, 60, 61, 71, 74, 97, 106, 109, 122, 123, 124, 129, 165, 216, 273, 274

母語・継承語　45, 53, 54, 55, 57, 60

ポジティブなステレオタイプ　75

補習教育（supplementary education）　144, 145

補償論的解釈　72, 73, 79

....

●ま　行

マイクロアグレッション　105

マイノリティ　15, 20, 23, 27, 30, 31, 36, 37, 38, 39, 42, 45, 54, 57, 62, 65, 66, 70, 71, 72, 73, 74, 77, 78, 79, 83, 84, 91, 92, 94, 96, 97, 98, 99, 100, 105, 109, 112, 113, 114, 115, 127, 137, 146, 149, 249, 250, 252, 254, 255, 256, 258, 260, 261, 264, 272

マジョリティ　20, 23, 27, 30, 31, 36, 50, 51, 52, 53, 57, 58, 61, 65, 73, 78, 79, 84, 94, 95, 96, 98, 100, 110, 111, 112, 121, 124, 149, 249, 252, 253, 254, 267

マジョリティの特権　45, 51

学びほぐし・学び捨てる　225

ミレニアム開発目標（MDGs）　213, 214, 216, 218

無意識の偏見（アンコンシャス・バイアス）　78

物語　115, 158, 169, 170, 256, 271

....

●や　行

ユネスコ勧告　225

ユネスコスクール・ネットワーク（ASPnet）

219, 220, 221

....

●ら　行

リカレント教育　202, 223

リスキリング　197

リテラシー　138, 139, 202, 203, 207, 217, 233

留学（生）　22, 27, 29, 33, 45, 48, 62, 86, 92, 96, 130, 131, 139, 146, 147, 150, 161, 174, 180, 181, 182, 183, 187, 189, 190, 191, 192, 209, 236

琉球民族　54

歴史教育　164, 165, 166, 167, 168, 169, 171

レッスン・スタディ　231, 236, 237, 238, 240

....

●わ　行

若者参加型アクションリサーチ　114

....

【人名】

アルトバック、P. G.　136

イリイチ、I.　207

カミングス、W. K.　140, 151

クームス、P. P.　205

スアレス＝オロスコ、C.　119

ブレイ、M.　144, 145

フレイレ、P.　114, 122, 207, 208

ラドソン＝ビリングズ、G.　112

ラングラン、P.　202

ルイス、C.　236, 237

....

【アルファベット】

ASEAN　179, 180, 181, 182, 183, 184, 185

CBO（community-based organization）　121, 122, 124, 125, 126, 127, 131

NPO　47, 77, 114, 115, 116, 121, 122, 123, 124, 125, 126, 128, 129, 130, 131, 132,

205, 209

PISA（生徒の学習到達度調査）　138, 139, 159, 197, 232, 234, 236, 259, 260

Tokkatsu　231, 233, 238, 239, 240, 243, 244

分担執筆者紹介

（執筆の章順）

額賀　美紗子（ぬかが・みさこ）　・執筆章→ 3・4

2000年	東京大学教養学部卒業
2002年	東京大学大学院教育学研究科修士課程修了
2008年	カリフォルニア大学社会学部博士課程修了
現在	東京大学大学院教育学研究科教授、Ph.D.（社会学）
専攻	教育社会学・比較教育学・異文化間教育学
主な著書	『越境する日本人家族と教育―「グローバル型能力」育成の葛藤』（単著）勁草書房、2013年。
	『移民から教育を考える―子どもたちをとりまくグローバル時代の課題』（共編著）ナカニシヤ出版、2019年。
	『日本社会の移民第二世代―エスニシティ間比較でとらえる「ニューカマー」の子どもたちの今』（共著）明石書店、2021年。
	『働く母親と階層化―仕事・家庭教育・食事をめぐるジレンマ』（共著）勁草書房、2022年。

德永　智子（とくなが・ともこ）　・執筆章→ 6・7

2005年	筑波大学第三学群国際総合学類卒業
2012年	メリーランド大学カレッジパーク校教育学研究科博士課程修了（Ph.D. 教育学）
現在	筑波大学人間系准教授
専攻	教育社会学・教育人類学・異文化間教育学
主な著書	『外国につながる若者とつくる多文化共生の未来―協働によるエンパワメントとアドボカシー』（共編著）明石書店、2023年。
	『これからの教育社会学』（共著）有斐閣、2023年。
	Learning to belong in the world: An ethnography of Asian American girls,（単著）Springer, 2018.
	Japanese education in a global age: Sociological reflections and future directions,（共編著）Springer, 2018.

北村　友人 (きたむら・ゆうと)

・執筆章→9・10

1972年	東京都に生まれる
1996年	慶應義塾大学文学部教育学専攻卒業
2000年	カリフォルニア大学ロサンゼルス校教育学大学院博士課程修了
現在	東京大学大学院教育学研究科・教授
専攻	比較教育学
主な著書	『国際教育開発の研究射程─「持続可能な社会」のための比較教育学の最前線』（単著）東信堂、2015年。
	The political economy of schooling in Cambodia: Issues of quality and equity, (共編著) New York: Palgrave Macmillan. 2015.
	Memory in the Mekong: Regional identity, schools, and politics in Southeast Asia, (共編著) New York: Teachers College Press. 2022.

丸山　英樹 (まるやま・ひでき)

・執筆章→11・12

1971年	福岡県に生まれる
1995年	岡山大学教育学部卒業
2001年	広島大学大学院国際協力研究科博士前期課程修了
現在	上智大学総合グローバル学部教授・上智大学博士（教育学）
主な著書	『ノンフォーマル教育の可能性─リアルな生活に根ざす教育へ』（共編著）新評論、2024年。
	『共生への学びを拓く─SDGsとグローカルな学び』（共編著）エイデル研究所、2022年
	Cross-Bordering Dynamics in Education and Lifelong Learning: A Perspective from Non-formal Education, （編著）Routledge, 2019.
主な訳書	ロジャーズ、A.『ノンフォーマル教育─柔軟な学校教育または参加型教育』（監訳）国立教育政策研究所、2009年。

編著者紹介

恒吉　僚子（つねよし・りょうこ）

・執筆章→ 1・2・5・8・13・14・15

1984年	一橋大学社会学部卒業
1990年	プリンストン大学大学院社会学研究科 Ph.D. 取得
現在	文京学院大学副学長・東京大学名誉教授
専攻	教育社会学・異文化間教育学・比較教育学
主な著書	『国際的に見る教育のイノベーション―日本の学校の未来を俯瞰する』（共著）勁草書房、2023年。
	『新グローバル時代に挑む日本の教育―多文化社会を考える比較教育学の視座』（共編著）東京大学出版会、2021年。
	TOKKATSU: The Japanese educational model of holistic education,（共編著）Singapore: World Scientific, 2019.
	Globalization and Japanese "exceptionalism" in education: Insider's views into a changing system,（単編著）New York: Routledge, 2017.
	Minorities and education in multicultural Japan: An interactive perspective,（共編著）New York: Routledge, 2011.
	『教育研究のメソドロジー―学校参加型マインドへのいざない』（共編著）東京大学出版会、2005年。
	『育児の国際比較―子どもと社会と親たち』（共編著）日本放送出版協会、1997年。
	『人間形成の日米比較―かくれたカリキュラム』（単著）中央公論新社、1992年。
主な論文	「教育における『グローバル人材』という問い」北村友人編『岩波講座 教育 変革への展望7 グローバル時代の市民形成』岩波書店、2016年。
	「『場』としての家庭と異文化間教育研究」異文化間教育学会企画、加賀美常美代他編『異文化間教育学体系2 文化接触における場としてのダイナミズム』明石書店、2016年。

放送大学大学院教材　8921083-1-2511（ラジオ）

グローバル時代の教育文化
―世界の中で考える日本の教育―

発　行　　2025年3月20日　第1刷
編著者　　恒吉僚子
発行所　　一般財団法人　放送大学教育振興会
　　　　　〒105-0001　東京都港区虎ノ門1-14-1　郵政福祉琴平ビル
　　　　　電話　03（3502）2750

市販用は放送大学大学院教材と同じ内容です。定価はカバーに表示してあります。
落丁本・乱丁本はお取り替えいたします。

Printed in Japan　ISBN978-4-595-14217-8　C1336